नारी : अस्तित्व की पहचान

(साठोत्तरी लेखिकाओं की कहानियों में)

नारी : अस्तित्व की पहचान

(साठोत्तरी लेखिकाओं की कहानियों में)

डॉ. सुधा बालकृष्णन

वाणी प्रकाशन

वाणी प्रकाशन
4695, 21-ए, दरियागंज, नयी दिल्ली 110 002

फ़ोन : +91 11 23273167 फ़ैक्स : +91 11 23275710

शाखाएँ

अशोक राजपथ, पटना 800 004, बिहार

कॉफ़ी हाउस कैम्पस, महात्मा गांधी मार्ग, इलाहाबाद 211 001, उत्तर प्रदेश

महात्मा गांधी अन्तरराष्ट्रीय हिन्दी विश्वविद्यालय, वर्धा 442 001, महाराष्ट्र

www.vaniprakashan.in
marketing@vaniprakashan.in
sales@vaniprakashan.in

NARI : ASITATVA KI PAHCHAN
(Sathottari Lekhikaon Ki Kahaniyon Mein)
by Dr. Sudha Balakrishnan

ISBN : 978-93-5072-591-7
Feminism

प्रथम संस्करण 2013
आवृत्ति 2019

मूल्य : ₹ 395

एम.एस. प्रिंटर्स, दिल्ली-110 095 में मुद्रित

वाणी प्रकाशन का लोगो मक़बूल फ़िदा हुसेन की कूची से

भूमिका

स्त्री की क्या परिभाषा है? किस तरह स्त्री परिभाषित हो सकती है? यह सोचने की बात है। समाज के कर्ता-विधाताओं ने स्त्री के अस्तित्व को खूबसूरत उपनामों से जोड़कर उसे दायराबद्ध किया। स्त्री को इस दायरे से निकलना मुश्किल है। त्याग, सहनशीलता, समर्पण जैसे पुरुष प्रिय गुणों के अवगुंठन में रहने को वह विवश है। शिक्षित और अशिक्षित स्त्रियों की नियति यही है। बहुत कम हैं जो प्रतिरोध कर अपने अस्तित्व की माँग करती हुई अपने अधिकारों के लिए आगे आती हैं। ऐसी स्त्रियों की समाज में कोई पहचान नहीं होती क्योंकि पुरुष सत्तात्मक समाज स्त्रियों की ऊँची आवाज़ बर्दाश्त नहीं करता, उनसे जवाब सुनना पसन्द नहीं करता, उनकी समझदारी को स्वीकार नहीं सकता...इसे क्या कहें? विडंबना नहीं तो क्या है? जिस देश में दुर्गा के रूप में स्त्री की पूजा होती है उस देश के समाज में स्त्रियों की दुर्दशा का सर्वाधिक विकृत दृश्य देखने को मिलता है। समाज कितने विरोधाभासों से पूर्ण है, एक ओर स्त्री को पूज्या का स्थान देकर उसकी आराधना करता है दूसरी तरफ उसे हाशिये पर धकेलने की पहल करता है।

स्त्री को अब जागरूक और व्यावहारिक होना ही है। श्रद्धा बनकर विश्वास रजत पग तल में पीयूष स्रोत से बहते रहने से कुछ होनेवाला नहीं है। अतः उसे श्रद्धा से इड़ा बनना है। अपनी व्यथा को गोपनीयता से नहीं खुल कर व्यक्त करना है। अतः अन्ना कैरेनिना और शकुन्तला की व्यथा कथा टॉलस्टॉय या कालिदास नहीं स्वयं अन्ना और शकुन्तला को लिखनी है। यह बहुत बड़ी चुनौती है। उनकी यात्रा थमनी नहीं चाहिए क्योंकि महिला लेखन समय की ज़रूरत है।

डॉ. सुधा बी.

अनुक्रम

पहला अध्याय

स्त्री जागरण की दिशाएँ

शताब्दियों से गुलामी की जंजीरों में जकड़ी हुई भारतीय नारी को स्वतन्त्र बनाकर उसे मानवीय अधिकारों से विभूषित करना, अपने में एक महान साधना है। स्वतन्त्रता प्राप्ति के इतने वर्षों बाद भी हमें इस कार्य में निर्णायक सफलता नहीं मिल पायी है। अधिकारों से वंचित, शोषित एवं पीड़ित नारी की अन्तरात्मा की चीत्कार को क्षितिज के आर-पार मुखरित कराने का काम सिर्फ नारी ही कर सकती है, क्योंकि स्त्री हृदय की धड़कन, उसके अवचेतन की मूकता और संघ-आक्रोश की पीड़ा, केवल नारी ही आँक सकती है। इस कारण भारतीय नारी के स्वर, सपने और आकांक्षाओं को अनुभूतिबद्ध करने में जितनी सफलता लेखिकाओं को हासिल हुई है, उसका मूल्यांकन करना भी कम महत्त्व की बात नहीं है।

नारी जागरण की परिस्थितियाँ और नवलेखन के आयाम पर विचार करने से पूर्व भारतीय नारी का परंपरागत स्वरूप और आज की परिवर्तित स्थिति पर विचार करना अत्यन्त आवश्यक है।

भारतीय नारी का कल जो स्वरूप था वह आदेशों और विश्वासों से लदा हुआ था। इस कारण समसामयिक परिस्थितियों से उनका सम्बन्ध ठीक नहीं बैठता। पौराणिक मान्यताएँ स्त्री को स्वतन्त्र सत्ता प्रदान नहीं करतीं अपितु उसे जन्म-जन्मान्तर तक पति की दासी बनने के लिए बाध्य कर देती थीं। इस कारण विडम्बनाग्रस्त एवं कुंठा और घुटन की परिस्थितियों में जीवन बिताने को वह बाध्य हो गयी थी। परम्परा स्त्री पर लादा हुआ आदर्श और सतीत्व की पाबन्दियाँ कहाँ तक समसामयिक स्थितियों में तर्क संगत लगती हैं और उनकी प्रासंगिकता कहाँ तक माननीय हैं यह बात विचारणीय बन जाती है।

भारतीय नारी का आधुनिक स्वरूप वह है, जो इन परम्परागत मान्यताओं के प्रति संघर्षात्मक रवैया अपनाता है। इस कारण वह परम्परा के प्रति आक्रोश का सूचक बन जाता है। युगों से भोगे अन्याय और अत्याचार के विरुद्ध आवाज़ उठाने की शक्ति महिला को आधुनिक परिस्थितियों ने प्रदान की है। इसका मूल्यांकन किये

बिना नारी के चारित्रिक विकास में आये हुए परिवर्तन को परखा नहीं जा सकता। आदर्श के उत्तुंग आसन पर बैठी हुई परम्परागत नारी, रोटी के टुकड़ों को एकत्रित करने के लिए दफ्तरों की फाइलों के बीच दम तोड़ने वाली आधुनिक नारी और ईंट और पत्थरों के साथ पसीना बहाने वाली गरीब नारी के भिन्न स्वरूपों का तारतम्य अत्यन्त विडम्बनापूर्ण लगता है। जिस तरह चक्र रहित रथ की तथा तार रहित वीणा की कल्पना नामुमकिन है उसी तरह स्त्री रहित पुरुष अथवा पुरुष रहित स्त्री की कल्पना तक नहीं की जा सकती। सृष्टि के मूल में स्त्री और पुरुष दो ऐसे तत्व हैं जिनके आपसी सहयोग से ही सृष्टि का विकास और परिचालन होता है। ''नारी और पुरुष जीवन की दो ऐसी रेखाएँ हैं जो यदि मिल जाती हैं तो कोण, त्रिकोण या चतुर्भुज, बहुभुज बना देती हैं और यदि न मिल सकीं तो समानान्तर रेखाएँ बनकर अनंत काल तक विलगाव की स्थिति पैदा कर सकती है। जीवन हो या चिन्तन, भूगोल हो या इतिहास, संस्कृति हो या समाज, परिवार हो या व्यक्ति, राजनीति हो या कर्म, अर्थ हो या काम, भूत हो या वर्तमान, नारी पुरुष के समानान्तर चलती है।''[1] सृष्टि के प्रारम्भ में नर और नारी समानाधिकारी थे। सामाजिक उत्थान के साथ पुरुष की स्वार्थपरता की भावना बढ़ती गयी और स्त्री की स्वतन्त्रता क्षीण होती गयी। स्त्री के कार्यक्षेत्र को सीमित कर उसे घर की चारदीवारी में कैद कर लिया गया। अपने आप को सबल बनाकर पुरुषों ने नारियों को सामाजिक बन्धनों में जकड़ दिया और उन्हें पुरुषों की बनायी संकीर्ण लीक पर चलने को मज़बूर किया। परिणाम यह हुआ कि स्त्री की सामाजिक स्थिति पुरुष की तुलना में निम्न स्तर की हो गयी। महाभारत की सूक्ति—''अर्द्ध भार्यां मनुष्यस्य, भार्या श्रेष्ठतम सखा'' शनैः शनैः धूमिल होती गयी और नारी पुरुषों की निर्मम चक्की में पिसती रही, शोषित और प्रताड़ित होती रही, अपमान के घूँट पीती रही। कहा जाता है कि नारी की दासता का इतिहास उत्तर वैदिककाल से शुरू हुआ था और आज के इस वैज्ञानिक युग में भी नारी एक हद तक उपेक्षिता ही है। औरत को मात्र भोग की वस्तु समझकर उसके प्रति वासनात्मक दृष्टि रखने की आदिम मानसिकता आज के सभ्य एवं शिक्षित पुरुष समुदाय में भी पायी जाती है।

पुरुष सदैव सीता जैसी आदर्श पतिव्रता पत्नी की कल्पना करता है लेकिन स्वयं वह राम जैसा महान बनने को तैयार नहीं होता क्योंकि उसे विदित है कि नारी समाज की एक कमज़ोर इकाई है जिसे वह इच्छानुसार अपने नियमों से आबद्ध कर सकता है। स्त्रियाँ विशेष कर निम्न मध्यवर्ग व कृषक वर्ग की अपनी स्वतन्त्रता और अपने अधिकारों के प्रति आवाज़ बुलन्द नहीं कर पातीं। क्योंकि उन पर समाज के नियमों और नैतिक मान्यताओं का अंकुश लगा रहता है जिसका उल्लंघन करने पर उसे समाज से निष्कासित किये जाने का भय रहता है। प्रसिद्ध दार्शनिक रसेल का कथन यहाँ तर्कसंगत लगता है—''समाज में कड़ी मेहनत का बोझ स्त्री पर ही लाद दिया जाता है। यह इसलिए नहीं कि कड़ी मेहनत के लिए वह अधिक योग्य है, परन्तु

इसलिए कि उसके विरुद्ध आवाज़ उठाने की शक्ति उसमें नहीं है। इतिहास ने यह सिद्ध किया है कि हमेशा अधिकार शक्ति संपन्न वर्गों के हाथों में होता है और कमज़ोर वर्ग हर वक्त अन्याय का शिकार बनकर विडम्बनापूर्ण जीवन बिताता है।''[2]

इस प्रकार भारतीय नारी आँचल से दूध और आँखों में पानी लिये पुरुष समाज के अन्यायों से आक्रान्त रही। कभी पुरुषों ने अपनी स्वार्थ की पूर्ति के लिए उसके सौन्दर्य का झूठा वर्णन कर उसे दिल की रानी बनाया तो कभी चरणों की दासी। इस तरह नारी पुरुष वर्ग के लिए अनबूझ पहेली बनी रही।

पुरुषों की ज़्यादती और बढ़ते हुए अमानुषीय व्यवहार से नारी के हृदय में क्रान्ति की चिनगारियाँ भड़कने लगीं। लेकिन वंश और कुल की रक्षा के लिए उसने हृदय की चिनगारियों को आँसुओं से बुझाने का प्रयास किया। पुरुष के अत्याचारों को चुपचाप मौन साध कर सहती रही। इस युग की नारियों के सम्बन्ध में यह कहना अति उत्तम होगा कि ''निषेध तत्व ही नारी है... जहाँ कहीं अपने आप को उत्सर्ग करने की, अपने आप को खपा देने की भावना प्रधान है वही नारी है। ... जहाँ कहीं दुःख-सुख की लाख धाराओं में अपने को दलित द्रष्टा के समान निचोड़ कर दूसरे को तृप्त करने की भावना है, वह नारी तत्व है ... नारी निषेध रूप है। वह आनन्द भोग के लिए नहीं आती, आनन्द लुटाने के लिए आती है।''[3]

महात्मा गाँधी ने भी नारी के आदर्श के विषय में कहा है कि नारी त्याग की मूर्ति है। जब वह कोई चीज़ शुद्ध और सही भावना से करती है, तब पहाड़ों को भी हिला देती है। मैंने स्त्री को सेवा और त्याग की भावना का अवतार मानकर उसकी पूजा की है।

स्त्रियों के इस प्रकार के त्याग और सद्भावना के कारण ही जीवन जीने के योग्य बना रहता है। विषम परिस्थितियों में भी नारी अपनी मृदुवाणी से पुरुष को सान्त्वना देती है जिस कारण पुरुष धैर्य धारण कर आगे बढ़ता है।

सभ्यता के विकास के साथ स्त्रियों के विचार एवं दृष्टिकोण में व्यापक परिवर्तन लक्षित होने लगा। स्त्रियों को यह बोध हो गया कि त्याग, बलिदान, सहनशीलता आदि परम्परागत स्त्री सुलभ गुणों से नारी का उत्थान असम्भव है। परिणामस्वरूप ''भारतीय स्त्री भी एक दिन विद्रोह कर ही उठी। उसने भी पुरुषों के प्रभुत्व का कारण अपनी कोमल भावनाओं को समझा और उन्हीं को परिवर्तित करने का प्रयत्न किया। अनेक सामाजिक रूढ़ियों और परम्परागत संस्कारों के कारण उसे पश्चिमी स्त्री के समान न सुविधाएँ मिलीं और न सुयोग, परन्तु उसने उन्हीं को अपना मार्गदर्शक बनाना निश्चित किया।''[4]

स्त्री को सशक्त करने में संविधान का प्रयास

भारत का नया संविधान 1950 में लागू हुआ था। संविधान के निर्माण में कुछ प्रमुख

महिलाओं ने भी भाग लिया। सुचेता कृपलानी, अमृत कौर, अम्मू स्वामिनाथन, पूर्णिमा आदि का नाम विशेष रूप से विचारणीय है। इनके कारण संविधान में स्त्री-पुरुषों को समान अधिकार देने का आश्वासन दिया गया। अतः राजनीतिक क्षेत्र के साथ अन्य कई क्षेत्रों में भी पुरुषों के समान नारियों के अधिकार बढ़ा दिये गये। भारतीय नारी के प्रगति-पथ पर यह एक महत्त्वपूर्ण मोड़ माना गया। स्त्री-पुरुषों को समानाधिकार प्रदान करने के लिए कई विख्यात हस्ताक्षर कार्यरत रहे। क्योंकि राष्ट्रोत्थान के लिए स्त्री और पुरुष का सहयोग आवश्यक माना गया। अतः देश के उज्ज्वल भविष्य एवं प्रगति को ध्यान में रखते हुए स्त्री और पुरुष दोनों को एक साथ सहयोग की भावना से आगे बढ़ने को प्रोत्साहित किया गया। वैसे संविधान में नारी-स्वतन्त्रता एवं स्त्री-पुरुष की समानता का तो ऐलान किया गया परन्तु ये सारी बातें सैद्धान्तिक रूप से ही रहीं। क्योंकि संविधान में कही गयी बातों को सामाजिक स्वीकृति नहीं मिल पायी। समाज के कर्ता-धर्ता जो नारी को देश की शक्ति, विकास की प्रेरणा मानते थे, वे स्वयं नारी को अबला मानकर उसे भोग्या के रूप में देखने लगे।

कानून के क्षेत्र में परिवर्तन

नारी जीवन के विकास को ध्यान में रखते हुए कानून के क्षेत्र में भी बहुत कुछ परिवर्तन हुआ है। स्त्रियों की सुख, सुविधा एवं सुरक्षा के लिए कुछ विशेष नियम बनाये गये जैसे—

1. **हिन्दू उत्तराधिकार अधिनियम 1956 (1956 का 30)**, जिसमें संपत्ति पर पूर्ण स्वामित्व का अधिकार दिया गया है और कोई महिला वसीयत करके संपत्ति के अपने भाग को अपने वारिसों को दे सकती है।

2. **हिन्दू दत्तक और भरण-पोषण अधिनियम 1956 (1956 का 78)**, जिसकी धारा 8 के अधीन कोई हिन्दू महिला जो (क) स्वस्थ चित्त हो, (ख) अवयस्क न हो और (ग) विकलांग न हो, या यदि विकलांग हो तो जिसका विवाह भंग हो चुका हो या पति मर चुका हो या पूर्णतः और अन्तिम रूप से संसार का त्याग कर चुका हो या हिन्दू न रहा हो या किसी सक्षम अधिकार क्षेत्रवाले न्यायालय द्वारा उसे अस्वस्थचित्त घोषित किया जा चुका हो, दत्तक पुत्र या पुत्री अपना सकती है।

3. **हिन्दू अवयस्कता और संरक्षकता अधिनियम 1956 (1956 का 32)**, जिसके अधीन पुत्र या पुत्री को गोद लेने के लिए पत्नी की सहमति वांछित है।

4. **दहेज निषेध अधिनियम 1961 (1961 का 28)**, जिसकी धारा 3 और 4 के अधीन (एक) दहेज देने या लेने के लिए और (दो) दहेज माँगने के लिए दंड की व्यवस्था की गयी।

5. **गर्भ का चिकित्सीय समापन अधिनियम 1971 (1971 का 34)**, जिसके

अधीन मानवीय और चिकित्सीय आधार पर प्रशिक्षित व्यक्तियों द्वारा गर्भपात को वैध करार दिया गया।

इस तरह महिला वर्ग को आगे बढ़ाने एवं उनके जीवन में सुधार लाने के लिए सरकार ने बहुत कुछ किया और अब भी वह कार्यरत है। नारी जीवन में आने वाले इन परिवर्तनों को ध्यान में रखते हुए, तत्कालीन लेखिकाओं ने एक ओर स्वतन्त्र एवं जागृत नारी वर्ग की कहानी कह डाली तो दूसरी ओर नारी की कराह और आहों को भी सहलाया।

अस्तित्व की माँग करती हुई स्त्री

भारतीय स्वतन्त्रता संग्राम भी नारी को नवोन्मेष एवं नयी जागृति देने में अत्यधिक सहायक रहा है। स्वातन्त्र्य संग्राम ने युगों की सुषुप्त नारी के कानों में जागरण का सन्देश फूँका। परिणामस्वरूप चिर-सन्तप्त नारी हृदय में नवचेतना की चिनगारी प्रज्ज्वलित हो उठी और वह अपनी दयनीय स्थिति से क्षुब्ध होने लगी। साथ ही उन परम्परागत सामाजिक शृंखलाओं से मुक्त होने का प्रयास करने लगी जिससे उसका उदात्त स्वरूप संगृहीत था। "अवगुंठनवती नारी सामाजिक सम्मान तथा सुख शान्तिमय जीवन को प्राप्त कर सच्चे अर्थों में मानवी बनने के लिए लालायित थी। जब उसने भविष्य को निहारा तो उसे ज्ञात हुआ कि अभी मार्ग बीहड़, कंटकाकीर्ण है। उसके सम्मुख सामाजिक कुरीतियों के ऊँचे टीले, रूढ़ियों तथा अमानवीय परम्पराओं के गहरे गर्त, कंधों पर परिवार का बोझ तथा सिर पर नव निर्माण का गट्ठर था, परन्तु परिस्थितियों ने उसको सहयोग दिया, उसके प्रेरक और सहयोगी अनेक बन गये।"[5]

परिस्थितियों की प्रेरणा और सहयोग से नारी का स्वाभिमान एक नयी दिशा की ओर करवट बदलने लगा। परतन्त्रता की बेड़ियों को तोड़कर आत्मनिर्भर बनने की आकांक्षा उसके जागृत मन में उठने लगी। आत्मनिर्भर बनने के लिए शिक्षा की आवश्यकता है तभी वह पुरुष की दासता से मुक्त हो सकती है और समाज में अपना स्वतन्त्र अस्तित्व स्थापित कर सकती है। नारी समुदाय में शिक्षा के प्रचार-प्रसार करने एवं उन्हें आत्मनिर्भर बनाने के लिए तत्कालीन समाज-सुधारकों ने भी सराहनीय कार्य किये हैं। शिक्षा का व्यापक प्रचार-प्रसार होने के कारण स्त्रियों ने एक नवीन दृष्टिकोण को लेकर जीवन में प्रवेश करना प्रारम्भ किया। अब न तो वह मध्यकालीन रमणियों की तरह पटों में बन्द रहती है और न ही पुरुषों की दासता को स्वीकार करने को ही तैयार है। आधुनिक शिक्षा एवं पाश्चात्य प्रभाव के कारण आधुनिक शिक्षित नारी किसी भी हद तक पुरुष की गुलामी को स्वीकार करने को तैयार नहीं है। "पाश्चात्य जगत में जन्मे हुए उदार विचारों का यह परिणाम हुआ कि नारी अपनी स्वाधीनता के लिए संघर्ष करने लगी। नारी के जागते ही पुरुष इस

ग्लानि से भर गया कि सम्पूर्ण इतिहास में नारी पर वह अत्याचार ही करता आया है। स्वतन्त्रता का वास्तविक अर्थ आर्थिक स्वाधीनता है। नारी जब तक यह स्वाधीनता नहीं प्राप्त करती, उसका यह दावा झूठा है कि वह स्वतन्त्र है! किन्तु, पुरुष यह नहीं चाहता कि नारी आर्थिक दृष्टि से स्वतन्त्र हो।"[6]

आज की स्वतन्त्रचेता नारी भी सभी क्षेत्रों में पुरुषों की बराबरी कर रही है। राजनीति, पुलिस, सेना आदि क्षेत्रों में पुरुषों के समान उच्च पदों में स्त्रियाँ भी आसीन हैं। प्रधानमंत्री के रूप में राष्ट्र के सर्वोच्च पद पर श्रीमती इंदिरा गाँधी का आरूढ़ होना, स्वतन्त्र भारत की महिलाओं के लिए एक महान उपलब्धि है। इनके अतिरिक्त राजनीति के क्षेत्र में प्रसिद्धि प्राप्त महिलाएँ हैं—तारकेश्वरी सिन्हा, नंदनी सतपथी, रामदुलारी सिन्हा, सुचेता कृपलानी, शारदा मुखर्जी आदि। इतना कुछ होने पर भी कहा जाता है कि जिस प्रकार शिक्षा, ज्ञान-विज्ञान, व्यवसाय के क्षेत्र में महिलाएँ आगे बढ़ी हैं, राजनीति में उस तरह से नहीं आ पायी हैं, फिर भी अमेरिका, जापान, ब्रिटेन जैसे विख्यात देशों की तुलना में इस क्षेत्र में भारतीय नारियों की स्थिति सराहनीय है।

इस तरह हम देखते हैं कि "घर की चहारदीवारियों में बन्द रहने का मुहावरा स्वातन्त्र्योत्तर भारतीय नारी के सन्दर्भ में अर्थहीन और विगत की बात बन कर रह गया। सामाजिक, आर्थिक, राजनीतिक सभी क्षेत्रों में वह अपना विशिष्ट स्थान बनाने लगी। (The hand that rocks the cradle rules the world) की उक्ति स्वतन्त्र भारत की नारी को लेकर शब्दशः सार्थक होने लगी।"[7]

स्त्री-पुरुष की समानता एक ओर विकास का मार्ग प्रशस्त करती है तो दूसरी ओर पारिवारिक कलह, अलगाव, कुंठा, संत्रास को भी जन्म देती है। आधुनिक शिक्षित नारी आत्मनिर्भर होने की वजह से आर्थिक रूप से स्वतन्त्र है इस स्वतन्त्रता का कभी-कभी वह दुरुपयोग करती है। आर्थिक स्वतन्त्रता का यह तात्पर्य नहीं है कि वह उच्छृंखल होकर क्लबों या महफिलों में जाकर गुल खिलाये। ऐसी अनेक स्वतन्त्रचेत्ता नारियाँ हैं जो विवाहित होकर भी परपुरुष से सम्बन्ध जोड़ती हैं। ऐसे सम्बन्ध को वे बुरा नहीं मानतीं क्योंकि उनकी दृष्टि में यह सब आधुनिकता के अन्दर शामिल है। नारियों की ऐसी उच्छृंखल प्रवृत्तियों के कारण कितने ही बच्चे माँ की ममता से वंचित रह जाते हैं और कितने ही पुरुष ऐसी पत्नियों की ओर से उदासीन होकर परस्त्रियों के साये में प्यार ढूढ़ने जाते हैं।

भारतीय नारी के विकास पर विहंगम दृष्टि डालें तो प्रतीत होगा कि आज का नारी समुदाय विकास के उच्च शिखर पर है, लेकिन विश्लेषणात्मक दृष्टि से जाँच करें तो ज्ञात होगा कि कुछ हद तक नारी आत्मनिर्भर होने पर भी पराश्रित है।

स्त्री शिक्षा और आत्मनिर्भरता का विकास

आधुनिक शिक्षा ने स्त्री को आर्थिक स्वतन्त्रता एवं आर्थिक सुरक्षा प्रदान की है।

परिणामस्वरूप स्त्री भी पुरुष के समान परिवार के बोझ को ढोती है। परम्परागत मान्यता यानी पुरुष रोटी कमाये और स्त्री परिवार पालन करे, आज टूट चुकी है। आज की आधुनिक आत्मनिर्भर नारी पुरुषों के समान रोटी भी कमाती है साथ-साथ घर के कामकाजों से निपटती भी है। अतः उसे घर और दफ्तर दो जगहों के कर्तव्यों को निभाना पड़ता है।

आत्मनिर्भरता के कारण आज की नारी जीवन की विकट समस्याओं का स्वतन्त्र निर्णय लेने में समर्थ है। क्योंकि ''वह अपने अधिकारों के प्रति सजग है और अपनी समस्याओं का समाधान स्वयं करके अपनी स्थिति को उच्च बनाने में संलग्न है। परदे में रहकर वह रक्त के आँसू बहाना प्रीतिकर नहीं समझती तथा वह अवगुण्ठन उसे सह्य नहीं, यद्यपि युगों से नारी का कार्यक्षेत्र घर में सीमित रहा।''[8]

आधुनिक शिक्षित नारी नौकरी की ओर आकर्षित है। इसका प्रमुख कारण है आज की आर्थिक स्थिति और शिक्षित नारी का स्वतन्त्र चिन्तन। आर्थिक परेशानियों से बाध्य होकर नारी कभी-कभी नौकरी के लिए घर से बाहर कदम रखती है और जहाँ आर्थिक विवशता का सवाल नहीं उठता वहाँ नारी असन्तोष के लिए नौकरी करती है। साथ-साथ जीवन को ऊँचा उठाने की आकांक्षा भी उसमें होती है।

स्वतन्त्र अस्तित्व रखने वाली स्त्रियाँ भी नौकरी करना चाहती हैं क्योंकि शिक्षा ग्रहण करने के बाद वह पराश्रित होना नहीं चाहती। यदि वह अविवाहिता है तो माता-पिता पर बोझ नहीं बनना चाहती। और यदि विवाहिता है तो पति पर आश्रित होकर उसके अंकुश में अपने अधिकारों को सीमित नहीं रखना चाहती है। ''शिक्षा द्वारा प्राप्त स्वाभिमान की भावना उसे पति पर बोझ होने की स्थिति स्वीकार नहीं करने देती। इसलिए वह घर की सजावट की अपेक्षा नौकरी चुन लेती है। इससे उसे अपने ज्ञात को प्रयोग में लाने का अवसर भी मिलता है और सामाजिक उपयोगिता का सन्तोष भी।''[9]

हमारे देश में नारियों का एक ऐसा वर्ग है जो नौकरी मात्र मनोरंजन, समय काटने के लिए, घर की बोरियत दूर करने के लिए और सौन्दर्य प्रसाधनों को खरीदने के लिए करता है। ऐसी नारियों के समक्ष कोई आर्थिक परेशानियाँ नहीं होतीं। ये प्रायः उच्च वर्ग या मध्य वर्ग की महिलाएँ होती हैं।

शिक्षा के सर्वतोन्मुखी विकास के कारण नारी में एक नयी चेतना जागृत हुई है जिसके आधार पर समूची सामाजिक एवं पारिवारिक मान्यताएँ पुनर्विचार का विषय बन गयी हैं। शिक्षा के क्षेत्र में नारी को जो सुविधाएँ मिली हैं, उन्हीं से लैस होकर नारी आज अपने अधिकारों के प्रति जागरूक हो गयी है। एक नयी अस्मिता की खोज और अहं का बोध आज़ादी के बाद भारतीय नारी समाज में प्रकट होने लगा है जो नारी समुदाय को पौराणिक मान्यताओं एवं रूढ़ियों से स्वतन्त्र करने में एक हद तक सार्थक सिद्ध हुआ है।

व्यक्ति स्वातन्त्र्य के विकास के लिए शिक्षित स्त्रियों का योगदान

स्त्रियों पर दबाव एवं शंकित निगाहों का प्रहार होने पर भी पुरुषों के समान स्त्रियाँ भी व्यक्ति स्वातन्त्र्य के लिए संघर्ष करने लगीं। समाज में अपने अस्तित्व को ठोस रूप देने के उद्देश्य से स्त्रियाँ माँ, पत्नी, प्रेयसी के परम्परागत दायरे से बाहर निकलकर समाज के विराट धरातल आ खड़ी हुईं। अनेक शिक्षित स्त्रियों ने नारी-सुधार एवं उनके व्यक्तिगत विकास को ध्यान में रखते हुए स्त्री-सुधार संस्थाओं की स्थापना की। अखिल भारतीय महिला परिषद ने भी प्रतिवर्ष सेमिनार और महिला सम्मेलनों को आयोजित कर शैक्षणिक स्थिति में सुधार लाने का भरसक प्रयत्न किया। भारत की लगभग सभी प्रमुख नेत्रियाँ इस संस्था की देन थीं।

इस प्रकार संस्थाओं के अतिरिक्त उस समय की सरकार ने नारी कल्याण के कार्यक्रमों को ध्यान में रखते हुए अनेक नये कदम उठाये। सर्वप्रथम सरकार ने नारी शिक्षा पर बल दिया। तत्पश्चात स्त्रियों को शिक्षित कर पुरुषों के समान स्वाधीन बनाने का प्रयास होने लगा। नयी शिक्षा ने महिलाओं के अन्दर आत्मविश्वास को भर दिया। इस आत्मविश्वास के प्रकाश में स्त्रियाँ यह महसूस करने लगीं कि राष्ट्र निर्माण एवं सामाजिक कार्यकलापों में उनको भी महत्त्वपूर्ण भूमिका अदा करनी है अतः शिक्षिता नारी अपने अधिकारों के प्रति सजग हो गयी। शिक्षा प्राप्त करके स्त्रियों ने एक नवीन दृष्टिकोण लेकर जीवन में प्रवेश करना प्रारम्भ किया। अब उनके जीवन का एकमात्र लक्ष्य जैसे-तैसे विवाह करके यातनापूर्ण जीवन व्यतीत करना नहीं रह गया।

उन्होंने विविध व्यवसायों, डॉक्टरी, वकालत, अध्यापन आदि को अपनाना प्रारम्भ कर दिया। उनके ऐसा करने में तत्कालीन सामाजिक व्यवस्था के प्रति विद्रोह तो था साथ ही स्त्रियों के सामर्थ्य तथा बुद्धि का प्रयाण भी था। इस तरह नारी शिक्षा का विकास और उसके प्रचार-प्रसार ने सामाजिक संकीर्णता, खोखलापन, अंधविश्वास आदि के बन्धन को तोड़ने को मज़बूर किया। आज़ादी के पश्चात् समाज में जागृत एवं शिक्षित नारी वर्ग का अभ्युदय हुआ। हमारे समाज में नारियों का एक ऐसा वर्ग भी रहा है जिन पर आज़ादी के बाद की नयी रोशनी का कोई प्रभाव नहीं पड़ा। अशिक्षा और रूढ़ियों के अंधकारमय वातावरण में, अत्याचारों को सहकर, मज़बूर जीवन बिताने वाली ये महिलाएँ हमारे लिए एक प्रश्न चिह्न हैं। आज भी हमारे समाज में ऐसी विवशता ग्रस्त बालाओं का एक बड़ा वर्ग है जो माँ, बेटी और पत्नी के रूप में पुरुष की दासी मानी जाती है।

आर्थिक समानता के लिए संघर्ष

आज़ादी के पश्चात् जितने भी परिवर्तन हुए उनका आधार आर्थिक परिस्थितियों से सीधे जुड़ जाता है क्योंकि अर्थ ही एक ऐसा तत्त्व है जिसके बल पर समाज का

स्वरूप ठोस अस्तित्व जमा सकता है। यद्यपि सरकार ने स्त्री शिक्षा को बढ़ावा दिया, नियमों के आधार पर स्त्री के अधिकारों की रक्षा की और उसको स्वतन्त्र बनाने का प्रयास किया। फिर भी सामाजिक धरातल पर नारी का स्वरूप ज़्यादा बदल नहीं पाया। इन्हीं परिस्थितियों से प्रभावित होकर महिला लेखिकाओं ने स्वतन्त्रचेता नारी के जीवन की विविधता को रूपायित करने का प्रयत्न किया। विशेषकर तत्कालीन स्त्रियों की आर्थिक परिस्थितियों से लेखिकाएँ बहुत अधिक प्रभावित हुईं।

स्त्री स्वातन्त्र्य की पहली कड़ी आर्थिक स्वतन्त्रता है। आर्थिक रूप से स्वतन्त्र होने पर ही नारी सच्चे अर्थों में स्वतन्त्र हो सकती है। इस कारण आर्थिक स्वतन्त्रता के लिए शिक्षित स्त्रियाँ पूर्ण रूप से प्रयत्नशील रहीं। जब स्त्रियाँ आर्थिक रूप से स्वतन्त्र होकर समाज में विचरण करने लगीं तो उनके समक्ष अनेक नयी समस्याएँ उठने लगीं उसके व्यवहार एवं चिन्तन में व्यापक परिवर्तन दृष्टिगत होने लगा। उधर, पुरुषों के लिए स्त्रियों की यह स्वतंत्रता एवं उच्च पदों पर आसीन होना बहुत ही अस्वाभाविक प्रतीत हुआ। क्योंकि पुरुषों को अपना स्तर गिरता हुआ नज़र आने लगा, दूसरी ओर पारिवारिक जीवन बिखराव के कगार पर स्थित हो गया। अर्थोपार्जनरत होने के कारण स्त्रियों का ध्यान पारिवारिक जिम्मेदारियों से हटकर दफ्तर के कागजातों पर जा टिका। परिणामस्वरूप बच्चों के पालन-पोषण एवं घर की समस्याएँ नौकरानियों के कन्धे पर आ टिकीं। इस प्रकार शिक्षित स्त्रियों के नौकरी-पेशा समूह परिवार से कटकर दफ्तर का एक अंग-सा बन गया। परिवार में पति और बच्चों के प्रति नारी की संवेदनाएँ घटती गयीं। अतः "एक ओर जहाँ परिवार का परम्परागत स्वरूप हटा, वहीं दूसरी ओर स्त्री स्वतन्त्रता के कारण नवयुवक स्त्रियों के स्वरूप में परिवर्तन आया। जो स्त्रियाँ आजीविका के साधन जुटाती थीं उनकी मानसिकता में धीरे-धीरे व्यापक परिवर्तन आया। इस प्रकार उन्होंने जीवन और चिन्तन के स्तर पर पुरुषों के समान ही स्वयं को प्रस्तुत करने की कोशिश की।"[10] अतः लेखिकाओं का स्त्री के परिवर्तित इस नये स्वरूप पर लेखनी चलाना बिल्कुल ही स्वाभाविक था।

स्त्री का कार्यक्षेत्र दफ्तरों की दीवारों से बाहर विकसित होता गया। स्वतन्त्रचेता स्त्रियों ने राजनीति के क्षेत्र को भी अपना कार्यक्षेत्र मान लिया। अन्य क्षेत्रों में जिस तरह महिलाएँ आगे बढ़ीं, राजनीति में उसी तरह आगे नहीं आ पायीं। फिर भी अन्य विदेशी राज्यों जैसे ब्रिटेन, अमेरिका, जापान जैसे उन्नत देशों की स्त्रियों की अपेक्षा भारतीय स्त्रियों की स्थिति इस क्षेत्र में अच्छी रही है और अब भी अच्छी है। स्त्रियाँ राजनीतिक क्षेत्र में प्रवेश कर अपनी क्षमता और सामर्थ्य को दर्शाकर विश्व विख्यात हो गयीं। लेकिन इसके साथ उनके जीवन में कई सवाल और समस्याएँ उठ खड़ी होने लगीं। क्योंकि सार्वजनिक क्षेत्र में काम करने वाली महिलाओं का चरित्र एक सीमा तक चारदीवारों में बन्द रहने वाली महिलाओं पर भी प्रभाव डालने लगा। इस

तरह चारित्रिक आचरण के क्षेत्र में नैतिक समस्याएँ नया रूप धारण करने लगीं और उसकी नयी व्याख्या भी प्रस्तुत की जाने लगीं। यह एक महत्त्वपूर्ण परिवर्तन की सूचना थी।

लेखिकाओं की लेखन प्रक्रिया में उपर्युक्त परिवर्तनों का प्रत्यक्ष एवं परोक्ष प्रभाव देखा जा सकता है। समाजशास्त्रीय दृष्टि से भी ये प्रभाव लेखिकाओं की मानसिकता को रूपायित करने में अत्यधिक सफल रहे। उनकी दृष्टि एवं सृष्टि को देश की आन्तरिक परिस्थितियों ने पूर्णतया प्रभावित किया है। अन्यथा स्वातन्त्र्योत्तर कालीन महिला लेखन में इतनी विविधता और नवीनता का विधान नहीं हो पाता।

स्त्री और नैतिकता

हमारे समाज ने स्त्री एवं पुरुष को विभिन्न नैतिक मान्यताओं से आबद्ध किया है। लेकिन स्वतन्त्रता प्राप्ति के पश्चात् नारी ने जो अधिकार प्राप्त किये हैं उससे नैतिक जागरण का नया स्वर मुखरित होने लगा। "नैतिक मामलों में भी जितनी स्वाधीनता नरों को प्राप्त है, उतनी ही स्वाधीनता नारियों को भी मिलनी चाहिए। अर्थात् पहले वे नैतिक गुलामी में नरों की समानता करना चाहती थीं, आज वे नैतिक स्वतंत्रता में उनकी बराबरी करना चाह रही हैं।"[11]

भारतीय स्त्री जितनी स्वतन्त्र राजनीतिक एवं आर्थिक क्षेत्र है उतनी स्वतन्त्र नैतिक क्षेत्र में नहीं। लेकिन पाश्चात्य प्रभाव और अंतर्राष्ट्रीय मेल-मिलाप से नारी जीवन के नैतिक बन्धन कुछ ढीले पड़ गये हैं। कभी-कभी अत्यधिक स्वतन्त्रता एवं स्वतन्त्र चिन्तन के कारण आधुनिक नारी के आचरण में अनैतिकता की 'बू' आती है। हमारा समाज कितना भी विकसित एवं आधुनिक क्यों न हो नारी के अवैध कार्य को कभी प्रोत्साहन नहीं देता। जब विवाहित पुरुष परस्त्री से सम्बन्ध रखता है तो समाज उसे अनदेखा करता है। लेकिन जब विवाहिता स्त्री परपुरुष से सम्बन्ध जोड़ती है तो समाज उसे चरित्रहीन और कुलटा की उपाधि दे देता है। 'नारी चाहे कितनी भी सख्त मिजाजवाली, अहं निष्ठा, असभ्य, स्वार्थी, झगड़ालू हो, मगर सेक्स के क्षेत्र में पति के प्रति वफादार हो तो उसे श्रेष्ठ महिला मान लिया जाता है। इसके विपरीत वह कितनी भी अच्छी, सीधी-साधी, शान्त, त्यागशील हो परन्तु उस पर पति के अलावा किसी गैर पुरुष से अवैध सम्बन्ध का शक हो तो उसे बुरी औरत मान लिया जाता है।"[12]

उपर्युक्त बातों से यह व्यक्त हो जाता है कि आज भी हम स्त्री को, उसकी नैतिकता को, उसके शारीरिक आदान-प्रदान से मुक्त करके नहीं देख पा रहे हैं। स्त्री के चारित्रिक महत्त्व का आधार उसकी शारीरिक पवित्रता मानकर उसके चरित्र के अन्य पहलुओं को अनदेखा कर देना वास्तव में तर्कसंगत नहीं लगता। अतः स्त्री की नैतिकता को उसके चरित्र के सभी पक्षों से जोड़कर देखने की कोशिश ही अधिक वैज्ञानिक प्रतीत होती है।

बदली हुई परिस्थितियों में नैतिकता के सम्बन्ध में एक से अधिक दृष्टिकोण का होना नितान्त आवश्यक है। परम्परावादी जहाँ परंपरागत मूल्यों की पुनःस्थापना करना चाहते हैं, वहाँ नये विचारों वाले व्यक्ति समाज की नैतिकता को पुनर्निर्धारित करना उचित समझते हैं। उनकी दृष्टि में नैतिकता का जीवन के व्यावहारिक पक्ष से गहरा सम्बन्ध है। जीवन को अधिक व्यावहारिक एवं लाभान्वित करने के लिए जो कुछ भी किया जाना चाहिए वह उनकी दृष्टि में वैध एवं नैतिक है यानी जीवन के उपयोगितावाद को और भौतिक दृष्टिकोण को प्रश्रय देते हुए मूल्यों की पुर्नप्रतिष्ठा करना उनका लक्ष्य है।

नैतिकता के बदलते प्रतिमान और सामाजिक जीवन का बदलता स्वरूप

जब जनसमुदाय किसी व्यवस्था के आधार पर अपने जीवन को रूपायित करने लगता है तब वह समुदाय समाज कहलाता है। व्यवस्था को बनाये रखने के लिए समाज के अन्दर बसनेवाली जातियाँ कुछ नियमों का निर्धारण करती हैं। ये नियम परम्परागत मान्यताओं के आधार पर जाति-विशेष के विश्वास एवं मनोवैज्ञानिक विकास के आधार पर बनते हैं। इस प्रकार बननेवाली आचरण संहिता को सामाजिक व्यवहार का आधार मान लिया जाता है। नैतिकता उन आचरण संहिताओं में से एक है, जिसके आधार पर कोई विशेष समाज अपने अस्तित्व की विशेषता को उद्घोषित करता हुआ, भले-बुरे की व्याख्या करता हुआ अपने समाज के सदस्यों के लिए पथ निर्धारित करता है।

नैतिकता के आधार

नैतिकता का सम्बन्ध जाति-विशेष, समाज-विशेष, राज्य-विशेष और राष्ट्र-विशेष से है। व्यापक दृष्टि से देखने पर समूची मानवता के लिए निर्धारित की जानेवाली नैतिकता कुछ ऐसे व्यापक नियमों पर आधारित रहती है जो आत्यन्तिक रूप में विश्व-मानव की भलाई-बुराई से सम्बन्धित रहते हैं। "परम्परागत रूप से नैतिकता नैतिक समस्याओं से निपटने के लिए साधारण नैतिक सिद्धान्तों का विश्लेषण, मूल्यांकन एवं विकास की ओर लक्ष्य करती है।"[13] वैसे नैतिकता को किसी जाति-विशेष या समाज-विशेष से जोड़कर उसकी व्याख्या करना ही अधिक समीचीन है, क्योंकि प्रत्येक जाति की मान्यताएँ और विश्वास, परम्पराएँ और विश्वास, परम्पराएँ आध्यात्मिक एवं भौतिक परिस्थितियों से प्रभावित रहती हैं। अतः नैतिकता के सम्बन्ध में आत्यन्तिक रूप से सर्वमान्य व्याख्या प्रस्तुत करना असम्भव बात सी लगती है।

जहाँ तक भारतीय जन समुदाय का सवाल है नैतिकता यहाँ के आध्यात्मिक चिन्तन एवं पाप-पुण्य के विश्वासों से, कर्म एवं पुर्नजन्म के सिद्धान्तों से प्रभावित

रही है। वैसे भारतीय जीवन का आधाार धार्मिक रहा है और इस कारण उसका लक्ष्य भी भौतिक साधना की अपेक्षा आध्यात्मिकता की ओर उन्मुख होना है। "इसलिए हिन्दू नैतिकता, सामाजिक एवं मनोवैज्ञानिक नैतिकता का सम्मिलित स्वरूप है जिसका लक्ष्य उस दर्शन की ओर है जो परमात्म तत्त्व पर आधारित होकर आध्यात्मिक जीवन की ओर मुड़ जाता है।"[14]

इस तरह आध्यात्मिक मनोवृत्ति से संप्रेषित होने के कारण भारतीय नैतिकता का आधार अभौतिक है। विशेषकर हिन्दुओं की नैतिकता धार्मिक पक्ष की ओर अधिक झुकी हुई है। "हिन्दुओं की नैतिकता का आधार तृमुखीय आध्यात्मिक जीवन है जिसके अन्दर सामाजिक और वैयक्तिक नैतिकता के साथ अनुभूतिगम्य परमात्व तत्त्व से संबद्ध जीवन भी जुड़ा रहता है।"[15]

परन्तु भारत की आधुनिक परिस्थितियों में परम्परा द्वारा स्वीकृति नैतिक मान्यताएँ कितनी प्रासंगिक हैं यह विचारणीय बात लगती है। वे इसलिए हैं कि आज हमारे सामाजिक जीवन का ढाँचा आध्यात्मिक सिद्धान्तों पर आधारित न रहकर अधिक भौतिकोन्मुख हो गया है। इसलिए मूल्यों की पुनर्व्याख्या और समूची नैतिकता की पुनर्व्याख्या आवश्यक बन जाती है। क्योंकि सामाजिक विकास एवं परिवर्तन के साथ-साथ नैतिक मान्यताएँ भी बदलती रहती हैं। प्रारंभिक काल में नैतिकता का सम्बन्ध धर्म एवं आध्यात्मिकता से जुड़ा हुआ था। परन्तु जब धर्म स्वयं परिवर्तित होकर नया रूप धारण करने लगा तो नैतिकता भी शनैः शनैः विशृंखलित होने लगी और नैतिकता के नये-नये आयाम विकसित होने लगे।

"वर्तमान समय में नैतिक मूल्यों की समस्या और भी विकट इसलिए हो गयी है कि प्राचीन शास्त्रीय, धार्मिक अथवा ईश्वर संभूत धार्मिकता इस युग में क्रमशः क्षीण होती जा रही है और आज नैतिकता का आधार एक मानव संभूत नीति खोजा जा रहा है। जो दायित्व अब तक ईश्वर या धर्म पर था, वह अब मानव ने स्वयं ओढ़ लिया है।"[16]

समाज पर नैतिक मूल्यों का नियन्त्रण होना अनिवार्य है अन्यथा समाज में श्लील-अश्लील, पाप-पुण्य आदि का कोई मानदण्ड नहीं होगा और समाज में उच्छृंखलता बढ़ती जाएगी। आधुनिक युवा वर्ग नैतिकता को गिराकर स्वच्छन्द जीवनयापन करना चाहता है। भारत के कुछेक जगहों में समाज अत्यधिक आधुनिक एवं शिक्षित है। सेक्स का उन्मुक्त प्रदर्शन, अश्लीलता एवं स्वच्छन्द प्रेम की भावना को प्रश्रय मिल रहा है। ऐसे समाज में भ्रष्टाचार, अन्याय, स्वेच्छाचार आदि की स्पष्ट झलक देखी जाती है। ऐसे समाज में परिवार का विशृंखलित रूप देखा जाता है। पति-पत्नी दोनों एक-दूसरे के अनैतिक आचरण को देखकर भी अनदेखा कर देते हैं। ऐसे समाज में पति और प्रेमी दो अलग-अलग इकाई के रूप में खड़े होते हैं। अतः प्रेमी से ही ब्याह करना अथवा पति की ओर समर्पित होना अनिवार्य नहीं माना जाता।

आधुनिक भारतीय परिस्थितियों में, नैतिकता सामाजिक परिवेश से जुड़ कर जीवन के नये मूल्यों की खोज कर रही है। ये मूल्य नैतिकता को भी परिवर्तनोन्मुख करने की शक्ति रखने वाले हैं। इस तरह मूल्य और नैतिकता के सन्दर्भ एक-दूसरे को प्रभावित करते हुए और एक-दूसरे से प्रभावित होते हुए नयी मान्यताओं की खोज में निकल पड़े हैं। अतः नैतिकता आज बदलते हुए सामाजिक प्रसंगों की भूमिका के आधार पर ही तय की जा सकती है।

वैयक्तिक नैतिकता एवं साामजिक नैतिकता

नैतिकता के सन्दर्भ में वैयक्तिक नैतिकता एवं सामाजिक नैतिकता पर विचार करना अनिवार्य प्रतीत होता है। वैयक्तिक नैतिकता सामाजिक नैतिकता से कितनी जुड़ी हुई है और कितनी स्वतन्त्र है इसकी सीमा रेखाओं को सूक्ष्म ढंग से रूपायित करना कठिन कार्य लगता है। फिर भी वैयक्तिक नैतिकता सामूहिक नैतिकता को धक्का देती हुई आगे बढ़ने की कोशिश में लगी हुई है। इस कारण वैयक्तिक नैतिकता के आधार पर आज़ का समाज नये जीवन बोध की खोज कर रहा है।

वैयक्तिक नैतिकता व्यक्ति विशेष के जन्मजात संस्कारों से सम्बन्धित रहती है तो सामाजिक नैतिकता समुदाय विशेष से जुड़ी रहती है। वैयक्तिक नैतिकता व्यक्ति सत्ता के लिए लाभदायक होते हुए भी समाज के लिए हानिकारक होती है और यहाँ आकर वैयक्तिक एवं सामाजिक नैतिकता में संघर्ष का भाव पैदा होता है। वैयक्तिक नैतिकता समाज के सामने नये यथार्थ को लेकर उपस्थित होती है। आज व्यक्ति की मानसिक स्थिति अजीब दबावों में आकर इतनी परिवर्तित हो गयी है कि अनास्था, अविश्वास आदि उसके चरित्र के मूलभूत सिद्धान्त बन गये हैं।

उधर समाज में जो भौतिकवादी चेतना उभरी है उसने भी नैतिकता को धर्म एवं पाप-पुण्य के दायरों से मुक्त कर दिया है। इस तरह नैतिकता जो कि समाज की रीढ़ की हड्डी थी, जिसके आधार पर पाप-पुण्य, स्वर्ग-नरक आदि का विधान किया गया था, वह केवल व्यक्ति मात्र के हाथों की खिलवाड़ बन गयी। मनुष्य के विकास के लिए आविष्कृत सामाजिक नियमों को जब मनुष्य स्वयं तोड़कर इच्छानुसार जीवन यापन करता है तो उसका पतन अवश्यम्भावी है। वैयक्तिक एवं सामाजिक नैतिकता के संघर्ष का यह परिणाम है।

नैतिकता के नये मापदण्ड और मूल्य संक्रमण की स्थितियाँ

भारतीय समाज ऐसी विशेष परिस्थिति से गुजर रहा है जहाँ पुराने मूल्य नकारे जा रहे हैं और नये मूल्य पूर्ण रूप से प्रतिष्ठित नहीं हो पा रहे हैं। मूल्य संक्रमण की इस स्थिति में नैतिकता टेढ़े-मेढ़े रास्तों से गुजरती जा रही है। आधुनिक साहित्यकार इन पगडंडियों से गुजरने वाली नैतिकता की पग ध्वनियों को सुनाने के प्रयास में लगे हुए हैं।

भारतीय समाज में विराट परिवर्तन स्वाधीनता के उपरान्त ही लक्षित होता है। "वैसे सामाजिक परिवर्तन एक सार्वभौम सत्य है, यह प्रक्रिया निरन्तर होने वाली प्रक्रिया है। जीवन के प्रत्येक स्तर पर हमें परिवर्तन दिखाई देता है। वैयक्तिक, राष्ट्रीय, अंतर्राष्ट्रीय सभी क्षेत्रों में सामाजिक ढंगों, रूपों, व्यवहारों और आदर्शों में परिवर्तन होता है। समाज कभी स्थायित्व को प्राप्त नहीं होता। वह निरन्तर परिवर्तन के दौर से गुजरता रहता है। परिवर्तन की यह प्रक्रिया प्राचीन समाजों में बहुत धीमी रही है किन्तु आधुनिक समाजों में यह प्रक्रिया सापेक्षिक रूप में बहुत तीव्र है। अतः सामाजिक परिवर्तन से आशय उन सभी परिवर्तनों से है जो समाज में होते हैं।"[17]

स्वतन्त्रता-प्राप्ति के पश्चात् भारतीय समाज की परम्परागत मान्यताएँ एवं नैतिक भाव-बोध परिवर्तित होने लगे हैं। पाश्चात्य सभ्यता और दर्शन के प्रभाव के परिणामस्वरूप आज के युवा वर्ग एवं शिक्षित स्त्रियाँ परम्परागत जीर्ण मान्यताओं को तोड़ डालना चाहते हैं। फलस्वरूप जीवनगत आस्था के दो रूप नज़र आते हैं—एक रूप वह है जो अपने अतीत की परछाइयों से जुड़ा रहना चाहता है। दूसरा रूप वह है जो आधुनिकता, नवीनता, विकास आदि को गले लगा कर नया जीवन जीना चाहता है। इस प्रकार अतीत एवं वर्तमान के जीवन मूल्यों का जबरदस्त संघर्ष आज हमारे समाज में व्याप्त है।

जीवन के हर मोड़ पर परम्परागत मूल्य क्षीण होते जा रहे हैं। सम्बन्धों का ठंडापन इसका स्पष्ट उदाहरण है। "जीवन व्यवस्था में पिता और पुत्र, पति और पत्नी, सम्बन्धी और नातेदार अब पुरानी मान्यताओं के सहारे नहीं चल पा रहे हैं। पुत्र अब परलोक के लिए नहीं इस लोक के लिए ज़रूरी हो गया है क्योंकि वृद्धावस्था की कोई सुरक्षा आज के वृद्ध के पास नहीं है।"[18]

मूल्य परिवर्तन के प्रसंग में राजनीतिक परिवर्तन का विशेष महत्त्व है। स्वतन्त्रता हमारे देश की एक महत्त्वपूर्ण घटना है। राजनीति का प्रवेश सामाजिक जीवन में स्वतंत्रता प्राप्ति के बाद बड़े पैमाने में हुआ है। सामाजिक एवं वैयक्तिक नैतिकता को भ्रष्ट करने में राजनेताओं का बड़ा हाथ रहा है। राजनीति के प्रदूषण से सारी नैतिकता मटमैली हो गयी। झूठे वादों के आधार पर चुनाव लड़ना, मंत्री बनकर धन लूटना यही राजनैतिकों का लक्ष्य है। ये दण्ड भोगी नहीं बनते, कानून उनको फँसा भी नहीं सकता। इन लोगों के सामने हर अपराध वैध है और हर पाप नैतिक है। इस प्रकार राजनेता गरीब जनता को लूट कर राष्ट्रीय आय का अच्छा हिस्सा सोख लिया करते हैं।

आज के समाज में व्यक्ति का मूल्यांकन अर्थ के आधार पर होने लगा है। इस कारण हर एक इंसान चाहता है कि वह किसी न किसी तरह अर्थ प्राप्त कर समाज में ऊँचा स्थान बना ले। धन कमाने के तरीके आज इतने भयानक बन गये हैं कि

उनमें नैतिकता का नामोनिशान तक नहीं है। अर्थ के पीछे मनुष्य की यह अनियन्त्रित आसक्ति ही उसे तबाही की ओर ले जाती है।

सम्बन्धों के बिखराव, पारिवारिक विघटन आदि के मूल में अर्थ का जबरदस्त हाथ है। पति-पत्नी, भाई-बहन, पिता-पुत्र के सम्बन्ध परम्परागत रूप से भिन्न हो गये हैं। पत्नी के पास पति की आवश्यकताओं की पूर्ति के लिए समय नहीं है क्योंकि वह स्वयं अपने निजी मामलों में व्यस्त है, जिस कारण बच्चों के प्रति भी वह अपना ममत्व नहीं दर्शा पाती और बच्चे बेचारे माँ के प्यार के लिए तरसते रह जाते हैं। आधुनिक पिता भी इतना व्यस्त है कि वह बच्चों की ज़रूरतों को, बच्चों की कमियों को आँक नहीं पाता। उसका सारा समय दफ्तर के कागज़ों की उलट-पलट करने में ही बीत जाता है। परिणामस्वरूप पति-पत्नी और बच्चों के बीच अजनबीपन का बोध जन्म लेता है। किसी में कोई आत्मीयता या अपनापन की भावना नहीं है। सब एक प्रकार के होड़ में लगे हुए हैं। आधुनिक मानव विचित्र परिस्थितियों से होकर जीवन निर्वाह कर रहा है। देश की चारों दिशाओं में भ्रष्टाचार, स्वार्थपरता, जातिवाद का नारा बुलन्द हो रहा है। "राष्ट्र का समस्त परिवेश 'कैंसर वार्ड' में बदल गया। इन सब कुत्साओं से सबसे अधिक प्रभावित हुआ मध्य वर्ग और निम्न वर्ग जो अपनी समस्त मान्यताओं के साथ टूटता, बिखरता और उजड़ता हुआ जीवन को वहन करने उसकी समस्त क्रूरता को सहन करने, जीने पर विवश था।"[19]

नैतिकता के बदले हुए स्वरूप पर किये गये उपर्युक्त विचरण से यह स्पष्ट हो जाता है कि बदलती हुई आधुनिक स्थितियों के साथ ही नैतिकता सम्बन्धी परंपरागत मापदंड टूट गया है। इसके साथ ही जीवन के सारे मूल्य परिवर्तित जीवनमूल्य, अलगाव, बनावटीपन, अकेलापन आदि पर केन्द्रित होकर समूचे विधि निषेधों का उल्लंघन कर परम्परागत जीवन दृष्टि को समाप्त कर गया है।

स्वातन्त्र्योत्तर समाज में स्त्री की भूमिका

स्त्री प्रकृति की सबसे सुन्दर सृष्टि है। उसका जन्म अपमानित होने के लिए, लड़ने के लिए या आँसू बहाने के लिए नहीं है बल्कि जीवन का पूर्ण रूप से आस्वादन कर जीवन को सकारात्मक दिशा की ओर ले जाने के लिए है—कितने सार्थक हैं कमलादास के ये विचार। लेकिन आज हम देखते क्या हैं? माँ के गर्भ से ही स्त्री का अपमान होने लगता है। नाभि टटोल कर, चेहरे के निखार को देखकर, पेट की गोलाई को परखकर परिवार और समाज की अनुभवी औरतें ऐलान कर देती हैं कि बेटी होगी या बेटा। बेटी का नाम सुनते ही गर्भवती माँ के माथे पर शिकन पड़ने लगते हैं, रंग उड़ने लगता है क्योंकि घर पर सास, पति, ननद, ससुर सभी लड़के के आस में बैठे हैं और जब अन्त में ठण्डे उच्छ्वासों के बीच बेटी का जन्म होता तो कहीं से रूआँसी आवाज़ सुनाई पड़ती है, बेटी हुई है...।

स्त्री वास्तव में साक्षात् शक्ति है। उसमें बल है, धैर्य है, आत्मविश्वास है। समाज के संतुलित, सम्यक और स्वस्थ विकास के लिए वह बहुत कुछ करती है। लेकिन हमारे देश की सामाजिक विडम्बना यह है कि वह स्त्री को देवी की तरह पूजता है और वस्तु की तरह उसका उपभोग भी करता है। स्त्री के ये दोनों रूप न तो सामान्य हैं और न स्वीकार्य। स्त्री की सार्थकता उसके देवी होने में या उसके खूबसूरत होने में नहीं बल्कि उसके मानव होने में है। पुरुष के समान ही उसके अन्दर भी क्षमताएँ हैं और दुर्बलताएँ भी हैं। यों कि वह भी समाज की एक सहज मानव प्राणी है। स्त्री के इस नैसर्गिक अधिकार को सभ्यता ने अपने विकास के साथ-साथ हाशिये पर पहुँचाया तब से स्त्री परिधि पर ही है।

आज समाज में जिस स्त्री स्वतन्त्रता की बात हम करते हैं उसका अपना एक सुनहरा अतीत है। भारतीय स्त्रियों के समक्ष स्त्री स्वतन्त्रता अथवा पुरुषों से समानाधिकार की भावना कोई नयी स्थिति नहीं है बल्कि वे अपनी खोई हुई स्वतन्त्रता एवं अधिकारों को पुनः प्रतिष्ठित करना चाहती है। कुछ विचारकों की धारणा है कि भारतीय स्त्री पाश्चात्य स्त्री स्वतन्त्रता का अंधा अनुकरण कर रही है। इस सन्दर्भ में मैं स्पष्ट कर देना चाहती हूँ कि भारतीय स्त्री का एक स्वर्णिम अतीत था जहाँ वह पूर्ण रूप से स्वतन्त्र थी लेकिन पश्चिम की स्त्रियों को भारतीय स्त्रियों की स्वतन्त्रता प्राप्त नहीं थी। पश्चिम की एक लेखिका ने कहा है कि पहले केरल में मातृ सत्तात्मक समाज की व्यवस्था थी। मातृसत्तात्मक समाज में स्त्रियों को पूरी स्वतंत्रता थी। वे अपनी इच्छानुसार अपने लिए पति को चुन सकती थीं और कुछ मतभेद होने पर उन्हें छोड़ने का पूरा अधिकार भी उनको प्राप्त था। उनको प्राप्त ऐसी स्वतन्त्रता उस समय पश्चिम की स्त्रियों को प्राप्त नहीं थी। यह सत्य है कि नारी मुक्ति आन्दोलन सबसे पहले अमेरिका में हुआ था। 8 मार्च 1857 में न्यूयार्क में कपड़े के मिलों की कामगर स्त्रियों ने अधिक वेतन व काम के घंटे 15-16 से घटाकर 10 करने की माँग को लेकर एक प्रदर्शन किया था। विश्व में महिलाओं का प्रथम प्रदर्शन था जिसे उस समय के ट्रेड यूनियनों ने पसन्द नहीं किया। किसी भी प्रकार के समर्थन के अभाव में यह आन्दोलन पुलिस द्वारा कुचल दिया गया था। पर मामला इतिहास में एक अमिट लकीर छोड़ गया। इस प्रथम संगठित प्रदर्शन को ही महिला आन्दोलन की प्रेरणा मानते हुए 8 मार्च सदा के लिए अन्तर्राष्ट्रीय महिला संघर्ष दिवस के रूप में माना जाने लगा। पाश्चात्य नारी मुक्ति आन्दोलनों ने भारतीय स्त्री को मानसिक, सामाजिक, आर्थिक व शैक्षिक स्तर पर जागृत किया। भारत में नारी चेतना के विकास को निश्चय ही पश्चिम के देन मानते हैं। पश्चिम से जागरण की जो आवाज़ आयी तो भारतीय नारियों ने स्वतंत्रता के बहाव को महसूस किया। प्रजातन्त्र के आदर्शों के प्रभाव ने उनको जागृत किया और वे नये जीवन की हलचल को महसूस करने लगी। यद्यपि पाश्चात्य स्त्रियों के समान भारतीय स्त्रियों में भी

स्वतन्त्र चेतना का विकास होने लगा तथापि पश्चिम के नारी आन्दोलनों एवं भारतीय नारी आन्दोलनों में काफी अन्तर है। पाश्चात्य देश में नारीवादी आन्दोलन में कई प्रकार की धाराएँ विकसित हैं जिन्होंने अपने-अपने ढंग से स्त्रीवाद की तस्वीर प्रस्तुत की। 19वीं सदी के बाद नारीवादी आन्दोलनों की पूरी धारा 'वुमेन लिब' के नाम पर उन्मुक्त सेक्स की संकीर्णता में पर्यवसित हो गयी। इस धारा ने स्त्री के सामने कई अनसुलझे प्रश्नों के बौछार छोड़े जिनसे बिना टकराए भविष्य के किसी भी नारी आन्दोलनों की परिकल्पना को साकार नहीं किया जा सकता। इसी समय मेरी वालस्ट्रान क्राफ्ट, विलियम थामसन जेम्स मिल से लेकर सेनेकाफल कन्वेशन तथा जान स्टुअर्ट मिल तक के प्रारम्भिक नारीवादियों ने नारियों के जनतांत्रिक अधिकारों की जो माँग उठायी थी, 19वीं सदी के अब तक उनमें से अधिकांश माँगों को ब्रिटेन तथा अमेरिका में कानूनी तौर पर मान लिया गया था। यथार्थ में जिस समानता की माँग स्त्रियाँ कर रही थीं वह कोसों दूर थी। लेकिन महिलाओं में शिक्षा का फैलाव हुआ। स्त्रियाँ घर के कैद से मुक्त होकर दफ्तरों, अदालतों में काम करने लगीं। इससे साफ साबित होता है स्त्रियाँ बौद्धिक क्षेत्र में पुरुषों की बराबरी कर सकती हैं। 19वीं सदी के अन्त तक आते-आते स्त्रियों ने बहुत कुछ हासिल कर लिया। 20वीं सदी के प्रारम्भ में ब्रिटेन और अमेरिका के महिला आन्दोलन के लिए मतदान का अधिकार एक प्रमुख माँग बन गया था। कुल मिलाकर 20वीं सदी के प्रथम दो दशकों के अन्दर ही सार्विक मताधिकार के साथ ही यूरोप के अधिकांश देशों में अमेरिका में महिलाओं को मतदान का अधिकार प्राप्त हो गया और इस प्रकार महिलाओं के राजनीतिक आन्दोलन का एक महत्त्वपूर्ण ऐतिहासिक चरण पूरा हुआ।

सन् साठ के दशक में पश्चिम में नारी मुक्ति आन्दोलन की दो धाराएँ प्रस्फुटित हुईं। एक उदारवादी नारीवाद, दूसरी विद्रोही नारीवाद। उदारतावादी नारीवाद ने परिवार में स्त्रियों की बुरी दशा पर हमेशा से प्रकाश डाला है। लेकिन उन्होंने कभी भी महिलाओं की पारिवारिक भूमिका मात्र को ही दुर्भाग्यजनक नहीं माना। उल्टे उन्होंने स्त्रियों की अशिक्षा, आर्थिक पराधीनता जैसी स्थितियों को परिवार में स्त्री के विकास के साथ जोड़कर देखा, किन्तु व्रिदोही नारीवाद ने परिवार को स्त्री के कारागार के रूप में देखा। जैसे शूलमिथ फायरटोन जैसी रेडिकल नारीवादियों का विचार है कि समाज में स्त्री और पुरुष के बीच विभाजन के मूल में आर्थिक कारण नहीं बल्कि शारीरिक कारण है। स्त्री को असली स्वतन्त्रता तब मिलेगी जब उसे गर्भाशय जनित दायित्वों से मुक्ति मिलेगी। गर्भाशय के कारण स्त्रियों को कई तरह की कठिनाइयों का सामना करना पड़ता है। एक उत्पीड़ित वर्ग के रूप में औरतों को आगे आना होगा तथा प्रजनन के साधनों पर अपना नियन्त्रण स्थापित करना होगा। प्रजनन के साधनों से उनका उद्देश्य बच्चे पैदा करना तथा उनका लालन-पालन से है जो स्त्री के विकास में बाधक है। शूलमिथ जी का वक्तव्य हास्यास्पद तथा अव्यावहारिक है।

पाश्चात्य नारीवाद का यह रेडिकल रूप भारतीयों के लिए कतई स्वीकार्य नहीं है क्योंकि भारतीय सन्दर्भ में स्त्री पहले माँ है बाद में पत्नी अर्थात् भारत में स्त्री का 'ममतामयी' रूप ही पूजनीय है जबकि पाश्चात्य देशों में स्त्री पहले प्रेयसी व पत्नी है बाद में माँ। माँ के रूप में वह पूजित नहीं है। पत्नी व प्रेयसी के रूप में वह भोग्या पहले है जिसे पुरुष को आकर्षित करने के लिए अपने शरीर पर अत्याचार करके उसे सजाना सँवारना पड़ता है। देह साधना और देह भोग के इस अतिरेक के फलस्वरूप वहाँ एक विशेष वर्ग की स्त्रियों ने आवाज़ बुलन्द की थी। पाश्चात्य रेडिकल नारीवाद का प्रभाव भारत के कुछ सम्भ्रान्त, आधुनिक एवं फैशन परस्त स्त्रियों पर पड़ा जरूर है।

भारतीय परम्परा में उषा आप, अदिति, सरस्वती जैसी देवियों को संबोधित करने वाले जितने भी वैदिक मन्त्र हैं उनमें स्त्री का महात्म्य रेखांकित है। वैदिक संहिताओं में स्त्री की महिमा और उसके तेजस्व को सर्वत्र स्थापित किया है। उसे गृहस्थाश्रम की धुरी माना गया है। इस काल में पुरुष ऋषियों की तरह स्त्री ऋषिकाओं का भी महत्त्व था। ब्रह्मा अथवा वेद का प्रचार करने के कारण इनको ब्रह्मवादिन कहा जाता था।

वैदिक काल में गृहस्थाश्रम केन्द्र स्त्री होती थी। स्त्री सामाजिक, राजनैतिक तथा धार्मिक क्षेत्रों में विशिष्ट रूप से प्रतिष्ठित होती थी। घर पर पति के समान ही पत्नी को भी पूरा अधिकार प्राप्त था। इस काल की विदुषियाँ हैं गार्गी, मैत्रेयी जैसी स्त्रियाँ। मैत्रेयी ने महर्षि याज्ञवल्क्य जैसे ब्रह्मनिष्ठ से शास्त्र में प्रवृत्त होकर अपने पांडित्य का परिचय दिया था। मैत्रेयी के समान ही गार्गी ने भी अपनी विद्वता से समस्त स्त्री वर्ग को गौरवान्वित किया था। इसी काल की सूर्या सावित्री भी विशेष रूप से उल्लेखनीय हैं। विवाह के समय जिन मन्त्रों को उच्चारित किया जाता है वे सूर्या सावित्री जैसी विदूषी द्वारा रचित हैं। आज भी वर-वधु को आशीर्वाद देते समय भी सूर्या सावित्री द्वारा रचित मन्त्रों का ही प्रयोग किया जाता है।

वैदिक युग का अन्त होते-होते स्त्रियों की सम्मानजनक और समता की स्थिति का ह्रास होने लगा। सहचरी के महान पद से वह भोग्या और दासी के स्तर पर पहुँच गयी। पूर्व वैदिक काल की सर्वसम्मानित स्त्री उत्तर वैदिक काल, बौद्ध पुराण, स्मृति रामायण, महाभारत काल से होती हुई मुगल काल तक आते-आते दुर्गति की पराकाष्ठा तक पहुँच गयी। स्त्री को एक सीमित दायरे में कैद रखने के लिए उस पर कई तरह की कुप्रथाएँ सौंपी गयीं। स्त्रियों को वेदाध्ययन से दूर रखा गया। बाल विवाह प्रथा प्रचलित होने के कारण नन्हीं बच्चियों को बचपन से समझाया जाता था कि पति भगवान होता है। उसकी पूजा करनी चाहिए। पति देवता है और पत्नी उसकी दासी है। यही स्थिति रामायण और महाभारत काल की स्त्रियों की थी। सामन्ती युग में भी स्त्री समाज की एक कमज़ोर इकाई बनी रही। मुसलमानों के आगमन के साथ स्त्री समाज में भोग्या और सम्पत्ति के रूप में प्रतिष्ठित हो गयी।

भारतीय समाज में स्त्री अपने उच्च शासन से कब उतरी, क्यों उतरी, क्यों उतारी गयी? ऐसे अनेक सवाल उठते हैं। इन सब सवालों के पीछे पुरुष मेधा समाज का ही हाथ है। रमणिका गुप्ता के अनुसार जब पुरुष का मूल्य आँका जाने लगा और उसके हक का सवाल उठा तो मनुष्यों की एक प्रजाति स्त्री के हक का सवाल भी उठा जिसे पितृ प्रधान समाज ने दोयम दर्जे का बना दिया। तब स्त्री समाज की second citizen बनी रही।

अस्तित्व संघर्ष का स्त्री स्वर

पुरुषों की ज़्यादा और बढ़ते हुए अमानुषीय व्यवहार से स्त्री के हृदय में प्रतिरोध की आँधी उठने लगी। उन्हें यह बोध होने लगा कि त्याग, बलिदान, समर्पण, सहनशीलता जैसे स्त्री सहज गुणों से स्त्री की मुक्ति असम्भव है। परिणामस्वरूप वह एक दिन व्रिदोह कर ही उठी। उसने भी पुरुष के प्रभुत्व के कारण अपनी कोमल भावनाओं को समझा और उन्हीं को परिवर्तित करने का प्रयत्न किया। अनेक सामाजिक रूढ़ियों और परम्परागत संस्कारों के कारण उसे पश्चिमी स्त्री के समान न सुविधाएँ मिलीं और न सुयोग। परन्तु उसने उन्हीं को अपना मार्गदर्शक बनना निश्चय किया। चिरसन्तप्त स्त्री के हृदय में प्रतिरोध की ज्वाला प्रज्वलित हो उठी और वह अपनी दयनीय स्थिति से क्षुब्ध होने लगी। साथ ही उन परम्परागत सामाजिक शृंखलाओं से मुक्त होने का प्रयास करने लगी जिससे उसका उदात्त स्वरूप संग्रहीत था। अवगुंठनवती स्त्री सामाजिक सम्मान तथा सुख शान्तिमय जीवन को प्राप्त कर सच्चे अर्थ में मानवी बनने के लिए लालायित थी। जब उसने भविष्य को निहारा तो उसे ज्ञात हुआ कि अभी मार्ग कंटकाकीर्ण है। उसके सम्मुख सामाजिक कुरीतियों ने ऊँचे किले, रूढ़ियों तथा अमानवीय परम्पराओं के गहरे गर्त, कंधों पर परिवार का बोझ तथा पीठ पर नवनिर्माण का गट्ठर था परन्तु परिस्थितियों ने उसको सहयोग दिया उसके प्रेरक और सहयोगी अनेक बन गये।[20] (सरला दुआ, आधुनिक हिन्दी साहित्य में स्त्री)

परिस्थितियों की प्रेरणा और सहयोग में स्त्री का स्वाभिमान एक नयी दिशा की ओर करवट बदलने लगा। परतन्त्रता की बेड़ियों को तोड़कर आत्मनिर्भर बनने की आकांक्षा उसके जाग्रत मन में उठने लगी। आत्मनिर्भर बनने के लिए शिक्षा की आवश्यकता है। तभी वह पुरुष की दासता से मुक्त हो सकती है और समाज में अपना स्वतन्त्र अस्तित्व स्थापित कर सकती है। स्त्री को शिक्षा की ओर अग्रसर करो और उसे आत्मनिर्भर बनने के लिए तत्कालीन समाज सुधारकों ने सराहनीय कार्य किये हैं। शिक्षा का व्यापक प्रचार-प्रसार होने के कारण स्त्रियों ने एक नये जीवन दृष्टिकोण को लेकर जीवन में प्रवेश करना आरम्भ किया। परिवर्तन की आहट स्त्रियों में धीरे-धीरे उठने लगी। स्त्रियों को और भी जागरुक बनाने के लिए विभिन्न

संस्थाओं ने अपनी ओर से पूरी कोशिश की। 1949 में स्थापित स्नातिका संघ इनमें एक है। स्नातिका संघ विश्वविद्यालयी स्तर पर शिक्षा प्राप्त महिलाओं के शैक्षणिक, सांस्कृतिक एवं सामाजिक चेतना को विकसित करने एवं उदार आदर्शों की ओर उन्मुख होने के लिए उच्चतर भावभूमि प्रदान करता है। संसार की समस्त महिलाओं को ऐक्य की महान भावना में आबद्ध कर उनके सर्वतोन्मुखी विकास की उपलब्धि इस संघ का महान लक्ष्य था। स्त्री शिक्षा व उनकी प्रगति को ध्यान में रख़ते हुए 1953 में समाज कल्याण संस्था की स्थापना हुई जिसका मूल लक्ष्य नारीवर्ग में शिक्षा का प्रचार कर उन्हें रूढ़िवादिता से मुक्त करना था। क्योंकि शिक्षा के द्वारा ही स्त्रियाँ रूढ़िवादिता से मुक्त हो सकती हैं। स्त्रियों में जो अन्धविश्वास, धर्माडंबर के प्रति मिथ्या विश्वास, अतिशय आभूषण प्रेम, दहेज प्रथा, पर्दा प्रथा, अस्पृश्यता बोध आदि है उन्हें शिक्षित महिलाएँ ही दूर कर सकती हैं। देश की सामाजिक एवं आर्थिक उन्नति के लिए स्त्रियों में शिक्षा का व्यापक प्रचार होना अति आवश्यक है। इससे उनमें कर्तव्य बोध और अधिकार बोध की भावना जागृत होती है। भारत सरकार ने विभिन्न पंचवर्षीय योजनाओं में महिला शिक्षा पर विशेष बल दिया था। महिला शिक्षा का 75% जिम्मा केन्द्र सरकार ने लिया। 1956 के केन्द्रीय शिक्षा सलाहकार बोर्ड की सिफारिश पर केन्द्र से राज्यों को निर्देश दिया गया था कि स्त्री शिक्षा की प्रगति के लिए आवश्यक कदम उठाए जाएँ...। पंचवर्षीय योजना के आरम्भ से नारी शिक्षा के लिए एक राष्ट्रीय कमेटी बनाकर विशेष लक्ष्य निर्धारित किया गया। प्रथम तीन योजनाओं में ग्रामीण व कस्बाई क्षेत्रों में स्त्रियों को अध्यापन की ओर आकर्षित करने के लिए अपेक्षित में न्यूनतम योग्यता और अधिकतम आयु सीमाएँ स्वीकार कर ली गयीं। इस प्रकार हर पंचवर्षीय योजनाओं में स्त्री शिक्षा और उसकी प्रगति के लिए कई नये कार्यक्रमों का विधान होता रहा।

भारतीय स्वाधीनता ने सम्पूर्ण स्त्री समुदाय में एक नये अध्याय का प्रारम्भ किया। स्त्री शिक्षा और उसके विकास पर विशेष बल दिये जाने के कारण शिक्षा के क्षेत्र में स्त्रियाँ प्रगति की ओर अग्रसर होने लगीं। आधुनिक शिक्षा ने स्त्री को आर्थिक स्वतन्त्रता एवं आर्थिक सुरक्षा प्रदान की। परिणामस्वरूप स्त्री भी पुरुष के समान अपने कंधों पर पारिवारिक दायित्वों को ढोने लगी। इस तरह एक नयी अस्मिता की खोज और अहं का बोध आज़ादी के बाद भारतीय स्त्री समाज में प्रकट होने लगा जो नारी समुदाय को पौराणिक मान्यताओं एवं रूढ़ियों से स्वतन्त्र करने में एक हद तक सार्थक सिद्ध हुआ है। स्त्रियाँ शृंखला की कड़ियों को तोड़कर तो बाहर आ गयी है लेकिन क्या इन सबके बावजूद स्त्री की स्थिति में कोई खास प्रगति हुई है? आर्थिक स्वतन्त्रता के लिए नौकरी करने वाली स्त्रियाँ कहाँ तक आर्थिक रूप से स्वतन्त्र बन पायी है? क्या उनकी तनख्वाह महीने की पहली तारीख को ही लूटी नहीं जाती? आर्थिक रूप से स्वतन्त्र स्त्री को पति के सामने हाथ फैलाने की विवशता

पड़ती है। अर्थ और परिवार के बीच का गहरा सम्बन्ध मध्यवर्गीय परिवारों में देखा जाता है। मध्यवर्ग की स्त्रियाँ ही जीवन को सुचारू ढंग से ले जाने के लिए नौकरी करती हैं और घर और दफ्तर की समस्याओं में बुरी तरह उलझी रहती हैं। मध्यवर्ग के स्त्री-पुरुष ही सदैव उच्च आकांक्षा पालते हैं। वे हमेशा उच्च वर्ग से जुड़ना चाहते हैं। समाज में उच्च स्थान, उच्च वर्ग के समान जीवन निर्वाह करने और अपनी सन्तान को अच्छी शिक्षा देने और पति की आर्थिक समस्याओं को सुलझाने के लिए, नौकरी के लिए घर से बाहर निकलती हैं।

हमने देखा कि स्त्री उच्च शिक्षा ग्रहण कर आत्मनिर्भर बन रही है। बावजूद इसके क्या वह पूर्व रूप में स्वतन्त्र हुई है। आज की इक्कीसवीं सदी में स्त्री स्वतन्त्रता पर चर्चा करते समय हमारे सामने अनेक सवाल उठ खड़े होते हैं। स्वतन्त्रता को हम कैसे परिभाषित करेंगे या उच्च शिक्षा प्राप्त कर ऊँची पदवी पर नौकरी करनेवाली स्त्री क्या स्वतन्त्र है? नहीं, आज की स्त्री को सामाजिक या राजनीतिक स्वतन्त्रता से ज़्यादा दैहिक और मानसिक स्वतन्त्रता की आवश्यकता है। स्त्री को स्वतन्त्रता चाहिए समाज की रूढ़ियों से, पुरुषों की दोहरी मानसिकता से सामाजिक सोच की उस मानसिक बनक से जो स्त्री को विशेषकर मध्यवर्गीय स्त्री विद्रोह तो करती है लेकिन वह अपनी परम्परा से, जीवन मूल्यों से, पारम्परिक स्त्रीत्व की खोल से बाहर नहीं निकल पाती है।

आधुनिक स्त्री के अधिकार और उसकी स्वतन्त्रता के बारे में मशहूर स्त्रीवादी लेखिका चित्रा मुद्गल के विचार बहुत ही जीवन्त हैं। उन्होंने कहा है कि जब स्त्री-पुरुष एक-दूसरे के पूरक हैं तो समस्या क्यों उठ रही है। अब ऐसी क्या समस्या आ गयी है? आधी आबादी के विद्रोह का स्वर फिर से बुलन्द क्यों हो रहा है? सामाजिक व्यवस्था से स्त्री को क्यों असहमति हो रही है। स्त्री को अनुभव हो रहा है कि पूरक पक्ष होकर भी वह दूसरे परत की दासी है। दासी के रूप में उसका एक रूप भोग्या का भी है। मनुष्य की काया में मात्र एक देह है। देह उस आधी आबादी के लिए केवल उपयोग की वस्तु है और अपनी वस्तु के साथ वह कुछ भी मनमानी कर सकता है जहाँ तक देह के उपभोग का प्रश्न है तो यह दो साल से लेकर अस्सी वर्ष हो तो भी उसे कोई फर्क नहीं पड़ता। न रिश्ते नाते का कोई भय उसे प्रतिबन्धित करता है। दैहिक शोषण से भी भयानक है मानसिक शोषण। मानसिक शोषण इक्कीसवीं सदी की स्त्री की एक नियति है। इसका प्रमुख कारण व्यवस्था है। स्त्री व्यवस्था से सत्ता या पोजिशन नहीं माँग रही है। वह अपने खोये हुए अधिकार की माँग कर रही है। स्त्री चाहती है कि उसे खुली हवा, खुला आसमान दे, उसे मनुष्य समझे। क्योंकि कुछ जगहों में जैसे बिहार, उत्तर प्रदेश की स्त्रियों के सामने घूँघट में पाती समाज में स्त्रियों के प्रति जो जीर्ण नैतिक बोध है उसे हटना है।

भारतीय नारी जितनी स्वतन्त्र राजनीतिक एवं आर्थिक क्षेत्र में है उतनी

स्वतन्त्र नैतिक क्षेत्र में नहीं। स्त्री को लेकर नैतिकता के जो मापदण्ड बने हैं वे आज भी जाम्बवान के जमाने के हैं। लेकिन आज की स्वतन्त्र स्त्री उसमें कुछ परिवर्तन लाना चाह रही है। आज वह 'असूर्यपश्या' बनकर जीना नहीं चाहती। उसका हिसाब अब बहुत 'स्ट्रोंग' है। सतीत्व और पतिधर्म को वह विचारों के अनुसार निभाना जानती है। उसके लिए आचार संहिता लिखने के लिए किसी मनु की ज़रूरत नहीं है। यह भी देखा गया है कि जितनी आचार संहिताएँ सब स्त्री पर थोपी जाती हैं पुरुष के लिए कोई नैतिक मान्यताएँ या कोई आचार संहिताएँ नहीं हैं। पुरुष कीचड़ में पैर डालता है, पानी देखने पर उसे धोकर स्वच्छ करता है लेकिन स्त्री एक बार कीचड़ में पैर रखती है तो वह कीचड़ के दाग उसके दामन पर ज़िन्दगी भर बने रहते हैं। वैसे भी समाज में सारे नियम कानून स्त्रियों के लिए हैं। उदाहरण के लिए कोई स्त्री विधवा हो जाती है तो पहले उसकी चूड़ियाँ तोड़ी जाती हैं, माँग के सिन्दूर को मिटाया जाता है, माथे पर बिन्दी लगाने को मनाही होती है। सफेद वस्त्रों से उसे जीवन के अभिशाप को भूलना पड़ता है। यह भारत की विधवा की स्थिति है। लेकिन एक विधुर की क्या पहचान है। एक विधवा स्त्री को हम उसके वस्त्रों और चेहरे से पहचान सकते हैं लेकिन एक पुरुष है, विधुर है इसे हम कैसे जान सकते हैं?

स्वतन्त्रता के बाद प्रातिव्रत्य और सतीत्व की परम्परागत धारणा दूर हो गयी। हिन्दू धर्म ने पति में जो देवत्व की स्थापना की थी आधुनिक स्त्री ने उसके देवत्व को त्याग दिया और पुरुष को पुरुष के रूप में ही ग्रहण करने का निश्चय किया। स्त्री के लिए पुरुष अब एक साधारण पुरुष है दैवीय गुणों से युक्त परमात्मा नहीं।

बदली हुई परिस्थितियों में नैतिकता के सम्बन्ध में एक से अधिक दृष्टिकोण का होना नितान्त आवश्यक है। परम्परावादी जहाँ परम्परागत मूल्यों की पुनःस्थापना करना चाहते हैं वहाँ नये विचारों वाले व्यक्ति समाज की नैतिकता को पुर्ननिर्धारित करना उचित समझते हैं। उनकी दृष्टि में नैतिकता का जीवन के व्यावहारिक पक्ष से गहरा सम्बन्ध है। जीवन को अधिक व्यावहारिक और लाभान्वित करने के लिए जो कुछ भी किया जाना चाहिए वह उनकी दृष्टि में वैध एवं नैतिक है। स्त्रियों की भी यही विचारधारा है। वास्तव में नैतिकता समाज में शान्ति स्थापित करने की एक विशिष्ट आचार पद्धति है। जिसका मानव जीवन से सामंजस्य उत्पन्न करते हुए उसका विकास करना है। सार्त्र के अनुसार मानव की चयन भावना से ही मूल्यों की रचना होती है और मूल्यों का यह चयन मानवीय स्वतन्त्रता के आधार पर होता है। अतः शिव का चयन नैतिक ही होता है। नैतिकता का सम्बन्ध मानव के संकल्प स्वातन्त्रय से जुड़ा हुआ है। नैतिकतापूर्ण जीवन सुझावों की एक सतत प्रक्रिया है। इस वैयक्तिक और सामाजिक नैतिकता का अपना-अपना अलग रूप है। आज हम देखते हैं वैयक्तिक नैतिकता सामूहिक नैतिकता को धक्का देती हुई आगे बढ़ने की

कोशिश में है। इसी के आधार पर आज का समाज नये जीवन बोध की खोज कर रहा है। इससे स्त्री की भी अपनी अलग भूमिका है।

हमारा समाज कितना भी विकास करे स्त्री को वह एक अलग ही नैतिक आवरण में देखना पसन्द करता है। अपवाद के रूप में ऐसी स्त्रियाँ होंगी जो नैतिक मूल्यों को नकार स्वतन्त्र जीवन यापन करती हैं लेकिन समाज में जहाँ मध्य वर्ग निम्नवर्ग की ज़्यादा है और इन दो वर्गों में मध्यवर्ग ही इस तरह के सिद्धान्तों से, मूल्यों से जुड़ा रहता है। इसमें स्त्री या पुरुष सबकी एक ही स्थिति है। या हम कह सकते हैं स्त्री पर कुछ ज्यादा ही नैतिक दबाव बना रहता है।

भारतीय स्त्री जितनी स्वतन्त्र राजनीतिक एवं आर्थिक क्षेत्र में है उतनी स्वतन्त्र नैतिक क्षेत्र में नहीं। लेकिन पाश्चात्य प्रभाव और अंतर्राष्ट्रीय मेल-मिलाप से स्त्री के नैतिक बंधन कुछ ढीले हो रहे हैं। कहीं-कहीं स्त्री की अत्यधिक स्वतन्त्रता एवं उन्मुक्त विचरण में अनैतिकता की 'बू' आती है। हमारा समाज कितना भी विकसित एवं आधुनिक क्यों न हो नारी के अवैध सम्बन्ध को कभी प्रोत्साहित नहीं करेगा। लेकिन वही समाज पुरुष के मनमानेपन को उसके अनैतिक कार्यों को जानबूझकर अनदेखा कर देता है। यदि स्त्री ऐसा कुछ करती है तो उसके चरित्र पर चरित्रहीन, कुलटा आदि का लेबल लग जाते हैं। स्त्री के चारित्रिक महत्त्व का आधार उसकी शारीरिक पवित्रता मानना, उसके चरित्र के अन्य पहलुओं को अनदेखा कर देना वास्तव में तर्कसंगत नहीं लगता। अतः स्त्री की नैतिकता को उसके चरित्र के समीपज्ञों से जोड़कर देखने की कोशिश सदैव होती रही है।

बदली हुई परिस्थितियों में नैतिकता के सम्बन्ध में एक से अधिक दृष्टिकोण का होना नितान्त आवश्यक है। परम्परावादी जहाँ परंपरागत मूल्यों की पुनःस्थापना करना चाहते हैं, वहाँ नये विचारों वाले व्यक्ति समाज की नैतिकता को पुनर्निर्धारित करना उचित समझते हैं। उनकी दृष्टिं से नैतिकता का जीवन के व्यावहारिक पक्ष से गहरा सम्बन्ध है। जीवन को अधिक व्यावहारिक एवं लाभान्वित करने के लिए जो कुछ भी किया जाना चाहिए बह उनकी दृष्टि में वैध एवं नैतिक है यानी जीवन के उपयोगितावाद को और भौतिक दृष्टिकोण को प्रश्रय देते हुए मूल्यों की पुर्नप्रतिष्ठा करना उनका लक्ष्य है।

मूल्य संक्रमण की स्थिति

भारतीय समाज ऐसी विशेष स्थितियों से गुज़र रहा है जहाँ पुराने मूल्य पूर्व रूप में नकारे जा रहे हैं और नये मूल्य पूर्ण रूप से प्रतिष्ठित नहीं हो पाये हैं। परिवर्तित हो रहे नये मूल्यों के बीच नैतिकता टेढ़े-मेढ़े रास्तों से गुज़र रही है।

भारतीय समाज में विराट परिवर्तन स्वाधीनता के उपरान्त ही लक्षित होता है। "वैसे सामाजिक परिवर्तन एक सार्वभौम सत्य है, यह प्रक्रिया निरन्तर होने वाली

प्रक्रिया है। जीवन के प्रत्येक स्तर पर यह परिवर्तन दिखाई देता है। वैयक्तिक, राष्ट्रीय, अंतर्राष्ट्रीय सभी क्षेत्रों में सामाजिक ढंगों, रूपों, व्यवहारों और आदर्शों में परिवर्तन होता है। समाज कभी स्थायित्व प्राप्त नहीं करता। वह निरन्तर परिवर्तन के दौर से गुज़रता रहता है। परिवर्तन की यह प्रक्रिया प्राचीन काल में धीमी रही है। किन्तु आधुनिक काल में समय के साथ वह तीव्र गति से चल रही है।

आज भूमण्डलीकरण का युग है। इस भूमंडलीकरण के कारण दुनिया में पाश्चात्य संस्कृति हर कहीं व्याप्त हो गयी है। इसी संस्कृति के प्रभाव के कारण आज के युवा वर्ग परम्परा जीर्ण मान कर उसका चीर-फाड़ करना चाहते हैं और एक हद तक कर भी कर रहे हैं। फलस्वरूप जीवनगत आस्था के दो रूप दिखाई पड़ते हैं। एक रूप वह है जो अपने अतीत की परछाइयों से जुड़ा रहना चाहता है। दूसरा रूप वह है जो आधुनिकता, नवीनता, विकास आदि को गले लगा कर नया जीवन जीना चाहता है। इस प्रकार अतीत एवं वर्तमान के जीवन मूल्यों की टकराहट आज समाज से सुनाई पड़ रही है।

परम्परागत मूल्यों के नकारे जाने का परिणाम है सम्बन्धों का ठंडापन। आज हम देखते हैं कि सम्बन्ध जुड़ने से पहले ही टूटने को तैयार होते हैं। इसका प्रमुख कारण अहं, समर्पण की कमी, समझौते का अभाव, सबसे ज़्यादा इंसानों के स्व केन्द्रित होते जाना आदि है। सम्बन्ध का ठंडापन सबसे ज़्यादा वैवाहिक जीवन में व्याप्त हो रहा है। इसमें स्त्री का ज़बरदस्त हाथ है क्योंकि स्त्री रिश्तों को जन्म देती है, सम्बन्धों को जोड़ती है। आज की आधुनिक स्त्री परम्पराओं एवं सांस्कृतिक मान्यताओं से कट-कट कर नयी भावभूमि पर अपने व्यक्तित्व को निर्मित करने की चेष्टा कर रही है जिसमें पाश्चात्य दृष्टिकोण का प्रभाव तो है साथ ही अपने प्रति विद्रोह करने का भाव भी शामिल है। यह स्त्री एक ओर तो बाह्य विस्तार से उदासीन होकर अपनी निजता की ओर अग्रसर हो रही थी तथा दूसरी ओर अपनी इस निजता को गतिशील करते हुए व्यापक सामाजिक सन्दर्भों में अपने को जोड़ना भी चाहती है। इस तरह दोहरी स्थिति पर खड़ी स्त्री को अपने पैर तले की ज़मीन घिसकती नज़र आ रही है और इस कारण एक अनिश्चयात्मकता उसके चारों ओर व्याप्त होती सी लगती है।

आज समाज में व्यक्ति का मूल्यांकन अर्थ के आधार पर होने लगा है। इस कारण हर एक इंसान चाहता है कि वह अर्थ प्राप्त कर समाज में ऊँचा स्थान बना ले। आज के इस अर्थ प्रधान युग में धन कमाने के तरीके इतने भयानक बन गये हैं कि उनमें नैतिकता का नामोनिशान तक नहीं है। अर्थ के पीछे मनुष्य की यह अनियन्त्रित आसक्ति उसे तबाही की ओर ले जाती है। आज स्त्रियाँ भी इस क्षेत्र में पीछे नहीं है। अर्थ के जुनून में फँसी लड़कियाँ और स्त्रियाँ शरीर का सौदा कर पैसा कमाती हैं। इसका प्रमुख कारण समाजशास्त्री यह बताते हैं कि समाज में हर

एक इंसान ऐशो आराम की ज़िंदगी जीना चाहता है। बड़ी-बड़ी गाड़ियों में, पॉकिट में ढेर सारा पैसा लेकर घूमना चाहते हैं, इसके लिए वे हर तरह के मार्ग को अपनाने के लिए तैयार होते हैं। अभी हाल ही में कोचिन महानगर में देहव्यापार करने वाली कॉलेज छात्राओं का पूरा ब्योरा दिया गया था। कुछ प्राइवेट चैनलों ने गुप्त कैमरे के ज़रिये सारे दृश्यों को कैद कर लिया। देखकर ताज्जुब लगता है कि जवान-जवान लड़कियाँ बेधड़क आकर अपना रेट बताकर ग्राहक के साथ गाड़ी में जा रही हैं। यह वाणिज्य के नाम से मशहूर है जो शायद हर बड़े शहरों की साधारण सी बात है। अतः हम देखते हैं कि देश के चारों दिशाओं में भ्रष्टाचार, स्वार्थपरकता जातिवाद, सेक्स माफिया का नारा बुलन्द हो रहा है। समाज की इन निवृत्तियों से सबसे ज़्यादा प्रभावित है मध्वर्ग और निम्नवर्ग। सबसे ज़्यादा चकित करनेवाली बात यह है कि इन सारी विकृतियों के पीछे कहीं न कहीं कोई एक स्त्री ज़रूर होती है। समाज में सेक्स का नंगा नाच उत्तर आधुनिक समाज की एक विशेषता है। इसलिए यौन क्रान्ति उत्तर आधुनिक युग का एक चर्चित मुद्दा है। पाश्चात्य देश की नकल कर यहाँ के युवा भी यौन स्वच्छन्दता के लिए आवाज़ बुलन्द कर रहे हैं। लड़कियाँ स्वच्छन्दता के नाम पर देह प्रदर्शन पर उतर गयी हैं। बड़े-बड़े मेट्रो शहरों में लड़कियों की वेश-भूषा को देखकर लगता है कि यौन विस्फोट हो रहा है।

इक्कीसवीं सदी की नयी अर्थव्यवस्था ने स्त्री और समाज के नये सम्बन्धों के समीकरण को बहुत अधिक प्रभावित किया है जिसका ठोस प्रमाण अब खुलकर सामने आ रहा है। नयी अर्थव्यवस्था ने स्त्री के सामने रोजगार में नये-नये रास्ते खोले हैं। फिल्म, मॉडलिंग, टी.वी. सीरियल, विज्ञापन, पॉप संगीत आदि क्षेत्रों में इसने अपनी छवि बना ली है। यंह सब उसके लिए एक stepping stone ही है। स्त्री की इस बदलती छवि का फायदा उठाते हुए हम सोचने को मज़बूर हो जाते हैं। इस नयी अर्थव्यवस्था में भारतीय स्त्री का प्रयाण किस ओर है। नयी अर्थव्यवस्था के गर्भ से निकली स्त्री मध्यवर्गीय संस्कारों से मुक्त है। पति के लिए वह प्रजननकारी कोख नहीं बनना चाहती है। सम्बन्धों को वह बड़ी आसानी से तोड़-मरोड़ सकती है। सम्बन्धों की केमिस्ट्री में कहीं कुछ गड़बड़ हो जाती है तो वह समझौते के लिए तैयार नहीं होती बल्कि एक खूबसूरत मोड़ देकर उसे छोड़ देना बेहतर समझती है। सीता भाव या सावित्री भाव पुराणों के जीर्ण पन्नों में रखा गया है। नयी अर्थव्यवस्था और उपभोक्तावादी विचारवाद ने भारतीय स्त्री की परम्परागत पवित्रता को रूढ़ जीर्ण कहकर नकार दिया है। परिणामस्वरूप आज के नये युग की स्त्री बहुत बदल गयी है। स्त्री के परिवर्तित नये स्वरूप को देखकर पुरुष भी हतप्रभ है। आज हर चर्चा के मूल में स्त्री की सत्ता है चाहे वह चकला चलाने का किस्सा हो या फिर लोगों को लूटने का कोई अर्थ तन्त्र हो। ऐसा लगता है कि परम्परा के सामन्तीय उपमानों की कैद से निकलकर वह स्वतन्त्र हो रही है। यह नयी स्त्री मीडिया के तमाम स्तरों

पर बन रही है, बनायी जा रही है। दैनिक पत्रों, सामाजिक मासिकों, रेडियो, टी.वी., वीडियो, सिनेमा के पर्दे पर, होर्डिंगों में वह बरसों से बनती आयी है और अब भी बन रही है। वह स्त्री पद्मिनी, शंखनी, हंसिनी, चित्रणी, नायिकाओं से एकदम अलग नयी स्त्री है। वह विज्ञापनों में विक्रेता स्त्री, सीरियलों और निजी ज़िन्दगी में पति को आयी हेट यू कहती हुई स्वतन्त्र स्त्री है। वह माफिया डॉन है। भाड़े पर लड़नेवाली है। वह बड़ी कम्पनी की मालकिन है। मर्दों को छकानेवाली है। दुर्धर्ष है, रोनेवाली नहीं है। शान्ति बनकर वह रोज़ाना खुलेआम अपनी माँ पर बलात्कार करने वाले पर मुकदमा चलाती है।

मध्यकाल के कवियों ने जिस स्त्री को पाप की खान कहा, उसका शरीर इतना विषैला है जिसके दर्शन मात्र से भुजंग अन्धा हो जाता है। वही स्त्री अपने देह की गरिमा को लेकर करोड़ों जनता का दिल जीत रही है। आज स्त्री विषैली और पाप की खान नहीं है बल्कि वह उद्योग का बाजार है।

सन्दर्भ

1. सुशीला मित्तल, आधुनिक हिन्दी कहानी में नारी की भूमिकाएँ, आमुख, पृ. 5-6
2. "In almost all peasant communities the hard work is left to woman, not because they are more fit to do it than man, but solely because they have less muscle and are threfore less fit. Throughout past history power has been used to give to the strong an undue share of good things and to leave to the weak a life of toil and misery"
3. डॉ. सरनाम सिंह शर्मा 'अरण', कृति और कृतिकार, पृ. 104
4. महादेवी वर्मा, शृंखला की कड़ियाँ, पृ. 45
5. सरला दुआ, आधुनिक हिन्दी साहित्य में नारी, पृ. 188
6. रामधारी सिंह दिनकर, संस्कृति के चार अध्याय, पृ. 631
7. सुशीला मित्तल, आधुनिक हिन्दी कहानी में नारी की भूमिकाएँ, पृ. 81-82
8. महादेवी वर्मा, शृंखला की कड़ियाँ, पृ. 54
9. किरन बजाज, हिन्दी कहानी नौकरी पेशा स्त्री की सक्रान्त स्थिति, हिन्दी कहानी : दो दशक की यात्रा (सं. डॉ. रामदरश मिश्र, नरेन्द्र मोहन) – पृ. 100
10. डॉ. सन्तबख्श सिंह, नयी कहानी : कथ्य और शिल्प, पृ. 44
11. रामधारी सिंह दिनकर, धर्म नैतिकता और विचार, पृ. 14-15
12. If a woman is ill-tempered, arrogant, nagging, boorish, selfish, querrulous and so on, but is sexually faithful to her husband, she is still a great woman; on the other hand she may be extremely good natured, selfless, quiet, humble and refiened, but if she is suspected of being sexually inclined to any other man except her husband, she would be considered a 'bad' woman.
    Modernization and Hindu Socio-culture – Akhileswar Jha – P. 98
13. Traditionally ethics has undertaken to analyse, evaluate and develop noromative moral criteria for dealing with moral problems.
    Encyclopaedia Britanica, Volume-6, P. 976

14. Hindu Ethics is the social ethics and psychological ethics and culminates in the philosophy of the absolute which is the consummation of the spiritual life.
    Sushil Kumar Maitra, M.A. The Ethics of Hindus, P. 1
15. The Ethics of Hindu's is based on the three fold scheme of the spiritual life comprising the stages of society, subjective morality and the life absolute and transcendental.
    Ibid – P. 1
16. अज्ञेय, आत्मनेपद, पृ. 167
17. डॉ. भैरू लाल गर्ग, स्वातंत्र्योत्तर हिन्दी कहानी में सामाजिक परिवर्तन, पृ. 22
18. कमलेश्वर, नयी कहानी की भूमिका, पृ. 159
19. सुशीला मित्तल, आधुनिक हिन्दी कहानी में नारी की भूमिकाएँ, पृ. 88
20. सरला, दुआ, आधुनिक हिन्दी साहित्य में स्त्री, पृ. 188

दूसरा अध्याय

स्वातन्त्र्योत्तर लेखिकाएँ और उनका रचना संसार

नयी मानसिकता और लेखकीय प्रतिबद्धता

स्वातन्त्र्योत्तर काल की नयी पीढ़ी की मानसिकता से पूरी तरह प्रभावित होने के कारण समसामयिक लेखक अपनी लेखनी में नयी मानसिकता और परिवेश दोनों को समाविष्ट करने में सफल हो गये। "आज परिवेश के प्रति प्रतिबद्धता ही वह अपना दायित्व समझता है, इसलिए आज का कहानीकार किसी जीवन दर्शन विशेष से प्रभावित नहीं है।"[1] इस प्रतिबद्धता के कई कारण हैं जैसे साम्प्रदायिक दंगे, देश का विभाजन, बेकारी और बेरोजगारी आदि से उत्पन्न हताशा और दिशाहीनता की स्थिति आदि।

नयी कहानी आन्दोलन के उपरान्त कहानी का जो नया स्वरूप उभरा उसमें कहानीकारों ने भारतीय परिवेश और उसमें व्याप्त विसंगतियों एवं विद्रूपताओं को सजगता के साथ अपनी लेखनी में स्थान दिया। इन कहानीकारों ने व्यक्ति के बदलते हुए स्वरूप को व्यावहारिक धरातल पर अभिव्यक्ति दी। मूल्य संक्रमण की परिस्थितियों से गुजरते हुए लेखक एवं लेखिकाओं ने यह महसूस किया कि परम्परागत मूल्यों का समसामयिकता से कोई सम्बन्ध नहीं है। इसलिए परम्परागत दृष्टि से जो बातें हेय मानी गयी थीं और जो पाप की भूमि पर खड़ी हुई नज़र आ रही थीं वे सब नये परिवेश में वैधता का लिबास पहनकर सामने आने लगीं। परम्परावादी जिन बातों को अवैध मानते थे उनमें कुछ बातें यथार्थ जीवन से सम्बन्धित थीं। अतः नयी पीढ़ी के लिए उन बातों को अवैध मानना अनुचित लगा जिस कारण नये जीवन मूल्यों की ओर लेखकों की विशेष दृष्टि गयी। परम्परावादियों के लिए ये बदली हुई परिस्थितियाँ बहुत ही खतरनाक एवं मूल्यच्युति से अनुप्रेणित लग रही थीं। परन्तु उपयोगितावाद को लेकर सोचने वाली नयी पीढ़ी उन सबको माननीय ठहराने लगी।

साठोत्तरी कहानीकारों के सामने बिल्कुल बदली हुई परिस्थितियाँ, बदला हुआ दृष्टिकोण एवं बदली हुई मानसिकता थी। इन्होंने कहानी को जीवन के अयथार्थ

पहलुओं से हटाकर अग्निपुंज से उभरते हुए भावों पर प्रतिष्ठित किया। "आदर्श का केंचुल आज का कहानीकार पूरी तरह से छोड़ चुका है। उत्साह, आनन्द, रसादि उसके लिए पुराने मूल्य हैं क्योंकि शायद जीवन में इनकी कोई सार्थकता नहीं... मनुष्य के वर्तमान जीवन में ये बातें अपना अर्थ खो चुकी हैं। वर्तमान संकट के रूप में अनियन्त्रित त्रास, अस्तित्व की भयावहता और जीते रहने की प्रक्रिया के अंतर्गत घिसे कटे जाने के अनुभव सच्चे रचनाकार को आदर्श आदि के झूठ की ओर जाने से बचाते हैं।"[2]

आज के समाज के व्याप्त सम्बन्धों का ठंडापन, कृत्रिमता, बनावटीपन, औपचारिकता से मुक्ति के लिए संघर्ष, यान्त्रिक जीवन से उपजी एकरसता आदि को साठोत्तरी कहानीकारों ने विशेष रूप से उभारा है।

लेखिकाओं की रचना दृष्टि और पत्रिकाएँ

साठोत्तरी लेखिकाओं ने भी जीवन के विराट परिवर्तन को अपनी कहानियों से अभिव्यक्ति दी है। नारी जीवन और उनसे सम्बन्धित समस्याएँ ही इन लेखिकाओं का प्रमुख विषय है। मन्नू भंडारी, उषा प्रियंवदा, मृदुला गर्ग जैसी लेखिकाओं ने नारी के अधुनातन एवं पुरातन रूपों को अपनी लेखनी में प्रतिष्ठित किया है। इन लेखिकाओं ने एक ओर परम्परागत नारी-सुलभ आदर्शों को सराहा है तो दूसरी ओर नारी को अपना स्वतन्त्र अस्तित्व बनाये रखने के लिए प्रेरित भी किया। वैसे लेखिकाओं की दृष्टि में उत्पन्न इस परिवर्तन को उनकी अस्मिता की नयी सीमाओं को सामने रखने के साथ-साथ उनकी प्रतिबद्धता का भी अत्यन्त मार्मिक स्वरूप हमारे सामने प्रस्तुत किया है। इसलिए बदली हुई परिस्थितियों में बदली हुई दृष्टि को लेकर व्यक्ति और परिवेश के बीच अस्तित्व की नयी समस्याओं को लेकर साठोत्तर लेखक एवं लेखिकाओं की कहानी सामाजिक प्रतिबद्धता एवं बैयक्तिक पीड़ा की भावनाओं को प्रश्रय देती हुई आगे बढ़ती हैं। इन कहानीकारों ने दमघोंटू वातावरण में जीवन जीने को मज़बूर आधुनिक मानव की विवशता को पहचाना है जिस कारण इनकी कहानियों में ऐसे पात्रों की आह एवं कराहों की आवाज़ सुनाई पड़ती है।

वैसे साठोत्तरी कहानीकारों की कहानियों में आने वाले पात्र कभी परिवेश से कटकर, कभी परिवेश से जुड़कर, कभी प्रतिबद्ध होकर, कभी गैर जिम्मेदारी को हौसला देकर निकल जाते हैं। फिर भी उनकी आंतरिक पीड़ा इसलिए सच्ची है कि युगीन भाव-बोध से एक ओर जुड़ी है तो दूसरी ओर अन्तःकरण की आवाज़ से भी प्रभावित है। अतः "अपनी गहरी सम्पन्नता और पैनी दृष्टि के सहारे साठोत्तरी कहानीकारों ने ऐसे व्यक्तिगत तथा सामाजिक सन्दर्भों का चित्रण किया है, जिनसे स्थितियाँ अपने तटस्थ तथा निर्मम रूप में सामने आयी हैं भारतीय परिवेश में बढ़ते

हुए अकेलेपन, सन्त्रास और कुंठाग्रस्त स्थितियाँ अन्तर्मन के सूक्ष्म स्वरूप के साथ उद्घाटित हुई हैं।"[3]

साहित्यिक प्रतिभा के विकास में पत्र-पत्रिकाओं का योगदान अत्यन्त महत्त्वपूर्ण माना जाता है। हिन्दी साहित्य के क्षेत्र में नवलेखन को प्रोत्साहन देने में हिन्दी क्षेत्र की पत्र-पत्रिकाओं ने एक सीमा तक प्रशंसनीय भूमिका अदा की है विशेषकर लेखिकाओं की लेखनी को विकासोन्मुख बनाने में ये प्रकाशन सहायक सिद्ध हुए हैं। वैसे इस मामले में पाश्चात्य देशों से भी यहाँ की पत्रिकाएँ प्रेरणा स्वीकारती रही हैं।

आज़ादी के पश्चात् उभरनेवाली नयी चेतना ने सभी प्रकार के लेखन को बढ़ावा दिया था। शिक्षित नारियों के आगमन के साथ पुरुषों के साथ लेखिकाएँ भी सृजनात्मक कार्य में लग गयी थीं। लेकिन विषयगत दृष्टि से महिलाओं का लेखन क्षेत्र कहीं अधिक सीमित था। परन्तु इस सीमा के अन्दर खड़े होकर विषय की गहराई की ओर प्रवेश कर नारी मन के अनदेखे छोरों को छूने की कोशिश उन्होंने की थी। पत्रिकाओं ने इन विशेषताओं पर ध्यान देते हुए महिलाओं के लिए विशेष अंक या तो संपादित किये या महिलाओं के लिए मात्र उपयोगी स्तम्भों का विधान किया या उनके लिए अलग पत्रिकाएँ निकाल डालीं। स्वातन्त्र्योत्तर काल में होने वाली पत्रिकाओं की ये विकासोन्मुख दृष्टि लेखन के क्षेत्र में नारियों को प्रोत्साहन एवं अनुग्रह के रूप में दिखाई पड़ीं।

पत्रिकाओं में लोकप्रियता की दृष्टि से हिन्दुस्तान, नवभारत आदि दैनिक पत्रों के साथ साप्ताहिक हिन्दुस्तान, धर्मयुग, दिनमान जैसी साप्ताहिक पत्रिकाओं ने भी नारी लेखन को काफी प्रश्रय दिया। इनके अलावा महिलाओं की रुचि एवं उनकी आवश्यकताओं को ध्यान में रखते हुए प्रकाशित होने वाली पत्रिकाओं में 'स्त्री' और 'मानुषी' आदि ने भी महत्त्वपूर्ण योगदान दिया था।

इस प्रकार के विभिन्न पत्र-पत्रिकाओं से पत्रकारिता का क्षेत्र इतना विकसित हो गया कि साप्ताहिक, पाक्षिक, मासिक पत्रिकाओं का वितरण ज़ोरों से होने लगा। इन पत्रिकाओं में जनरुचि की सामान्य सामग्री को उपस्थित करने वाली पत्रिकाओं की संख्या अधिक थी। पाक्षिक पत्रिकाओं में माधुरी, सरिता और मासिक पत्रिकाओं में कल्पना, माया, कादम्बिनी, सारिका, नवनीत, सरस्वती आदि उच्चस्तरीय लेखन को महत्त्व देने वाली पत्रिकाएँ थीं। उपर्युक्त पत्रिकाओं में प्रकाशित कहानियाँ, लेख, निबन्ध एवं आलोचना साहित्य से सम्बन्धित पाठकों के लिए एवं अन्य लोगों के लिए बहुत ही लाभदायक सिद्ध हुए। इनसे ज्ञानार्जन भी होता था साथ-साथ मनोरंजन भी।

इनके प्रचार-प्रसार से साहित्यिक जगत् में विकासशील गतिविधियाँ परिलक्षित होने लगी थीं। कई लेखिकाओं ने इन पत्रिकाओं के माध्यम से अपनी प्रतिभा एवं पांडित्य की प्रदर्शनी की। इसके साथ 'स्त्री' और 'मानुषी' जैसी महिला पत्रिकाओं

में नारी की दुर्दशा को व्यक्त कर उसे अपने अधिकारों के प्रति जागरुक बनाये रखने के लिए अनेक लेख प्रकाशित हुए जिनसे महिला जगत में नयी स्फूर्ति एवं नवोन्मेष का उदय हुआ। चिरकाल से रसोई घर में पड़ी नारियों में भी परिवर्तन का रूप नज़र आने लगा।

इस प्रकार पत्रिकाओं के माध्यम से कई उभरती हुई लेखिकाओं को आत्माभिव्यक्ति के उचित अवसर प्राप्त हुए। वास्तव में महिलाओं की लेखनी को नये क्षितिजों का बोध कराने में इन समसामयिक पत्रिकाओं ने बहुत ही महत्त्वपूर्ण भूमिका अदा की थी। नयी परिस्थिति ने नये लेखन को एक ओर बढ़ावा दिया तो दूसरी ओर नवागतों की लेखनी और उनकी शैली को खूब सँवारा और सुधारा। फलस्वरूप नये लेखक एवं लेखिकाओं में नया आत्मविश्वास, शैलीगत प्रयोग के प्रति दिलचस्पी और संवेदनाओं के प्रति नयी रुचि जन्म लेने लगी।

"कहानी के क्षेत्र में सबसे ज़्यादा प्रोत्साहन एवं दिशानिर्देशन 'सारिका', 'कहानी', 'धर्मयुग', 'कल्पना' आदि पत्रिकाओं के माध्यम से हुआ था। लेखिकाओं की कहानियों का अच्छा हिस्सा सारिका, धर्मयुग, कल्पना आदि में भी प्रकाशित होता रहा। अनेक पत्रिकाओं ने कहानीकारों की कथा प्रवृत्तियों को लेकर विशेषांक प्रकाशित किये। इस सन्दर्भ में 'अणिमा' का सातवें दशक की हिन्दी कहानी विशेषांक उल्लेखनीय है। 'उत्कर्ष', 'सारिका', 'नागफनी' इत्यादि पत्रिकाओं द्वारा भी साठोत्तरी कहानीकारों को लेकर विशेषांक प्रकाशित किये गये।"[4]
इस प्रकार पत्र-पत्रिकाओं ने स्वातन्त्र्योत्तर लेखक एवं लेखिकाओं की सर्जनात्मक प्रतिभा को नया मोड़ देने का भरसक प्रयत्न किया। लेखिकाओं को इन पत्रिकाओं की ओर से विशेष प्रोत्साहन मिलता रहा। इन कारणों से लिखने का और लिखते रहने का मोह लेखिकाओं के अन्तर्मन में जागृत होता गया।

लेखिकाओं की लेखनी की सर्वप्रथम विशेषता यह थी कि समसामयिक सन्दर्भों से जोड़ कर नारी जीवन के कटु यथार्थ को उसने अभिव्यक्त किया था। उनकी कहानियों में उच्च शिक्षिता नारी का स्वतन्त्र जीवन, मध्यवर्गीय नारी का संघर्षरत रूप तथा रोटी के दो टुकड़ों के लिए दमतोड़ मेहनत कर शोषण की शिकार बनी रहने वाली निम्नवर्गीय नारी का स्वरूप भी मिलता है। विषयगत दृष्टि से प्रेम, सेक्स, विवाह, तलाक, बेरोजगारी और गरीबी से सम्बन्धित सभी चित्रों का जीवन्त रूप इनकी कहानियों में हासिल होता है।

साहित्य को विकास की ओर अग्रसर करने में लेखकों के समान स्वातन्त्र्योत्तर लेखिकाओं ने भी आस्थापूर्ण प्रयास किया है। इस सन्दर्भ में पत्रिकाओं का योगदान प्रशंसनीय है।

इस तरह हिन्दी क्षेत्र की विभिन्न पत्र-पत्रिकाओं ने नारी मन की विविध गद्यात्मक अनुभूतियों को स्वर प्रदान कर समूचे समाज के सामने उनकी मानसिकता

को उभार कर रख दिया। पुस्तकों के सीमित पन्नों के अन्दर सिमटती स्त्री की आवाज़ पत्रिकाओं के माध्यम से हज़ारों लाखों लोगों तक पहुँची, जिसके परिणामस्वरूप सारा समाज उसके प्रति जागरुक होने लगा। पत्रिकाओं के द्वारा किया गया यह कार्य किसी भी मायने में छोटा नहीं है। इन पत्रिकाओं के माध्यम से जागरण के सन्देश की सूचना देने वाली नव-लेखिकाएँ वास्तव में अपनी प्रतिभा को जन समक्ष प्रस्तुत कर रही थीं।

पाश्चात्य आन्दोलन का लेखिकाओं पर प्रभाव

स्वातन्त्र्योत्तर भारत की महिला लेखिकाओं में पाश्चात्य देशों से आने वाले आन्दोलनों का जो प्रभाव पड़ा था वह प्रत्यक्ष न होकर परोक्ष था। इसका कारण यह था कि हमारे देश की महिलाओं की समस्याएँ पाश्चात्य महिला समस्याओं के समान वर्तिनी नहीं थीं। "पश्चिम की नारी प्राचीन काल से शोषित रही है। वहाँ वह प्रेयसी व पत्नी पहले है, माँ बाद में और माँ के रूप में भी पूजित नहीं रही। पत्नी व प्रेयसी रूप में भी वह भोग्या पहले है जिसे पुरुष को आकर्षित करने के लिए अपने शरीर को, शरीर पर अत्याचार करके भी, सजाना-सँवारना है।... देह साधना और देह भोग के इस अतिरेक के फलस्वरूप आयी सामाजिक विकृतियों के प्रति विद्रोह के रूप में अपने स्वतन्त्र अस्तित्व की मान्यता के लिए वहाँ नारी मुक्ति आन्दोलन ने जन्म लिया।"[5] पाश्चात्य और भारतीय संस्कृतियों में जो दृष्टिगत अन्तर है वह पाश्चात्य नारी की समस्याओं को उसी तरह स्वीकार करने में बाधा डालता है। इसका अर्थ यह निकलता है कि भारतीय नारी की अस्मिता पूर्णतया पाश्चात्य नारी की अस्मिता से भिन्न है। नारी जीवन में समानवर्ती परिस्थितियाँ आ सकती हैं लेकिन पाश्चात्य परिस्थितियाँ कभी भी भारतीय जन-जीवन का अंग नहीं बन सकतीं।

पाश्चात्य नारी आन्दोलन और नारी समस्याओं का हिन्दी लेखिकाओं पर प्रभाव पड़ा। वह एक सीमा तक सैद्धान्तिक पहलुओं को लेकर हुआ है। इसके सीधे काम करने वाली चेतनाएँ साहित्यिक, सांस्कृतिक और ऐतिहासिक रही हैं। इन्हीं के माध्यम से भारतीय लेखिकाओं ने पाश्चात्य नारी की मानसिकता को देखने का एवं परखने का प्रयास किया है। इसी के आधार पर भारतीय परिवेश के अनुकूल नारी स्वतन्त्रता से सम्बन्धित नये विचारों को रूपायित करने में वह सजग बनती रही। इसका यह तात्पर्य है कि भारतेतर देशों से आनेवाला प्रभाव जिसका हम बाह्य प्रभाव के अन्तर्गत विचार कर रहे थे। प्रमुख रूप से सांस्कृतिक एवं साहित्यिक आदान-प्रदान के आधारों पर हुआ। इस कारण वह सैद्धान्तिक अधिक था और व्यावहारिक कम।

ये बाह्य कारण इतने तर्कसंगत एवं वैज्ञानिक थे कि उनको नकारने के लिए भारतीय पुरुष के सामने कोई प्रमाण नहीं था। पुरुषों में भी एक ऐसा वर्ग उभर रहा था जो विशाल दृष्टि का प्रश्रय लेते हुए भारतीय नारी की माँगों का समर्थन कर रहा

था। स्त्री के अधिकारों की रक्षा के लिए यह वर्ग हमेशा क्रियाशील रहा है और इसकी सहायता से नारी की रुँधी हुई आवाज फिर बुलन्द होने लगी है।

स्वातन्त्र्योत्तर लेखन व महिलाएँ

वैसे युगों से भारतीय सामाजिक व्यवस्था पुरुष प्रधान रही है। हर अवस्था में पुरुष के अधीन रहने के लिए विवश नारी को आधुनिक युग में भी उचित अधिकार नहीं मिल पाये हैं। नारी के योगदान को समाज हमेशा शंका और संकोच की दृष्टि से देखता आया है। पुरुषों का आधिपत्य हमेशा स्त्री की क्षमता को नकारता रहा है। साहित्य के क्षेत्र में भी यह बात अपवाद नहीं रही। लेखिकाओं के योगदान को दूसरी कोटि का सिद्ध कर उनके साहित्य को द्वितीय श्रेणी का उद्घोषित करने का प्रयास हिन्दी लेखन के क्षेत्र में भी जारी है। लेकिन हकीकत यह है कि स्वातन्त्र्योत्तर कालीन लेखिकाओं की प्रतिभा ने यह सिद्ध किया है कि वे कई दृष्टियों से लेखकों (पुरुष लेखकों) के आगे हैं।

वस्तुतः गद्य लेखन के क्षेत्र में लेखिकाओं का योगदान महत्त्वपूर्ण रहा है। हिन्दी कहानी की आत्मवत्ता को नया मोड़ देने में और गहरी अन्र्तदृष्टि से उसे चेतनायुक्त बनाने में उन्होंने जो कुछ भी किया है, वह सराहनीय है।

वस्तुतः हिन्दी कहानी के प्रारंभिक स्वरूप का श्रीगणेश बंग महिला नामक लेखिका के हाथों से सम्पन्न हुआ था। उनकी कहानी 'दुलाई वाली' हिन्दी की पहली कहानी मानी भी गयी है।[6] कहानी के क्षेत्र में नारी के आगमन की यह प्रथम पग-ध्वनि थी। उसके बाद सैकड़ों लेखिकाओं ने हिन्दी को समृद्ध एवं श्री युक्त बनाने का महनीय प्रयास अपने कंधों पर ले लिया था। उन्हीं में से कुछ प्रतिभाओं की परिचयात्मक टिप्पणी को यहाँ प्रस्तुत किया जा रहा है।

स्वातन्त्र्योत्तर कहानी लेखिकाओं ने कहानी साहित्य को पुरानी भावभूमि से परे हटा कर, उसे कृत्रिम रोमानी दुनिया से मुक्त कर, उसमें ज़िन्दगी की धड़कन को भरकर यथार्थ की दुनिया में प्रतिष्ठित किया है। इसके बावजूद भी उन पर यह आरोप मढ़ दिया जाता है कि उनका अनुभव संसार सीमित एवं भाव प्रधान है, लेखन के क्षेत्र में वे पुरुषों का अनुकरण करती हैं, उनकी दृष्टि संकीर्ण और अनुभूति बासी है। "किन्तु ज़रा खुले दिलो-दिमाग से सोचा जाय तो ज्ञात होता है कि जिसे सीमित संवेदना कहा जाता है वह जीवनानुभूति की गहराई है और जिसे बासीपन कहा जाता है वह जीवन का कटु सत्य है।"[7]

आज के विकसित हो रहे वैज्ञानिक युग में स्थितियाँ तेज़ी से परिवर्तित होती जा रही हैं और परिवर्तित हो रहे इस परिवेश में नारी को मानसिक एवं बौद्धिक विकास के उचित अवसर मिल रहे हैं। "अतः अन्ना कैरनीना और शकुन्तला की व्यथा-कथा टॉलस्टाय और कालिदास नहीं स्वयं अन्ना और शकुन्तला लिखेंगी। निस्सन्देह सफर

बहुत लम्बा है, राह में थकान और घुटन भी है किन्तु झुकना नहीं।''[8]

उभरती हुई महिला लेखिकाओं का लेखन क्षेत्र विशिष्ट भी है और व्यापक भी। जिन विषयों पर अपनी सशक्त लेखनी चलाकर पर्ल. एस. बक और इसमत चुगताई ने नाम कमाया है, क्या वैसे विषयों पर लेखकों की लेखनी चली है? वस्तुतः लेखिकाओं पर यह आरोप लगाना कि उनका अनुभव संसार सीमित है, उनकी अभिव्यक्ति में गहराई नहीं है, वे पुरुषों का अनुकरण करती हैं, अत्यन्त अप्रासंगिक है। वास्तव में लेखन के क्षेत्र में भेदभाव दिखाना सशक्त और सिद्धहस्त लेखिकाओं के साथ अन्याय करना है।

नारियों के और पुरुषों के लेखन के सम्बन्ध में कुछ अनुभवी लेखिकाओं के विचार उद्धृत किये जा सकते हैं।

लेखिकाओं का अनुभव संसार सीमित होता है – मुझे लगता है कि यह बात किसी बुरी धारणा से जन्मी है, ''स्त्री का अनुभव जगत सीमित होता है। जो कुछ भी मौजूद है, वह वही है जो आज तक साहित्य में बहुचर्चित रहा है, उससे परे उसका कोई दूसरा रूप भी है इसको देखने की इच्छा व्यक्तियों में कभी नहीं होती।''[9]

इस सम्बन्ध में स्नेहमयी चौधरी के विचार कुछ इस प्रकार के हैं, ''मैं समझती हूँ कि पुरुषों का यह कहना कि लेखिकाओं का अनुभव जगत सीमित होता है, व्यक्तिगत स्तर पर पाया जाने वाला अहं ही है, क्योंकि जब कोई चीज़ छप कर आती है तो साहित्यिक सौन्दर्य की वस्तु बन जाती है वह रचना स्त्री अथवा पुरुष की नहीं रहती।''[10]

अतः साहित्य में प्रतिबिम्बित लेखक एवं लेखिकाओं के अनुभव जगत को एक-दूसरे का विरोधी न मानकर पूरक मानना उचित होगा।

स्वातन्त्र्योत्तर युग की अधिकांश लेखिकाओं ने नारी जीवन के विविध पक्षों को आधुनिक स्थितियों की रोशनी में सूक्ष्मता से पहचानने का प्रयास किया है।

जीवन की हर परिस्थिति से गुजरने के पश्चात् उन परिस्थितियों में अनुभूत क्षणों को स्मृति में संजोकर उन्हें बख़ूबी कहानियों में अभिव्यक्त करने में ये लेखिकाएँ बहुत हद तक सफल हुई हैं। सामाजिक विसंगतियाँ, कुरीतियाँ, आधुनिकता के मोहपाश में पड़े मानव की रुग्ण मानसिकता आदि का जीवन्त चित्रण इनकी कहानियों में मिलता है। इस सन्दर्भ में इनकी लेखनी महिला होने की रियायत नहीं माँगती, इनका सामाजिक दृष्टिकोण स्वस्थ, तटस्थ एवं उदार है। इन्होंने सामाजिक समस्याओं से मुँह-मुँही करने का भरसक प्रयास किया है। धार्मिक आडम्बरों एवं पाखंडों का इन्होंने डटकर विरोध किया है। आर्थिक दृष्टि से बनते-बिगड़ते, टूटते-बिखरते सम्बन्धों के चित्रण में इन्होंने अपनी गहरी सूझबूझ का परिचय दिया है। पीढ़ी-संघर्षों एवं वर्ग-संघर्षों का स्वाभाविक वर्णन इनकी कहानियों में मिलता है।

महिला लेखिकाओं ने अपनी लेखनी के माध्यम से नारी सम्बन्धी सदियों पुरानी

मिथ को नकारने का प्रयास किया है। क्योंकि इनके नारी पात्र न तो सीता, सावित्री-सी आदर्श मूर्तियाँ हैं और न ही पुरुषों के हाथों सताई अबलाएँ जो आँचल का दूध और आँखों का पानी दिखाकर पुरुषों के समक्ष सहानुभूति की भीख माँगती हैं, बल्कि ये काल के क्रूर यथार्थ का बेबाक साक्षात्कार करने और उसे पूर्ण रूप से अपनाने को तैयार नारी पात्र हैं।

समकालीन महिला लेखन में स्त्री पर्व : सूर्यबाला

सार्थक संकेतों की लेखिका सूर्यबाला अपने रचनाकर्म को लेकर बहुत ही भिन्न और नूतन विचारों को उजागर करती हैं। उनके अनुसार रचनाकार समय का साक्षात्कार कर स्थितियों के महत्त्व को पकड़कर उनकी अभिव्यक्ति बड़ी ही बारीकी से करता है। खुद लेखिका अपने रचनाधर्म का उदाहरण देते हुए कहती हैं—मेरे सामयिक जीवन स्थितियों पर लिखी कहानियों में कंगाल, दिशाहीन, आग फरिश्ते, अग्निपंखी आदि हैं जिसमें मेरा उद्देश्य मुख्यतः निम्न और मध्यवर्ग को दावानल की तरह निगलती लाचार तंगहाली को व्यक्त करना ही नहीं वरन् उससे उपजी पंगु मानसिकता, जो हमेशा-हमेशा के लिए आदमी की अस्मिता को सुखाकर तोड़ती है उसे दिखाना भी है। अभिव्यक्ति और रचनाशैली के प्रति उनके विचार बहुत ही व्यावहारिक हैं। एक जगह उन्होंने कहा भी है—अभिव्यक्ति और शैली के स्तर पर मैं ज़्यादा से ज़्यादा सहज होना पसन्द करती हूँ। फिर भी मुझे अच्छा लगता है यदा-कदा थोड़ी क्लिष्टता या दुरुहता आ जाती है, जिसे मैं अभिव्यक्ति पक्ष की दुर्बलता ही मानूँगी। यद्यपि ऐसा तभी होता है जब अनुभूतियाँ और अहसास इस तरह एक जुट हो जाते हैं कि उन्हें अलग-अलग कर सहजता बरतना मुश्किल हो जाता है। रचनापथ पर बढ़ते समय लेखिका अपने वास्तविक स्वरूप को विस्मृत नहीं करती। खुद वे कहती हैं कि एक लेखिका के साथ-साथ वे एक गृहिणी भी हैं। इसलिए जीवन में होने का दायित्व उनको निभाना पड़ता है। एक गृहिणी के रूप में वे अपनी जिम्मेदारियों को खुशी के साथ निभाती हैं। इसमें उनको एक विशेष सुकून भी मिलता है। गृहिणी के पारिवारिक दायित्वों को निभाते समय भी उनका लेखकीय दिमाग शान्त रहता है। उस समय वे अभिव्यक्ति की पीड़ा में या विचारों को अन्तिम रूप देने के कशमकश में नहीं होतीं। घर का माहौल उनको शान्त हरे-भरे मैदान की तरह तभजली देनेवाला होता है। सूर्यबाला के विचारों से साफ जाहिर होता है कि उनका रचना व्यक्तित्व संयमित और सन्तुलित है। इसका प्रमुख कारण उनका दृढ़ व्यक्तित्व और सुखी पारिवारिक जीवन है। यदि परिवार में पति और बच्चों से स्त्री को खुशी, प्रेरणा, प्रोत्साहन मिलता है तो वह बहुत कुछ कर सकती है। अन्यथा उसका व्यक्तित्व बिल्कुल पंगु हो जाता है। सूर्यबाला पति को दोस्त मानती हैं। वे कहती हैं कि यदि एक लेखिका का पति दोस्त नहीं होगा तो विचारों की सबसे पहले

कद्र कौन करेगा, क्योंकि पति ही हर समय सुलभ हो सकता है और पत्नी का पहला आलोचक बखूबी बन सकता है लेकिन जो सिर्फ पति है जिसे पत्नी के लेखन से कोई सरोकार नहीं है। वह दूसरों की भावनाओं का अर्थ नहीं समझ सकता। मेरे परिवार ने मुझे लेखन की पूरी आज़ादी दी। उसने लिखने की मेरी ज़रूरत को समझा और जितना समय जितना वातावरण मुझे चाहिए, वह मुझे मिला। अतः सूर्यबाला की रचनात्मक सफलता के पीछे परिवार का पूरा योगदान है।

रचनाधर्मिता के प्रति लेखिका के विचार बहुत ही ज़्यादा व्यावहारिक और तटस्थ हैं। वे रचनाकर्म को किसी आन्दोलनों, वादों या विचारधाराओं से दायराबद्ध नहीं करना चाहतीं। उनके अनुसार कलाकार यदि किसी विचारधाराओं में बँधकर लिखने को मजबूर है तो वह अपने रचनाकर्म के प्रति कभी न्याय नहीं कर सकता। रचनाकार को किसी प्रकार की बंदिश नहीं होनी चाहिए क्योंकि वह हर पल सोचता रहता है। जब वह अपने विचारों को शब्दबद्ध करता है तब ही उसे राहत मिलती है। पाश्चात्य काव्य शास्त्र के विद्वान I.A. Richard ने भी यह बात बतायी है कि रचनाकार जब तक अपने विचारों का रूपायित नहीं करता है वह घुटन का अनुभव करता रहता है।

सूर्यबाला के अन्दर का कलाकार बचपन से ही जाग उठा था। अपनी रचना प्रक्रिया के बारे में कहते समय वे अपने बचपन के क्षणों को सबसे पहले सहलाती हैं। प्रकृति के प्रति प्रेम, प्रकृति का आस्वादन, छुटपन में ही था। शाम की उदासी से बड़ी बेचैनी हुआ करती थी। कहीं उन्होंने लिखा भी है—मेरे कथापात्र की शुरुआत एक उदास बोझिल सी शाम से हुई थी और उस उदास बोझिल शाम की करुणा, अवसाद उनकी रचनात्मकता के साथ अधिक रूप से जुड़ा रहा। उम्र की सीढ़ियों के बढ़ने के साथ उदास शाम की धुँधली भादी बढ़ती रही। एक जगह उन्होंने कहा—मेरी रचनात्मकता के सौरमंडल में वे अविस्मृत क्षण नक्षत्र हैं जिन्होंने मुझे लाड़-दुलार, निस्वार्थ स्नेह और अपनेपन की अपार सम्पदा सौंपी है। सृजन की प्रेरणा के लिए ऐसे उन क्षणों की ऋणी हूँ।

सूर्यबाला जी संस्कार, सभ्यता, आचार-विचार को महत्त्व देती हैं। संस्कार को केंचुल की तरह फेंकने में विश्वास नहीं करतीं क्योंकि वे जीवन में मूल्यों को महत्त्व देती हैं। मूल्यों को तिरस्कृत करना अपना मखौल उड़ाने के समान है। मूल्य, परम्परा, संस्कृति का मानव जीवन के साथ गहन सम्बन्ध होता है। आज इंसान इसी के बलबूते जिन्दा है। आज नवउपनिवेशवाद से व्यक्त अपसंस्कृति, अमानवीयता, स्वार्थपरता आदि का सूक्ष्म अंकन सूर्यबाला की कहानियों व उपन्यास में हुआ है। मानव मन की गहराई में उतरकर जीवन संघर्षों को परत-दर-परत उधेड़ने वाली सूर्यबाला ने व्यंग्य को भी लेखन में एक औजार के रूप में इस्तेमाल किया है क्योंकि आज के बदलते युग में बदलते लोगों की हिपोक्रेसी, दिखावा, विकृत रणनीति आदि

को दर्शाने के लिए व्यंग्य एक सशक्त माध्यम है। व्यंग्य के द्वारा एक ओर पाठक का भरपूर मनोरंजन होता है तो दूसरी ओर यह व्यंग्य पाठक को सोचने के लिए मजबूर करता है।

इस तरह पिछले बीस वर्षों से अपने रचनाधर्म द्वारा हिन्दी कहानी, उपन्यास और हास्य व्यंग्य से युक्त विधाओं में एक प्रतिष्ठित नाम बना पाने में सूर्यबाला जी सफल हुई हैं। बालमन की ठुनक हो या कौशोर्य मन की उड़ान, नारी मन की झाँकी हो या नर-नारी संबधों की अंतरंगता सबको चित्रित करने में वह समान रूप से सफल हुई है। उनके लेखन के मूल में वह आशावाद सन्निहित है जिसने मानवीय मूल्यों से जुड़ने की प्रेरणा दी है। सूर्यबाला जी के शब्दों में "मुझे जीवन बहुत प्रिय है बहुत प्रिय। मैं जीवन के प्रति महामोहग्रस्त हूँ और इस जीवन में मिली तमाम वस्तुओं में इससे ज़्यादा आस्था और सम्मान मैं मानवीय सम्बन्धों को देती हूँ।"

सूर्यबाला की प्रकाशित पुस्तकें :

उपन्यास : 1. मेरे सन्धि पत्र–1977, 2. सुबह के इन्तज़ार तक–1980, 3. अग्निपंखी–1984, 4. यामिनी कथा–1992, 5. दीक्षान्त–1992

कहानी संग्रह : 1. इन्द्रधनुष–1980, 2. दिशाहीन–1982, 3. थाली भर चाँद–1988, 4. मुंडेर पर–1990, 5. गृहप्रवेश–1986, 6. कात्यायनी संवाद–1996, 7. साँझबाती–1995, 8. इक्कीस कहानियाँ–2002, 9. पाँच लम्बी कहानियाँ 10. मानुष गंध

हास्य व्यंग्य : 1. अजगर करे न चाकरी–1981, 2. धृतराष्ट्र टाइम्स–2002, 3. झगड़ा निपटाकर दफ्तर–1982, 4. देशसेवा के अखाड़े में

चन्द्रकांता

स्त्री के अस्तित्व, स्त्री की पहचान, स्त्री की शक्ति और स्त्री से जुड़े तमाम सवालों को बेधड़क उकेरने वाली लेखिका हैं चन्द्रकांता। स्त्री लेखन को मध्यवर्ग का महाभारत कहने वाले आलोचकों को अब महिला लेखन के प्रति अपने विचारों को बदलना होगा क्योंकि चन्द्रकांता जैसी समकालीन लेखिकाएँ जीवन के विविध विषयों को लेकर आक्रामक ढंग से लिखने वाली हैं।

चन्द्रकांता जी भी उन लेखिकाओं में से हैं जो जीवन के इर्द-गिर्द व्याप्त भयावह स्थितियों को पूरी सच्चाई के साथ व्यक्त करना अनिवार्य मानती हैं। स्वातन्त्र्योत्तर समाज की परिवर्तित परिस्थितियों में बदलते जीवन यथार्थ को पूरी संजीदगी के साथ लेखिका ने अपने कथा साहित्य में उकेरा है। अर्थात् उनकी रचनाएँ जीवन की असंगतियों, विसंगतियों, विडम्बनाओं, टकरावों, छटपटाहटों, रुग्णताओं के सशक्त दस्तावेज हैं। स्त्री जीवन के विविध आयामों को नयी सोच व सुबोध परिकल्पनाओं के साथ तराशने में लेखिका सक्षम हैं। समय के सत्य को प्रस्तुत कर उसे नयी दृष्टि

से विश्लेषित करने की दृष्टि बिल्कुल ही अनूठी है। वैसे साहित्य में समय-समय पर नये-नये वाद और खेम बने, कई आन्दोलन हुए। हर सशक्त रचनाकार समय के प्रवाह में आगे बढ़ता है क्योंकि रचनाकार समय और समाज के प्रति जवाबदेह होता है। इसलिए रचनाकर्म में लीन होते समय उनका ध्यान पाठक और परिस्थितियों पर होता है। चन्द्रकांता की कहानियाँ ज़िन्दगी को प्रभावित एवं निर्धारित करने वाली सामाजिक-आर्थिक स्थितियों का मुद्दा उपस्थित करती हैं। हम उन्हें पढ़कर समाज और राजनीति के सन्दर्भों से उत्पन्न व्यवस्था के परिणामों से रूबरू हो सकते हैं। विघटित मूल्यों और बदलते रिश्तों की ये कहानियाँ परिवेशजनित स्थितियों को दिखाती ही नहीं अपितु मानवीय स्थिति से हमें परिचित भी करती हैं। किसी में आर्थिक विवशताओं से निरंतर कुंठित होते आदमी की छटपटाहट है तो कहीं जीवन में आस्था का प्रकाश भी है। चन्द्रकांता की कहानियों में किसी वादों का घेरा नहीं, सुख-दुःख की समस्याएँ जुड़ी हुई हैं, आम आदमियों की चिन्ता है। सच पूछो तो इनकी कहानियाँ समय की सच्चाइयों का दस्तावेज है।

इस तरह हम देखते हैं कि चन्द्रकांता नवचेतना की प्रतिनिधि रचनाकार हैं। विषयवस्तु की दृष्टि से उनकी सृजनधर्मिता विस्तृत और विविधता से युक्त है। समकालीन जीवन के सभी रूप-विषम पक्ष उनकी रचनाओं में समाविष्ट हैं।

जब हम समग्रता में वर्तमान सदी की परिस्थितियों और वर्तमान साहित्य का सिंहावलोकन करते हैं तो पाते हैं कि परिवर्तन की प्रक्रिया साहित्य में रूपांतरित होती रही है। व्यक्तिपन की सर्जना, परिवेश और युगीन विचारधाराओं का प्रतिफलन साहित्य में स्पष्ट उपस्थित है। यह उपस्थिति जीवन्त इसलिए लगती है कि रचनाकार समय के प्रति, समाज के प्रति, पाठक के प्रति समर्पित है। रचनाकार हर बदलाव को पाठक तक पहुँचाना चाहता है। वर्तमान का आर्थिक उदारीकरण, भूमंडलीकरण, उपभोक्तावाद, उत्तर आधुनिकता आदि सबसे ज़्यादा अहम और चर्चित सन्दर्भ है। लेखिका की कहानियों में उक्त सन्दर्भों का सन्दर्भ सापेक्ष चित्रण मिलता है। अपने अनुभव से अपनी रचनाओं को समृद्ध करना चन्द्रकांता का चरम लक्ष्य है। समाज की विडम्बनाओं और विसंगतियों पर असहमति व्यक्त करने वाली चन्द्रकांता जी वक्त की प्रवक्ता बनकर समाज को अभिव्यक्त करती हैं।

महानगरों में बढ़ती अपसंस्कृति और ह्रास हो रहे सामाजिक, पारिवारिक सम्बन्ध सर्वाधिक विचारणीय और चिन्तनीय विषय हैं। लेखिका की सशक्त लेखनी भी बार-बार समाज की इन प्रतिकूल परिस्थितियों से आगाह कर हमें सावधान करती है।

पाश्चात्य विचारक टी.एस. इलियट ने आलोचना के मानदंडों का निर्धारण करते हुए बहुत ही व्यावहारिक ढंग से एक विचारशील बात कही है – जो आलोचक युगीन-सौन्दर्य चेतना को उसकी समस्त विशेषताओं के साथ साक्षात्कार करते हुए

उच्चतम आदर्शों से उसका अभिषेक करते हैं वही क्रान्तिदर्शी होते हैं। इलियट के इन विचारों के आलोक में चन्द्रकांता जी की रचनाओं को देखेंगे तो स्पष्ट होगा कि उनके साहित्य का यथार्थ वास्तविक और विशिष्ट है क्योंकि उनकी रचनाएँ युग की खरी कसौटियाँ हैं। युगीन चिन्तन से अनुप्राणित उनके साहित्य में वैयक्तिकता का निर्बाध प्रवाह उपस्थित है। जीवन की बहुविध भूमिकाओं की समग्रता के अंतरंग में प्रवेश करके उन्होंने जगत के शाश्वत सत्य को उद्घाटित किया है। उनके सृजन से मानव की पीड़ा का दर्द, कराह मुखरित होते हैं। जीवनदायिनी मूल्यों को वे बहुत महत्त्व देती हैं। उत्कृष्ट रचना के प्राणाहुति का अदम्य साहस और सच्चे कलाकार की सौन्दर्य चेतना उनकी कृतियों के उपादान हैं।

आज संसार में सबसे ज़्यादा आतंकित मध्यवर्ग है। संस्कृति और अपसंस्कृति के दोनों पारों के बीच फँसा यह मध्यवर्ग सबसे ज़्यादा अशान्त है सबसे ज़्यादा आत्महत्याएँ इनमें होती हैं, तलाक इनमें होते हैं और सबसे ज़्यादा हिपोक्रेट ये होते हैं। समाज के इस सत्य को लेखिका ने ऊब, खीज, घुटन, अधैर्य व विसंगति के सन्दर्भ में प्रस्तुत किया है। चन्द्रकांता की रचनात्मकता की खास विशेषता यह है कि उन्होंने कुछ कहानियों में स्त्री को संघर्ष की अपेक्षा पलायन करते हुए और क्रिया की अपेक्षा निष्क्रिय होते बताया है। ऐसी स्त्रियाँ परम्परा और रूढ़िग्रस्त होती हैं। नारीवादी लेखिका होते हुए भी उन्होंने यह पाया कि आज भी हमारे समाज में पुरुष सीता जैसी पतिव्रता नारियों का संकल्प करता है। लेकिन राम बनने की कोशिश तक नहीं करता। चन्द्रकांता का कहना है कि "हिन्दुस्तान में लड़की होना अत्यन्त कष्टकर है। लेखिका बराबर सतर्क है कि पुरुष एक समर्पिता, एकनिष्ठ व पतिव्रता नारी चाहता है न कि बात-बात पर 'विनेम्य लिब' की याद दिलाने वाली स्वच्छन्द संस्कारहीन नारी। मौन समझौते का स्वीकार यहाँ नारी पात्रों में कम मिलेगा, जिस स्वीकार में स्वतन्त्र अस्तित्व को गिरवी रखकर रिश्ते निभाने की सजा भोगनी पड़े, वह स्वीकार यहाँ अस्वीकार्य है।"

चन्द्रकांता ने अपनी रचनात्मकता को किसी खेमे से बद्ध नहीं नहीं किया। समय-समय पर होने वाले बहावों, आन्दोलनों से भी वे प्रभावित नहीं हुईं। वह लिखती रहीं अपनी रचनात्मकता को सँवारती रहीं। साहित्य को वह समय का दस्तावेज मानती हैं। उनके लिए सृजन अनुभव से सत्य की और भोगे हुए यथार्थ की अभिव्यक्ति हैं। उनकी रचनाएँ प्रायः सभी अपने अनुभव और भोगे हुए सत्य की जीवन्त तस्वीर हैं। इसके उदाहरण हैं 'पोशतूल की वापसी', 'ओ सोनकिगरी', 'तैतीबाई', 'आत्मबोध', 'सिद्धि का करस', 'नूराबाई', 'पत्थरों के राग' आदि कहानियाँ। 'ऐलान गली ज़िन्दा है', 'यहाँ बितस्ता बहती है', 'अपने-अपने कोणार्क' आदि उपन्यास यथार्थ की ज़मीन की उपज हैं। यों तो 'ऐलान गली ज़िंदा है' तथा 'यहाँ बितस्ता बहती है' उपन्यास मुख्य रूप से स्त्री अस्मिता के उपन्यास नहीं हैं

उनके केन्द्र में कश्मीर का जीवन और उसकी सांस्कृतिक आब है। लेकिन उनके ये उपन्यास भी जीवन्त स्त्री चरित्रों से भरपूर हैं। स्त्री के जीवन का उत्सवधर्मी उल्लास और आँसू दोनों ही यहाँ हैं और अपने सच्चे जीवन्त और खुरदरे रूप में हैं। वे बहिश्त कहे जाने वाले कश्मीर की उस असलियत को सामने रखते हैं जिसमें कीचड़ अधिक है। कीचड़ में कमल तो कहीं-कहीं ही पैदा होते हैं। खासकर 'ऐलान गली ज़िन्दा है' जैसा उपन्यास तो पूरी तरह स्त्री की आँख से देखा गया, जीवन का एक व्यापक हलचलों पर चित्रपट है जिसमें साधारण जीवन के पात्रों के अपने-अपने सुख-दुःखों का मेला है... इसी तरह चन्द्रकांता का एक और पुरअसर उपन्यास 'यहाँ बितस्ता बहती है' में भी कश्मीर है। अपने अच्छे-बुरे सभी मौजूदा अक्सों और अपनी खरी सांस्कृतिक पहचान के साथ।

प्रभा खेतान

स्त्री पक्षीय चिन्तन पर व्यापक रूप से लिखने वाली लेखिका हैं प्रभा खेतान। इक्कीसवीं सदी में स्त्री के लिए चमत्कार करने के कई अवसर उन्होंने प्रदान किये हैं। एक ओर स्त्री चाँद पर पहुँच गयी है, पुरुष की बराबरी करते वह पुरुष से आगे बढ़ रही है। दूसरी ओर वही स्त्री दहेज के नाम पर अपमानित होती जिन्दा जला दी जाती है। बोझ होने के कारण परिवार के पुरुषों द्वारा वह शोषित भी होती है।

स्त्री का जीवन संघर्षमय है। 'छिन्नमस्ता' उपन्यास स्त्री के संघर्ष की कथा प्रस्तुत करता है जो समाज की रूढ़ मान्यताओं को नकारते हुए अपने अस्तित्व को नये सिरे से प्रतिष्ठित करने की कोशिश करती है। इस उपन्यास की प्रिया बचपन से ही अपनों द्वारा शोषित है। कॉलेज के शिक्षक द्वारा इस्तेमाल होती है और विवाह के बाद पति द्वारा अपमानित होती है। प्रिया शोषण के विभिन्न तरीकों से टूटती ज़रूर है लेकिन बिखरती नहीं है। प्रिया का सशक्त व्यक्तित्व ही उपन्यास की पहचान है। जीवन में असन्तुलित हुए बगैर समाज और परम्परा की जीर्ण मान्यताओं का प्रतिरोध करते हुए वह अपना पृथक अस्तित्व कायम रखती है। प्रभा खेतान के मशहूर उपन्यास हैं, 'आओ पेपे घर चलें', 'पीली आँधी', 'अग्निसम्भवा', 'तालाबंदी', 'अपने चेहरे' आदि।

'आओ पेपे घर चलें' भी स्त्री शोषण पर केन्द्रित है। भारतीय स्त्रियाँ परम्परा से शोषित, अपमानित होती हैं जिसका चित्रण परम्परा से रचनाकार करते आये भी हैं। लेकिन एक अमेरिकन स्त्री की भयानक, त्रासद ज़िन्दगी का जीवन्त चित्रण कराने वाला अनूठा उपन्यास है 'आओ पेपे घर चलें'। हम भारतीयों के अन्दर एक पूर्वधारणा है कि सभी अमेरिकन औरतें उच्छृंखल हैं। लेकिन लेखिका ने इस उपन्यास में यह बताया है कि सभी अमेरिकन स्त्रियाँ एक जैसी नहीं हैं। अन्दर ही अन्दर रोनेवाली,

कराहने वाली, सिसकने वाली कई औरतें हैं। इस उपन्यास का कथ्य भी यही है। लेखिका ने इसमें अपने अनुभव की तस्वीर को उकेरा है।

'अपने-अपने चेहरे' में भी लेखिका ने स्त्री की नियति के एक और पहलू को उकेरा है। हमारे संस्कार के अनुसार जिस स्त्री की माँग पर सिन्दूर होता है वही किसी की पत्नी हो सकती है। 'दूसरी औरत' को पत्नी होने का अधिकार नहीं मिलता। इस उपन्यास का कथ्य भी ऐसे ही एक विषय पर आधारित है।

प्रभा खेतान एक कवयित्री भी हैं। इनके प्रमुख कविता संग्रह हैं—'अपरिचित उजाले', 'सीढ़ियाँ', 'चढ़ती हुई मैं', 'एक और आकाश की खोज में', 'कृष्ण धर्म', 'हुस्न बानो और अन्य कविताएँ', 'अहल्या'।

प्रभा खेतान की कुछ आलोचनात्मक किताबें भी हैं। स्त्री विमर्श इनका एक प्रिय विषय है। उनकी किताब 'उपनिवेश में स्त्री' हर कहीं चर्चित होती है। 'सार्त्र का अस्तित्ववाद', 'शब्दों का मसीहा : सार्त्र', 'अल्बेयर कामू', 'वह पहला आदमी' आदि किताब दर्शन शास्त्र पर आधारित हैं।

अनुवाद के क्षेत्र में भी प्रभा खेतान ने सराहनीय कार्य किये हैं। 'साँकलों में कैद कुछ क्षितिज' (दक्षिण अफ्रीकी कविताएँ), 'स्त्री उपेक्षिता' (सिमोन दा बोउवार की विश्व प्रसिद्ध कृति द सेकंड सेक्स) आदि हर सन्दर्भ में चर्चित होनेवाली किताबें हैं।

मंजुल भगत

समकालीन लेखिकाओं में मंजुल भगत भी विशेष रूप से चर्चित हैं। 'अनारो', 'टूटा हुआ इन्द्रधनुष', 'लेडीज़ क्लब', 'तिरछी बौछार' आदि इनकी श्रेष्ठ रचनाएँ हैं। अन्य लेखिकाओं की भाँति मंजुल भगत ने भी स्त्री के विविध रूपों और उनकी समस्याओं को अपनी रचनाओं में अहम स्थान दिया है। निम्न वर्ग की निस्सहाय स्त्री के साथ उच्च वर्ग की उच्छृंखल स्त्रियाँ भी उनकी रचनाओं में उभर आयी हैं। मंजुल भगत अपनी रचनाओं के द्वारा यह स्पष्ट करना चाहती हैं कि स्त्रियाँ हर वर्ग की हर युग में हर तरह से सतायी गयी हैं।

राजी सेठ

समकालीन लेखिकाओं में राजी सेठ का भी महत्त्वपूर्ण स्थान है। इनके तीन कहानी संग्रह प्रकाशित हुए हैं। 'अंधे मोड़ से आगे', 'अनावृत कौन' और 'तीसरी हथेली'। राजी सेठ स्त्री मनोविज्ञान से विशेष रूप से परिचित हैं। नारी मनोविज्ञान की गहरी पकड़ है। साधारण स्त्री मन को जागृत कर उन्हें अपने अस्तित्व की पहचान कराना भी उनका विशेष लक्ष्य रहा। वे स्त्री की व्यथा को बज्ञ-यज्ञ की भावुकता से परिणत नहीं करतीं और न ही उनका किसी भी तरह से रोमानीकरण ही करती हैं। उनके उपन्यास 'तत-सम', 'निष्कवच' आदि नयी ज़मीन की तलाश करते हुए प्रतीत होते

हैं। उनकी रचनाएँ एक अलग ताज़गी, अभिव्यक्ति और नैसर्गिक छटाओं से भरपूर हैं। 'तत-सम' की वसुधा 'नाओमी वुल्फ' की तरह यह सोचती है कि सभी भारतीय स्त्रियाँ आदर्श की कठपुतलियाँ नहीं और न ही सभी पुरुष बुरे हैं। उसकी सोच बहुत ही ज़्यादा व्यावहारिक और अर्थपूर्ण है। 'न स्त्री स्वतन्त्रता' का अर्थ उनकी नज़र में यह है कि स्त्री को पुरुष से एक अलग दुनिया बसा लेनी चाहिए। वसुधा बहुत ही बोल्ड है। विधवा है। लेकिन वैधव्य को अभिशाप मानकर अपने को हाशिये पर नहीं रख सकती और न ही सफेद वस्त्र पहनकर पति की यादों में ज़िन्दगी गुजारने को तैयार है। पति की असमय मृत्यु पर वह बिल्कुल अकेली पड़ जाती है। अपने अकेलेपन को दूर करने के लिए वह एक साथी की खोज करती है जो उसे समझता हो, जो उसके एकान्त को अर्थ दे सके। वसुधा के भीतर एक बेचैनी है, एक खोज है, एक तिर्यक काटता हुआ सा निरर्थकता का अहसास है (दस्तावेज 2002)। राजी सेठ का 'निष्कवच' भी बहुत ही ज़्यादा चर्चित उपन्यास है। इसमें दो तरुणियाँ के वृत्तांत हैं। पहले के केन्द्र में नीरा है तो दूसरे के केन्द्र में मार्था। पहले की कथा भारतीय परिप्रेक्ष्य में है तो दूसरी कथा परदेश की है। राजी सेठ की कहानियाँ मानव मन की अवस्थाओं का उधेड़-बुन करने वाली हैं। उनकी कहानियों में चित्रित द्वन्द्व आम मानव के मन का द्वन्द्व है। इनकी कहानियाँ चिन्तन प्रधान हैं। परिवर्तन के अनुसार बदलती हुई परिस्थितियों को समेटने में उनकी कहानियाँ सक्षम हैं।

मैत्रेयी पुष्पा

अंचल विशेष को लेकर लिखने वाली एक सशक्त लेखिका हैं मैत्रेयी पुष्पा। इनके प्रमुख उपन्यास हैं 'स्मृतिदंश', 'बेतवा बहती रही', 'इदन्नमम', 'चाक', 'झूला नट', 'अल्मा कबूतरी' आदि। इनके स्त्री पात्र बहुत ही तेज, सशक्त और आत्मविश्वासी हैं। अन्याय के विरुद्ध आवाज़ उठाने के लिए इनके स्त्री पात्र समाज द्वारा निर्मित समस्त बन्धनों को तोड़ फेंकने में तनिक भी हिचकते नहीं हैं। मैत्रेयी पुष्पा के 'इदन्नमम' और 'चाक' ऐसे उपन्यास हैं जिनकी ख्याति अपने सशक्त पात्रों के कारण है। 'मंदा' और 'सारंग' को पाठक कभी भूल नहीं सकते। इनके सशक्त जीवन्त व्यक्तित्व मिसाल हैं उन स्त्रियों के लिए जो कोल्हू के बैल के समान दिन भर काम करती हैं और अपने अधिकारों से वंचित होकर हाशियेकृत हो जाती हैं। बावजूद इसके उनमें चेतन की वृत्ति है। वह सामाजिक बदलाव के परिणाम हैं।

आंचलिक उपन्यासों में सर्वश्रेष्ठ उपन्यास है 'इदन्नमम'। इस उपन्यास में अंचल को विशेष सन्दर्भ में देखा गया है। इसे पढ़ते समय कई सवाल कौंधने लगते हैं। 'बेतवा बहती रही' में लेखिका ने स्त्री की वस्तु में परिणत दुर्दशा को उकेरा है। स्त्री पात्र वस्तु है, सम्पत्ति है। 'इदन्नमम' भी वस्तु में परिवर्तित स्त्री की अभिशप्त कथा है। अब सवाल उठता है 'बेतवा बहती रही' में स्त्री का दर्द अधूरा रह गया

था या 'इदन्नमम' में लेखिका की नयी सोच है। दोनों उपन्यासों के स्त्री पात्रों में काफी समानताएँ हैं। दोनों स्त्रियाँ कामान्ध जानवरनुमा पुरुषों के सामने शिकार बनती हैं। लेकिन दोनों पराजित होकर मुँह मोड़ती नहीं हैं। मैत्रेयी पुष्पा अपने उपन्यासों द्वारा यह स्पष्ट करती हैं कि स्त्री चाहे निम्न वर्ग की हो या सम्पन्न उच्च वर्ग की दोनों की अवस्था एक समान है। 'अप्पदेवोभव' में राजेन्द्र यादव ने लिखा है—मंदा की लड़ाई दुहरी है। औरत होने की और वंचितों के अधिकारों की। कहा जाता है समय के सच को 'बेतवा बहती रही' में उकेरा गया है। लेकिन इसका व्यापक विस्तृत एवं विराट यथार्थ 'इदन्नमम' में अधिक है। यदि 'बेतवा बहती रही' विंध्यप्रदेश का मैला आँचल है तो 'इदन्नमम' उसकी परती परिकथा है।

मैत्रेयी पुष्पा की कहानियों में भी ऐसे ही सशक्त पात्र हैं। इनके प्रमुख कहानी संग्रह हैं 'चिन्हार', 'गोमा हँसती है', 'ललमनियाँ' तथा अन्य कहानियाँ'। इनकी एक श्रेष्ठ कहानी है 'पगला गयी है भगवति'। इसमें अशिक्षित भगवति आधुनिक शिक्षित स्त्री से ज़्यायदा सशक्त और प्रतिरोधी तेवर रखने वाली है। 'रेहन में चढ़ा बुढ़ापा', 'बिकी हुई आस्थाएँ', 'कुचले हुए सपने', 'धुँधलाता भविष्य' दर्द की घटनाओं के तानेबाने से बुनी कहानियाँ हैं। ये कहानियाँ इक्कीसवीं सदी की देहरी पर दस्तक देते हुए भारतीय समाज का परिवर्तित रूप प्रस्तुत करती हैं। 'अपना अपना आकाश' की अम्मा, 'चिन्हार' की सरजू, 'आक्षेप' की रमिया या 'भंवर' की विरमा सब की अपनी वेदना, अपना दर्द है। जीवन के कराह कसक और घुटन का स्पंदन उनकी प्रायः सभी कहानियों में बिम्बित है। मैत्रेयी पुष्पा ने जीवन के अनुभूत सत्य को परिवेश के साथ जोड़कर बड़ी ही सहजता और स्वाभाविकता के साथ प्रस्तुत किया है। इस कारण इनकी रचनाएँ जीवन के कड़वे यथार्थ की जीवन्त दस्तावेज हैं।

ममता कालिया

साहित्य की प्रायः सभी प्रमुख विधाओं में अपने अस्तित्व की छाप छोड़ने वाली लेखिका हैं ममता कालिया। कहानी, उपन्यास, नाटक के अतिरिक्त कविता के क्षेत्र को भी अपनी रचनात्मकता से लेखिका ने समृद्ध किया है। ममता कालिया के प्रमुख कहानी संग्रह हैं 'छुटकारा', 'सीट नं छह', 'उसका यौवन', 'पाँच अभी ज़ीरो है', 'बोलने वाली औरत' आदि। 'बेका', 'नरक का नरक', 'एक पत्नी के नोट्स' आदि इनके प्रमुख उपन्यास हैं। ममता कालिया की प्रायः सभी कहानियों में स्त्री समस्या ही प्रमुख है। रामकली सराफ ने एक जगह इनके बारे में कहा—ममता कालिया की साधारण बात भी असाधारण आवरण लिये हुए होती है। सामान्यतया और सहजता उनकी खास पहचान है। ममता कालिया की स्वतन्त्र और निर्भीक दृष्टि उनको एक अलग ही खेमे में स्थापित करती है। स्त्री जीवन से जुड़े विविध पक्षों को आधुनिक परिस्थितियों के सन्दर्भ में रखकर परखने की कोशिश की गयी है। उनकी कहानियों

में भावुकता का अतिरेक भी नहीं है और भावुकता का बहिष्कार भी नहीं है। उनकी कहानियाँ मध्यवर्गीय भावबोध से जुड़ी हुई अवश्य हैं। उनका पहला कहानी संग्रह है 'छुटकारा' जिसमें ममता कालिया की चौदह कहानियाँ संकलित हैं। इनकी कहानियों का फलक छोटा है। ये कहानियाँ दूसरों की ज़िन्दगी और अनुभवों को लेकर बनायी गयी कहानियाँ नहीं हैं। इसीलिए कोई ताज्जुब नहीं होना चाहिए कि इसमें प्रायः एक ही नौजवान लड़की का चेहरा उभरता रहता है जो अलग सन्दर्भों में भी अपनी व्यक्तिगत अभिरुचियों और समष्टिगत परिवेश में हमेशा एक-सी लगती है, बहुत कुछ यही कारण है कि इस संग्रह में कई कहानियाँ हैं – 'बड़े दिन की पूर्व साँझ', 'उसी शहर में' और 'अधिक दो जरूरी चेहरे' – जिनमें तो यह लड़की सद्यः विवाहिता बनकर उतरती है या फिर प्रेम के बाद शादी हो गयी होती है हर कहीं यह लड़की ऐसी लड़की है जो प्रेम के उल्लास और उन्माद को उसकी सम्पूर्णता में 'फील' करती रहना चाहती है, करती भी है।

अनुभूति की प्रामाणिकता हर कहानी में नज़र नहीं आती। मधुरेश जी कहते हैं कि एक कहानी 'बीमारी' होती है जिसके माध्यम से अनुभूति की प्रामाणिकता के किसी वृहतर सन्दर्भ से जुड़ने की बात भी समझी जा सकती है।

ममता कालिया ने अपनी कहानियों में कहीं-कहीं व्यंग्य का सहारा भी लिया है। स्त्री के प्रति परम्परागत रूढ़ दृष्टिकोण वह नकारती ज़रूर है। इसके साथ वे आधुनिक समाज के पतनशील जीवनमूल्यों को स्वीकारती भी नहीं हैं। मध्यवर्ग और उसकी समस्याएँ ममता कालिया की कहानियों के प्रमुख विषय हैं जैसे संयुक्त परिवार का विघटन, दाम्पत्य की दरारें, तनाव, अविवाहित नौकरीपेशा लड़कियों की समस्याएँ, टूटते हुए पारिवारिक सम्बन्ध आदि।

'सीट नं छह' कहानी संग्रह का प्रकाशन 1975 में संपन्न हुआ। इसकी कुछ कहानियाँ स्त्री समस्याएँ, उनका अहं और अस्तित्व भावना को चित्रित करती हैं। कुछ कहानियों में सेक्स का भी खुला चित्रण हुआ है। इसके अतिरिक्त उनके दूसरे कहानी संग्रह हैं 1976 में प्रकाशित 'एक अदद औरत', 'प्रतिदिन', 'उसका यौवन', 'बोलनेवाली औरत' आदि।

इस तरह समकालीन अन्य लेखिकाएँ हैं – अलका सारावगी, कमल कुमार, नमिता सिंह, गीतांजली श्री, मृणाल पांडे, मणिका मोहिनी, सिम्मी हर्षिता, कुसुम अंसल आदि। समकालीन हिन्दी कथा साहित्य में कितने व्यापक परिणाम और बहुआयामी सन्दर्भ यथार्थ सन्दर्भ में रचे जा रहे हैं उनमें महिलाओं का योगदान सार्थक है। कुल मिलाकर इंसान के जीवन को परिपक्वता प्रदान करने की क्षमता लेखिकाओं की रचनात्मकता में है इसमें कोई शक नहीं है। इन लेखिकाओं ने एक विशेष दृष्टि और गहरे संस्पर्श से जीवन के यथार्थ को उकेरा है। कुछ दबाव डालकर कहें तो कह सकते हैं कि समकालीन लेखिकाओं ने बड़े ही आक्रामक भाव से स्त्री

की अस्मिता, स्त्री की पहचान, स्त्री के लिए एक ज़मीन के लिए अपनी आवाज़ बुलन्द की है जो वास्तव में कहीं ज़्यादा पुरजोर और असरदार है। अतः 21वीं सदी महिला रचनाधर्मिता के विस्फोट के रूप में पहचानी जाएगी।

चित्रा मुद्‌गल

समकालीन महिला लेखन में शीर्षस्थ स्थान पर हैं चित्रा मुद्‌गल। चित्रा मुद्‌गल का सृजनात्मक व्यक्तित्व बहुमुखी प्रतिभा से समृद्ध है। अपनी विशिष्ट औपन्यासिक प्रतिभा के कारण साहित्य जगत में उनकी अपनी खास पहचान है। चित्रा मुद्‌गल समकालीन लेखिकाओं के उस खेमे में खड़ी हैं जिनकी रचनाओं में समकालीन जीवन एवं युग यथार्थ का खुरदरा यथार्थ विद्यमान है। वर्तमान सामाजिक व्यवस्था और उस व्यवस्था में अपमानित हो रही स्त्री की स्थिति और नियति चित्रा मुद्‌गल को बारबार परेशान करती रही है। वह अपने लेखन, भाषण, विचार गोष्ठियों में यह स्पष्ट करती रहती हैं कि स्त्री को व्यवस्था से सत्ता नहीं अधिकार चाहिए। वो अधिकार जो उसे पूरक पक्ष होने के नाते समुचित भागीदारी दे सकें। उनके मस्तिष्क का सम्मान कर सकें। कम से कम उनको इंसान मानें। स्त्री मन की पीड़ा को गहराई से महसूस करने के कारण स्त्री की अवस्थाओं का बहुत ही बारीक चित्रण चित्रा मुद्‌गल के कथा साहित्य की अपनी विशेषता है।

चित्रा मुद्‌गल की रचनाएँ अनुभव वैविध्य और अनुभूति विस्तार की ओर संकेत करती हैं। उनकी रचनाओं का धरातल विस्तृत एवं व्यापक है। समकालीन यथार्थ को वह जिस अद्‌भुत भाषिक संवेदना के साथ अपने कथा साहित्य में परत-दर-परत अनेक अर्थ छवियों में अन्वेषित करती हैं, वह चकित कर देने वाला है। चित्रा जी ने विभिन्न विधाओं को अपने सृजनात्मक प्रतिभा द्वारा समृद्ध किया। वर्तमान में जबकि अधिकतर रचनाकार उपन्यास की रचना से जुड़े हैं चित्रा जी का कथाकार कहानियों के प्रति विशेष रूप से समर्पित है। उनकी कहानियाँ या उपन्यास किसी वाद या राजनीतिक प्रतिबद्धता का शोर नहीं करतीं पर वे मानवीय सरोकारों से जुड़े हुए हैं। उनकी रचनाओं में उनकी अपनी अनुभव की दुनिया है। अपने अनुभव सत्य को साहित्य सृजन की प्रेरणा से अपने बौद्धिक और वैचारिक क्षमता के द्वारा सन्देशात्मक बनाकर समष्टि को समर्पित करना वह अपना कर्तव्य मानती हैं।

चित्रा मुद्‌गल के कथा साहित्य में व्यक्ति और समष्टि की विभिन्न इकाइयों के द्वन्द्वात्मक अन्तःसम्बन्धों को व्यापक अभिव्यक्ति मिली है। उनके लिए दोनों इकाइयाँ अन्योन्याश्रित हैं। दोनों को वे एक सिक्के के दो पहलू मानती हैं। उनकी कहानियों का सामाजिक सन्दर्भ उन्हें अतिरिक्त शक्ति से संपन्न करता है। एक ओर उन्होंने पैनी दृष्टि से सामाजिक स्खलन को देखा है और उसकी तटस्थ

संवेदनशील अभिव्यक्ति ही है वहीं दूसरी ओर पात्रों की सूक्ष्म मनोवैज्ञानिक स्थिति को बड़े कौशल के साथ ग्रहण करती हैं।

'स्त्री' उनकी कहानियों का मुख्य विषय है। स्त्री पर हो रहे अन्याय, अत्याचार, शोषण, स्त्री के स्वयं उच्छृंखल होने की स्थिति को लेकर वे हमेशा व्याकुल होती प्रतीत हुई हैं। वे हमेशा अपनी रचनाओं द्वारा, भाषण द्वारा स्त्रियों को सचेत करती रहती हैं कि स्त्री को स्वयं अपनी पहचान बनानी है। ज़रा सी वह फिसल जाय तो पुरुष उसके फिसलन का फायदा उठाता रहेगा। अतः स्त्रियों को चाहिए कि वह पुरुषों की भेड़चाल को समझे और अपने व्यक्तित्व की रक्षा करे। जब तक वह खुद को महत्त्व नहीं देगी उसका अपमान, शोषण होता रहेगा।

स्वातन्त्र्योत्तर कथा साहित्य में अपनी जीवन्त कहानियों के द्वारा अपनी एक विशिष्ट पहचान बनाने वाली लेखिका हैं चित्रा मुद्‌गल। सामाजिक चेतना से लैस उनके पात्र समकालीन खुरदरी ज़मीन पर अपनी पहचान खुद बनाने में सक्षम हैं। उनकी कहानियाँ में समाज के विभिन्न वर्ग बिम्बित हैं। उच्चवर्ग की उच्छृंखलता, मध्यवर्ग की हिपोक्रेसी और निम्नवर्ग की निष्कलंकता को लेखिका ने पूरी संजीदगी के साथ प्रस्तुत किया है। सामाजिक विसंगतियाँ, कुरीतियाँ और आधुनिकता के मोहपाश में जकड़े मानव की बंजर होती ज़िन्दगी का यथार्थ चित्रण उनकी कहानियों में मिलता है। आर्थिक दृष्टि से बनते बिगड़ते सम्बन्धों का परिचय उनकी कहानियों में मिलता है।

स्त्री की स्थितियाँ सदैव उनको बेचैन करती रहती हैं। वे कहीं भी स्त्री की तरफदारी करती नज़र नहीं आती हैं। वह हमेशा कहती हैं कि औरतों में वात्सल्य संवेदना ज़्यादा होती है। वह रिश्तों को तोड़ने में नहीं बल्कि जोड़ने में विश्वास रखती है। क्यों वह रिश्तों को जनमती है। यहाँ चित्रा मुद्‌गल स्त्री को बहुत बड़ी जिम्मेदारी सौंप रही हैं। उनकी कहानियों के स्त्री पात्र कई तरह के हैं। कोई समस्या की शिकार होकर कुंठाग्रस्त है तो कोई मानसिक वृत्तियों से आहत, कोई अकेलेपन के श्राप को ढोनेवाली है तो कोई अनियन्त्रित आज़ादी से अपने नारीत्व को खोनेवाली है। दूसरी ओर निम्न वर्ग की ऐसी भी स्त्रियाँ हैं जो दिन-भर मेहनत मज़दूरी कर दो वक्त की रोटी का इन्तज़ाम करने के लिए भागदौड़ करती हैं। निम्न वर्ग की झोंपड़ पट्टियों में रहनेवाली ऐसी औरतें हमेशा मानसिक और शारीरिक शोषण सहने को अभिशप्त होती हैं। इनकी ज़िन्दगी के यथार्थ को जानने के लिए लेखिका ने स्वयं झोंपड़ पट्टी में रहकर उनको करीब से जानकर अपने अनुभव के आधार पर उनको अपनी कहानियों के पात्र बनाया है। 'जब तक विमलाएँ', 'नाम' आदि ऐसी कहानियाँ हैं।

जीवन की जटिलताओं को समग्रता से आँकने की कोशिश चित्रा मुद्‌गल ने की है। जीवन के अनेक पहलुओं पर कहानी लिखकर लेखिका ने अपनी एक परम्परा को कायम किया है। चित्रा मुद्‌गल के अब तक चौदह कहानी संकलन प्रकाशित

हैं। 'ज़हर ठहरा हुआ' (1980), 'लाक्षागृह' (1982), 'अपनी वापसी' (1983), 'इस हमाम में' (1987), 'ग्यारह लंबी कहानियाँ' (1987), 'जगदम्बा बाबू गाँव आ रहे हैं' (1992), 'चर्चित कहानियाँ' (1994), 'मामला आगे बढ़ेगा अभी' (1994), 'जिनावर' (1996), 'केंचुल' (2001), 'भूख' (2001), 'लपटें' (2003), 'बयान' (2004), और 'दस प्रतिनिधि कहानियाँ' (2006)। उनकी सम्पूर्ण कहानियाँ 'आदि-अनादी' के तीन भागों में संगृहीत हैं। चित्रा मुद्गल के श्रेष्ठ उपन्यास हैं—'आवां' (1999), 'एक ज़मीन अपनी' (1990), 'गिलिगडू' (2002)।

चित्रा मुद्गल के उपन्यास उनके नारीवादी सरोकार के साहस हैं। विशेषकर 'आवां' और 'एक ज़मीन अपनी'। 'आवां' उनका सबसे ज़्यादा चर्चित उपन्यास है जिसके लिए उन्हें 2003 में के.के. बिड़ला फाउण्डेशन का 'व्यास सम्मान' प्राप्त हुआ। 'आवां' को स्त्री विमर्श का ऐतिहासिक अवदान कहा जा सकता है। यह बहुआयामी दस्तावेजी उपन्यास है जो कई दिशाओं में नारी चेतना और श्रमिक आन्दोलन में संतरण करता हुआ विकसित होता है।

'एक ज़मीन अपनी' विज्ञापन जगत का क्रूर यथार्थ है जहाँ लोग वस्तु में परिवर्तित होने के लिए विवश हैं। उपभोक्ता संस्कृति के नग्न निरंकुश सत्ता के सामने स्त्री बार-बार उधेड़ने को मज़बूर हो रही है। 'गिलिगडू' एक संवेदनशील उपन्यास है जिसमें लेखिका ने वृद्धावस्था की unwanted होने की स्थिति को बताया है।

नासिरा शर्मा

नासिरा शर्मा प्रगतिशील विचारों की सशक्त लेखिका हैं जो मानवता को धर्म सम्प्रदाय या विचारधारा से ऊपर मानती हैं। इसलिए नारीवाद पर बोलते समय भी वह मानवतावाद को महत्त्व देती हैं। स्त्रीवाद पर उनके ये विचार इसका सशक्त उदाहरण हैं—जिस तरह औरत का सशक्तीकरण हुआ है उससे भी एक तरीके से बदलाव आया है। लेकिन देखना यह है कि बदलाव समाज के लिए नकारात्मक है या सकारात्मक। तलाक के मामले बढ़ रहे हैं तो क्या यह ठीक है? हमें यह भी देखना है कि यह जो कामकाजी तंज है वह किस तरह प्रतिभाशाली लड़की को निचोड़ रहा है। क्या अफसर बन जाना ही सब कुछ है? आखिर औरत को चाहनेवाला एक मर्द चाहिए, इज्जत करने वाला बच्चा भी चाहिए और परिवार की खुशियाँ भी चाहिए। आखिर औरतें चाहती क्या हैं?... पारिवारिक व्यवस्था में स्त्री के सामने यह अजीब सी त्रासदी है कि यदि वह अधिकार लेती है तो रिश्ता टूटता है। रिश्ता रखती है तो अधिकार छूट जाता है।

नासिरा जी के विचार बहुत ही ज़्यादा व्यावहारिक हैं। वह घर में, परिवार में, समाज में समन्वय चाहती हैं। इसी से इंसान विकास को ग्रहण कर सकता है। उनके

अनुसार हमारी सामाजिक व्यवस्था की बुनावट बहुत ही उलझन भरी है। स्त्री को उससे निकलना भी चाहिए, नहीं भी निकलना चाहिए। यदि स्त्री परम्परागत सिस्टम को नकारेगी तो पूरी व्यवस्था भरमराकर टूट जाएगी। इसलिए वो कहती हैं क़ि आज तलाक के मामले इसलिए बढ़ रहे हैं क्योंकि औरतों ने ज़्यादती बर्दाश्त करने से मना कर दिया है। यह बात सिर्फ शिक्षित लोगों में ही नहीं अशिक्षित और निर्धन तबकों में भी है। इसका श्रेय सरकारी माध्यमों को ही देना चाहिए। क्योंकि जिस तरह से औरत का सशक्तीकरण हुआ है उससे भी एक तरीके से बदलाव आया है। लेकिन देखना यह है कि बदलाव समाज के लिए नकारात्मक है या सकारात्मक।... आखिर औरत को एक चाहनेवाला मर्द चाहिए, इज्जत करने वाला बच्चा चाहिए और परिवार की खुशियाँ भी चाहिए। आखिर औरत चाहती क्या है ? प्रायः हर औरत चाहती है कि उसे एक प्यार करनेवाला परिवार मिले। लेकिन यह सबके नसीब में नहीं होता। कुछ स्त्रियाँ अपने नसीब की रेखा को बदलना चाहती हैं और कुछ मौन होकर सब कुछ साधती हैं जैसे 'शाल्मली' उपन्यास की शाल्मली करती है। दूसरी ओर 'ठीकरे की मंगनी' की महरुख है जिसमें हम महरुख के ज़रिए मुस्लिम समाज के भीतरी ढाँचे और जटिलताओं को देख सकते हैं। इस उपन्यास के ज़रिये केवल मुस्लिम समाज की ही नहीं, बल्कि मुस्लिम समाज में अपनी स्वतन्त्रता चाहते, या दूसरे शब्दों में अपनी शर्तों पर जीना चाहती एक स्त्री के दुख और अभावों के बहुत से कौन अन्तरे खुलते हैं साथ ही वह मर्द मानसिकता भी उधड़ कर आती है, जो जाने-अनजाने स्त्री को पैरों से रौंदकर अपने मर्द होने की श्रेष्ठता महसूस करती है। लिहाजा महरुख और रफत भाई के बीच बड़ी जल्दी ही एक तनाव और टकराहट जैसे हालात पैदा हो जाते हैं। महरुख अपनी जिन्दगी अलग नज़र करने लगती है और अपने जीवन की सार्थकता के लिए कुछ छोटे-बड़े काम ढूँढ़ लेती है। 'ठीकरे की मंगनी' वास्तव में एक श्रेष्ठ और सशक्त उपन्यास है जिसमें महरुख सम्पूर्ण स्त्री समुदाय के सामने एक मिसाल के रूप में उभर आती है।

'ज़िन्दा मुहावरे' लेखिका का एक महत्त्वपूर्ण उपन्यास है जिसकी पृष्ठभूमि पाकिस्तान का बँटवारा और उससे उत्पन्न स्थितियाँ हैं। यह वास्तव में दर्द का एक दरिया है जो आज भी मिटा नहीं है बल्कि दर्द की शिद्दत बढ़ गयी है। इस उपन्यास में लेखिका के विचार इस प्रकार हैं—मेरी कोशिश इस उपन्यास के ज़रिये सिर्फ इतनी है कि मैं 'जिंदा मुहावरे' के पाठकों को उस सेतु पर लाकर खड़ा कर सकूँ जो एक इंसान से दूसरे इंसान तक जाता है जिसके नीचे मोहब्बत का समंदर ठाठें मारता है।

'अक्षय वट' 2003 में प्रकाशित उपन्यास है। यह महाकाव्यात्मक उपन्यास प्रतीक है इलाहाबाद शहर की परम्परागत विरासत और उसकी गरिमा का। यह शहर के रंग में रंगी युवा ज़िन्दगियों की मर्मस्पर्शी कहानी है। इसमें पात्र स्त्री-पुरुष,

अमीर-गरीब, राजा-रंक, मज़दूर-कर्मचारी, अपराधी-शोषक आदि हैं। यह उपन्यास भारतीय संस्कृति और सभ्यता का जीवन्त दस्तावेज है।

2005 में प्रकाशित 'कुइयांजान' नामक उपन्यास एक सामाजिक सत्य पर आधारित है। श्री नामवर सिंह 'कुइयांजान' को 2005 का श्रेष्ठ उपन्यास कहते हैं। इस उपन्यास में एक मौलवी की मृत्युपरांत अन्तिम स्नान के लिए पानी के अभाव में एक महिला अपने घर के हौज में बरसात के समय एकत्रित पानी सौंप देती है। पानी का सदुपयोग भी इस उपन्यास का एक जीवन्त सत्य है।

'जीरो रोड' 2008 में प्रकाशित उपन्यास है। यह उपन्यास दुबई तथा अन्य देशों की अन्दरूनी समस्याओं पर आधारित है। इसी तरह 'पारिजात' उनका एक नवीनतम उपन्यास है जिसका प्रकाशन 2010 में हुआ।

नासिरा शर्मा ने कहानी के क्षेत्र में भी अपनी अलग पहचान बनायी है। कहानी लिखने की कला के बारे में खुद कहती है—मैं जब तीसरी कक्षा में पढ़ती थी तो हमीदिया गर्ल्स कॉलेज में कहानी-लेखन में मैंने पुरस्कार पाया। पर उस कहानी का नाम अब याद नहीं है। मैं जब सातवीं कक्षा में पढ़ती थी तो मेरी कहानी 'राजा भैया' पत्रिका में प्रकाशित हुई... 1975 में सारिका के नवलेखन अंक में मेरी कहानी 'बुतखाना' और मनोरमा पत्रिका में 'तकाज' प्रकाशित हुई। नासिरा शर्मा के प्रमुख कहानी संग्रह हैं 'बुतखाना', 'खुदा की वापसी', 'शामी कागज़', 'संगसार', 'पत्थर गली', डूबते मरियम', 'दूसरा ताजमहल' आदि।

सन्दर्भ

1. राजेन्द्र यादव – एक दुनिया : समानान्तर - पृ. 26
2. मदन केवलिया – समीक्षा, जुलाई-अगस्त 1971 - पृ. 25
3. वचनदेव वमार – नयी धारा, अप्रैल-मई - पृ. 19
4. सन्तबख्श सिंह – नयी कहानी : कथ्य और शिल्प - पृ. 201
5. आशारानी व्होरा – नारी शोषण : आइने और आयाम - पृ. 201
6. आशारानी व्होरा – भारतीय नारी : दशा, दिशा - पृ. 62
7. ज्ञान अस्थाना – महिला कहानी लेखन : तीन आयाम, संचेतना, अक्टुबर 1983 - पृ. 53
8. वही
9. मृणाल पाण्डे – क्या लेखिकाओं का अनुभव जगत सीमित होता है, सारिका, नवम्बर 1983 - पृ. 20
10. स्नेहमयी चौधरी – क्या लेखिकाओं का अनुभव जगत सीमित होता है, सारिका, नवम्बर 1983- पृ. 21

तीसरा अध्याय

कथ्य का यथार्थ और यथार्थ का सौन्दर्य

कथ्यात्मक विविधता स्वातन्त्रोत्तर कहानियों की सबसे बड़ी विशेषता है। इन कहानियों में उभरा हुआ यथार्थ भोगी जा रही जिन्दगी का नग्न सत्य है, जिसमें कुरूपता भी है साथ-साथ सौन्दर्य भी। इन कहानियों का फलक इतना व्यापक एवं विस्तृत है कि कहीं भी एकरसता का या स्थूलता का आभास नहीं होता। "आज की कहानी का कथ्य बनकर आया सामाजिक यथार्थ सामयिक सन्दर्भों में उभरे मान-मूल्यों का वाहक है। इसके सहारे लेखक समाज में व्याप्त अनास्था, असन्तोष आदि अस्वस्थ पक्षों को उद्घाटित करने तथा विकृत मनःस्थितियों को वाणी देने की स्वस्थ एवं सर्जनात्मक दृष्टि प्राप्त करता है और कहानी को सीमित दायरे से निकालकर एक वृहद् आयाम देता है। इससे कहानी गाँवों, कस्बों, नगरों एवं महानगरों की सरहदों को लाँघती हुई राष्ट्रीय ही नहीं अंतर्राष्ट्रीय क्षितिज भी छूने लगी है।[1]"

परिवर्तित हो रहे जीवन मूल्यों की सहज स्वीकृति के साथ नारी जीवन की संश्लिष्ट अभिव्यक्ति हिन्दी कहानी के कथ्य की एक विकसित दिशा है और इस दिशा में लेखिकाओं की प्रतिभा विशेष रूप से जुड़ी हुई है।

जीवन के बदलते मूल्यों के साथ संघर्ष करती हुई नारी सिर्फ लेखिकाओं के लिए ही नहीं समस्त साहित्यकारों के लिए सबसे बड़ी चुनौती है। इसलिए कथ्य के रूप में उभरा नारी जीवन एकांगी न होकर वैविध्यपूर्ण है। नारी जीवन के विविध रूपों का आकलन लेखिकाओं ने सूक्ष्मता के साथ किया है। परम्परागत मान्यताओं पर चलनेवाली ग्रामीण स्त्री पात्रों के साथ-साथ विद्रोह को अपनाते हुए संघर्ष के पथ पर चलने वाली आधुनिकाएँ भी इनकी कहानियों में दिखाई पड़ती हैं। लेखिकाओं ने अपनी कहानियों में नारी जीवन के उन छोरों को पकड़ने की कोशिश की है जो ग्रामीण अंचलों की झुग्गी-झोंपड़ियों से लेकर शहर के व्यस्त नगर वीथियों तक फैला पड़ा है। इसलिए कथ्य के अन्दर ग्रामीण व शहरी माहौल का स्पष्ट स्वरूप उभर आया है। कथ्य के अन्तर्गत दिखाई पड़ने वाली स्थितिपरक विविधता पात्रों को पहचानने

और उनकी मानसिकता को आँकने में सहायक सिद्ध हुई है। इस तरह कथ्य की विविधता व परिस्थिति की विशदता कहानियों को गहरा बना देती है।

अध्ययन की सुविधा की दृष्टि से विभिन्न शीर्षकों में कथ्य को प्रस्तुत करने का प्रयास हमने किया है।

स्त्री की स्वतन्त्र मनोवृत्ति को उभारने वाली कहानियाँ

आज के बुद्धिवादी एवं संघर्ष प्रधान युग में पुरुषों के समान स्त्रियाँ भी अपने व्यक्तित्व की खोज में स्वनिर्मित एवं परिस्थितिनिर्मित परिवेशों से गुजर रही हैं। अपने स्वतन्त्र अस्तित्व की खोज में सर्वप्रथम नारी को उन परम्परागत मूल्यों का उन्मूलन करना पड़ा जिनके बोझ से दबी वह अपने निर्णय की शक्ति खो चुकी थी।

स्वाधीनता पश्चात् सामाजिक जागृति और बदलते नैतिक बोध के कारण नारी के अति परम्परागत दृष्टिकोण बदलने लगा। 'स्त्री अबला है', 'वह पुरुष के चरणों की दासी है' आदि परम्परागत धारणाओं को आधुनिक नारी ने नकारने की कोशिश की है। लेकिन पूर्ण रूप से उसे इसमें सफलता नहीं हासिल हो रही है, क्योंकि समाज की सारी मान्यताएँ पुरुष स्वार्थ के मुद्दे पर नजर रखकर ही निर्धारित की गयी हैं। अधिकांशतः यह देखा जाता है कि नारी आर्थिक रूप से परावलम्बी न होकर भी पति पर आश्रित रहती है। पति की इच्छा के विरुद्ध वह कोई ठोस निर्णय नहीं ले सकती। अपवाद के रूप में वे ही स्त्रियाँ आती हैं जो पति को मात्र ''बेड पार्टनर'' के रूप में देखती हैं।

उभरती हुई नारी चेतना को स्वर देने के प्रयास में जितनी भी कहानियाँ लिखी गयी हैं, उनमें एक अन्वेषण की दृष्टि दिखाई पड़ती है। बन्धनों से मुक्त होकर पुरुष की अधीनता को नकारते हुए अपने ही निर्णयों पर अडिग रहने के संकल्प को नारी फिर से दुहराने लगती है परन्तु कहानियों में आने वाली ये नारी पात्र बहुमत का तो प्रतिनिधित्व नहीं करतीं, लेकिन अल्पसंख्यक संघर्षवादिनी नारियों के कार्यों का प्रतिनिधित्व जरूर करती हैं। वैसे लेखिकाओं ने इनके तेवरों को बड़ी सशक्तता के साथ उभार कर रखने का प्रयास किया है। इस कारण नवलेखन की मुखमुद्रा अधिक आकर्षक बनने लगी है।

(क) **मन्नू भंडारी की कहानियाँ :** लेखिकाओं ने नारी के बदलते स्वरूप और उनमें जागृत हो रही नयी चेतना की ओर विशेष ध्यान दिया है। मन्नू भंडारी की बहुतेरी कहानियाँ नारी की स्वतन्त्र मानसिकता और उसके दृढ़ व्यक्तित्व को उजागर करनेवाली हैं। 'इसके घर इंसान' कहानी में लेखिका ने विद्रोह करती हुई एंजिला के माध्यम से धार्मिक क्षेत्र का खोखलापन एवं धार्मिक आचार्यों की काम केलियों का भंडाफोड़ किया है। कहानी की नायिका एंजिला दृढ़ व्यक्तित्व वाली नारी है जो अपने व्यक्तित्व की दृढ़ता के द्वारा फादर के वासनात्मक पंजे से छटपटाकर मुक्त

हो जाती है और चर्च की चहारदीवारी से निकल भागती है। इस घटना के पश्चात् एक दो सिस्टर्स जो फादर की वासना की शिकार हो चुकी थीं, चर्च से निकल भागती हैं। वे विद्रोही एंजिला के पदचिह्नों पर चल कर अपने आप को कृत्रिम दुनिया की बेड़ियों से मुक्त करती हैं।

मन्नू भंडारी ने चर्च की चहारदीवारी के अन्दर दम घुटकर मरने वाली महिलाओं की दर्द भरी कहानी एंजिला के माध्यम से प्रस्तुत की है। ऐंजिला एक प्रतीक है उस नारी का जो घुटन से भरपूर वातावरण में धर्म के नाम पर लूट ली जाती है। अधिकतर, ईसाई चर्चों में घटित होने वाली कोई भी बात जन साधारण तक नहीं पहुँच पाती। क्योंकि गोपनीयता की चादर हर सिस्टर को ढके रहती है। मन्नू भंडारी ने इस चादर के अन्दर मटमैली होने वाली जिन्दगी की सही तस्वीर प्रस्तुत की है। धार्मिक दृष्टि से विद्रोहात्मक प्रतिक्रिया प्रस्तुत करने वाली यह कहानी यथार्थ के धरातल पर खड़ी होकर अनुभूति की सशक्तता से लैस होकर हिन्दी की इनीगिनी कहानियों में एक बन जाती है।

(ख) मृदुला गर्ग की कहानियाँ : वैयक्तिक स्वतंत्रता के उत्तुंग शिखर पर आसीन होकर अपने आदर्श एवं मान्यताओं को मटियामेट करने वाली नारी है मृदुला गर्ग की कहानी 'एक और विवाह' की कोमल। वह आधुनिक विचारों वाली अहंग्रस्त नौकरीपेशा नारी है, जो भारतीय आदर्श एवं मान्यताओं को आधारहीन मानकर पाश्चात्य सभ्यता से प्रभावित होकर जीवन निर्वाह करती है। कोमल प्रेम के आधुनिक रूप पर विश्वास करती है। उसके अनुसार शारीरिक सम्बन्ध के लिए विवाह की आवश्यकता नहीं है। विवाह तो उसके लिए एक रस्म, एक रिवाज मात्र है। विवाह से बढ़कर वह शारीरिक सम्बन्ध को ही महत्त्व देती है। अर्थात् उसके लिए विवाह जैसा पवित्र बन्धन सेक्स और रोमांस के सामने मूल्यहीन है।

अपनी इच्छानुसार कोमल मदन नाम के एक व्यक्ति से विवाह तय कर लेती है। शादी के पश्चात् प्रथम रात में कोमल की स्वतन्त्र मनोवृत्ति देखकर पति दंग रह जाता हैं। वह कहता है 'वाह तुम तो अमरीकन स्त्रियों को भी मात करती हो।' कोमल को पति के इन शब्दों से भारी ठेस पहुँचती है। उसे अपने प्रयोग में सफलता तो मिलती है। लेकिन वह आत्मतुष्टि से वंचित हो जाती है।

आधुनिकता के व्यामोह में पड़कर अपना कौमार्य नष्ट करने वाली नारी है 'कितनी कैदें' कहानी की मीना। मीना पहले साधारण लड़की थी। लेकिन माँ के उपदेश और फैशन की ओर बढ़ने का प्रोत्साहन उसके चरित्र को भ्रष्ट कर देता है। आधुनिकता की आड़ में पागल बनी मीना बेफिक्र होकर नशीले पदार्थों का सेवन कर खुले आम लड़कों के साथ घूमती-फिरती है। इस बीच खेल-खेल में मीना की इज्जत लुट जाती है। मीना की जिन्दगी एक नये मोड़ की ओर मुड़ जाती है। वह माँ के अत्याचारों को सहकर घर की चहारदीवारी में कैद हो जाती है। एक शुभ मुहूर्त पर उसका विवाह

सम्पन्न होता है। विवाह के पश्चात् उसे जीवन के नये अनुभवों के प्रति कोई विशेष रुचि नहीं होती क्योंकि शादी से पूर्व ही वह सेक्स का आनन्द लूट चुकी होती है। एक दिन मीना मनोज के सामने अपने अतीत के जीवन की गाँठ खोलती है। मीना के अतीत के किस्से सुनकर मनोज दंग रह जाता है। मीना मनोज के लिए एक चुनौती बन जाती है। वह सोचता है "क्या वह मीना की पिछली जिन्दगी के शिकंजे से बरी हो सकेगा। इस औरत के साथ सहज स्वाभाविक जिन्दगी जी सकेगा[2]।"

मीना मात्र मनोज के लिए ही एक समस्या नहीं है बल्कि बदलते समाज और उस समाज में जीने वाले समूचे नारी-वर्ग के लिए भी एक समस्या है।

नारी की स्वतन्त्र मानसिकता को मृदुला गर्ग ने 'हरी बिन्दी' कहानी में प्रस्तुत किया है। कहानी की नायिका पति द्वारा निर्मित सीमित दायरे में घुटकर जीना नहीं चाहती। वह स्वतन्त्रता चाहती है। उसे कुछ समय के लिए स्वतन्त्रता हासिल भी हो जाती है, जब उसका पति दौरे पर जाता है। नायिका की खुशी का ठिकाना नहीं होता। वह सोचती है "सुबह देर तक सोने में कितना आनन्द आता है। राजन होता है तो सुबह 6 से ही खटर-पटर शुरू हो जाती है। चाय नाश्ते की तैयारी... न जाने राजन को यह जल्दी उठने का क्या मर्ज है? खैर आज वह स्वतन्त्र है।[3]"

पति की गैर हाजिरी में नायिका अपनी सारी आशाओं की पूर्ति करती है। अत्यधिक उल्लास और आनन्द के कारण वह बेतुके ढंग से शृंगार करती है। अपनी इच्छानुसार सज-धज कर वह पिक्चर जाती है और बीच-बीच में ठहाके मारकर हँसती है, काफी हाऊस जाकर ठंडे और गर्म को एक साथ खाती है। इस प्रकार एक दिन में वह अपने सारे अरमानों की पूर्ति करना चाहती है।

नायिका के ऐसे विचित्र व्यवहार से यह साफ जाहिर हो जाता है कि वह पति के क्रमबद्ध नियमों में आबद्ध होना नहीं चाहती और जीवन को अपनी इच्छा के अनुसार जीना चाहती है।

(ग) **दीप्ति खंडेलवाल की कहानियाँ :** दीप्ति खंडेलवाल ने आधुनिक नारी के उच्छृंखल व्यवहार को 'डूबने से पहले' कहानी में चित्रित किया है। शैली कपूर एक दफ्तर की टाइपिस्ट है जो सेक्स को बहुत ही साधारण दृष्टि से देखती है। गैर पुरुष से शारीरिक सम्बन्ध जोड़ना उसके लिए मामूली-सी बात है। तरक्की पाने के लिए वह बॉस के हाथों की कठपुतली बनती है। अपने सौन्दर्य को सबके समक्ष प्रस्तुत कर उनके द्वारा प्रशंसित होना ही उसका लक्ष्य है। शैली कपूर के विचारों में परिवर्तन लाता है अशोक, जो उसके ही दफ्तर में नौकरी करता हे। शैली कपूर अशोक के पास शारीरिक सम्बन्ध जोड़ने का प्रस्ताव रखती है लेकिन अशोक उसे ठुकरा देता है। अशोक का नकारात्मक उत्तर सुनकर शैली कपूर के विचार कुछ परिवर्तित हो जाते हैं। सेक्स को प्रधानता देने वाली शैली कपूर समझ जाती है कि संसार में सेक्स से ज्यादा महत्त्व प्यार का है।

शैली कपूर के समान जीवन बितानेवाली बहुत सारी महिलाएँ हमारे समाज में हैं लेकिन उनके विचारों को खंडित करने वाले अशोक जैसे पुरुष बहुत कम हैं।

जीवन में मात्र सेक्स को प्रधानता देने वाली उच्छृंखल नारी है 'देहगंध' कहानी की प्रतिमा। प्रतिमा अपनी चंचल बातों से पड़ोसी मनोहर को अपनी ओर आकर्षित करती है। दोनों का लगाव और आकर्षण बढ़ते-बढ़ते शारीरिक सम्बन्ध तक पहुँच जाता है और प्रतिमा के दिन चढ़ आते हैं। इसी बीच प्रतिमा के लिए एक रिश्ता आता है। मनोहर प्रतिमा को अपनाना चाहता है लेकिन प्रतिमा एक बेवफा नारी के समान उसके प्यार और वफा को ठुकरा देती है।

कई सालों के बाद अचानक मनोहर की मुलाकात प्रतिमा से होती है। प्रतिमा पुनः अतीत के सम्बन्धों को ताजा करना चाहती है लेकिन मनोहर की चेतना में से प्रतिमा की गन्ध धूमिल हो गयी होती है। वह वायवी आकर्षण को त्याग कर यथार्थ के ठोस धरातल पर जीने का संकल्प करता है।

प्रतिमा के व्यक्तित्व में नारी के दो रूप देखे जाते हैं। वह न आदर्श पत्नी है न योग्य प्रेमिका। इस तरह की स्त्रियाँ समाज में पत्नी और प्रेमिका के स्वरूप को आधारहीन बनाती हैं। साथ-साथ पति-पत्नी के पावन सम्बन्ध को कलंकित करती हैं। ऐसी स्त्रियाँ स्वयं अपना जीवन तो बर्बाद करती ही हैं, दूसरों के जीवन को भी बर्बादी की ओर ले जाती हैं।

(घ) शिवानी की कहानियाँ : शिवानी ने "सती" कहानी में आधुनिक नारी के परिवर्तित हो रहे नये स्वरूप का सार्थक चित्र खींचा है।

कहानी की नायिका विशालकाया सती चलती गाड़ी में दौड़ कर महिला डिब्बे में घुसती है। डिब्बे में अन्य तीन-चार महिलाएँ होती हैं। सती सबको अपना परिचय देती है वह अपना नाम मदालसा सिकारिया बतलाती है जो प्रिटोरिया की वासिनी है। वह भारत अपने मृत पति के साथ सती होने के लिए आयी है जिसकी मृत्यु एक साल पूर्व भारत में हुई थी।

सती की करुण कहानी सुनकर अन्य महिलाएँ दुःखी हो जाती हैं। उनमें एक समाज सेविका होती है जो मदालसा को अपने आश्रम में रहने को आमन्त्रित करती है, लेकिन मदालसा आदर्श नारियों के समान उस समाज सेविका के प्रस्ताव को ठुकरा देती है।

भोजन के समय मदालसा शिष्टाचारवश उन्हें अपना भोजन सौंपती है और स्वयं उन तीनों का भोजन कर लेती है। भोजन के पश्चात तीनों सतरंगे सपनों में खो जाती हैं। आँखें खुलने पर उन्हें अजीब-सा नशा होने लगता है और सामने से मदालसा गायब, साथ-साथ अन्य महिला यात्रियों के बहुमूल्य सामान भी। यह कहानी एक यथार्थ घटना-सी लगती है क्योंकि आधुनिक युग में स्त्रियाँ पुरुषों से ज्यादा चोरी डकैती के क्षेत्र में माहिर हो गयी हैं। मदालसा जैसी अनेक स्त्रियाँ जो लोगों को उल्लू

बनाकर अपना काम बना लेती हैं। आज के युग में स्त्रियों का स्तर कितना गिर चुका है इस तथ्य की ओर यह कहानी संकेत करती है।

'तोप' कहानी में शिवानी ने एक उच्छृंखल नारी के गिरे हुए चरित्र को प्रस्तुत किया है। नायिका तोप नारी समुदाय के एक ऐसे वर्ग का प्रतिनिधित्व करती है जिसे न परिस्थिति, परिवेश का भय है और न समाज का।

तोप को अपने व्यवहार के अनुकूल ही तोप की उपाधि मिलती है। तोप फौज से छुट्टी पाकर एक टी.बी. सेनिटोरियम के पास वास करती है। वह अपने साथ तीन-चार जवान मरीजों को भी पालती है। उनमें से उसे जो पसन्द आता है, उससे वह ब्याह कर लेती है। ऐसा ही एक मरीज था राजेन्द्र। राजेन्द्र के लिए वह कहा करती थी कि वह देश का एक महान वैज्ञानिक बनेगा लेकिन तोप राजेन्द्र से ब्याह कर देश के एक महान वैज्ञानिक की जान ले लेती है। राजेन्द्र की मृत्यु के पश्चात् तोप आदर्श पतिव्रता नारी के समान सादा जीवनयापन करती है। समय के करवट बदलते ही तोप फ्लूरेसी से ग्रस्त एक मेडिकल स्टूडेण्ट से ब्याह कर लेती है जिसे वह एक महान डॉक्टर बनाना चाहती थी लेकिन तोप की यह आशा भी अपूर्ण रह जाती है।

लेखिका ने तोप को एक अधेड़ उम्र की औरत के रूप में प्रस्तुत कर यह दर्शाया है कि कुछ आधुनिक स्त्रियाँ उम्र में अधेड़ होने पर भी मिजाज की रंगीन होती हैं। नौजवानों के प्रति तोप का आकर्षण सहानुभूति का जामा पहनकर सामने प्रस्तुत होता है। रोगग्रस्त जवानों की सेवा कर उन्हें अपने चंगुल में फँसाना ही उसका लक्ष्य है। राजेन्द्र और सैन्वुल जैसे नौजवानों से ब्याह कर तोप देश के एक महान वैज्ञानिक और डॉक्टर की कातिल बन जाती है।

तोप कहानी एक हद तक ही स्वाभाविक लगती है, फिर भी ऐसी महिलाओं के कार्यकलाप समाज के लिए पूर्ण रूप से अपरिचित नहीं हैं।

वैवाहिक समस्याओं को उभारने वाली कहानियाँ

वैवाहिक जीवन की सफलता पूर्ण रूप से पति-पत्नी के वैचारिक सामंजस्य और मानसिक सन्तुलन पर आधारित है। विवाह दो आत्माओं का पवित्र मिलन होता है जिसे व्यक्तिगत अहं की होड़ की भावना से कलुषित नहीं करना चाहिए।

आधुनिक समाज में विवाह सम्बन्धी परम्परागत मान्यताएँ क्षीण हो गयी हैं। आज विवाह व्यापार की एक संस्था बन गयी है। जहाँ दो आत्माओं का पवित्र मिलन नहीं, दो शरीरों का व्यापार होता है जिस कारण दायित्व एवं समर्पण की भावना उनमें चिरकाल तक वर्तमान नहीं रहती। विवाह का मूल लक्ष्य काम-क्रीड़ा है विशेषकर आधुनिक युग में। पति-पत्नी का सम्बन्ध सेक्स के धरातल पर ही टिका हुआ है। अतः विवाह प्रेम की नहीं सेक्स की चरम सीमा हो गयी है। इसके कारण वैवाहिक

जीवन में बहुत जल्दी ही ऊब और एकरसता की भावना जन्म लेने लगती है। परिणामस्वरूप पति-पत्नी, गैर स्त्री-पुरुष से सम्बन्ध जोड़ने को मजबूर हो जाते हैं। आज के आधुनिक समाज में ऐसे अवैध सम्बन्ध स्वीकार्य हैं क्योंकि इसे लोग आधुनिकता के अन्तर्गत मानते हैं। आज की इस खोखली आधुनिकता के जीवन सम्बन्धी सारी मान्यताएँ आधारहीन हो गयी हैं। पति-पत्नी में थोड़ा-सा मनमुटाव हुआ तो दोनों तुरन्त तलाक के लिए तैयार हो जाते हैं। समझौते की भावना उनमें नहीं के बराबर रह गयी है।

वैवाहिक जीवन की समस्याओं का दूसरा प्रमुख कारण अर्थ है। अर्थ कभी-कभी पति-पत्नी के सम्बन्धों के बीच दरारें डालता है तो कभी पत्नी की संवेदनाओं को रौंद कर उसकी मजबूरी का फायदा उठाता है। अर्थ के प्रति अत्यधिक मोह और आकर्षण के कारण पति अपनी पत्नी के अस्तित्व को भूलकर उसके शरीर की पवित्रता को विस्मृत कर, उसे अपनी तरक्की का साधन बनाता है। दूसरी ओर पुरुषश का एक वर्ग ऐसा भी है जो आधुनिक एवं शिक्षित होने के बावजूद भी संकीर्ण विचारों वाला होता है। स्त्रियों को सीमित परिवेश में देखने के इच्छुक ये पुरुष स्वयं मनमौजीपन दिखाते हैं। यदि इनकी पत्नियाँ गैर पुरुष के साथ काफी हाउस जाएँ या सिनेमा घर जाएँ तो तूफान खड़ा कर देते हैं। बड़े ही नेक एवं आदर्श इंसान की तरह पत्नी के चरित्र पर चरित्रहीनता का आरोप लगाने वाले ये पुरुष यह नहीं देखते कि खुद कितने पानी में हैं।

आधुनिक नारी परम्परागत नारियों की अपेक्षा एक सीमा तक सुरक्षित है जिस कारण परम्परागत नारियों की तरह समर्पिता होकर पुरुष के भाग्य पर जीना उन्हें स्वीकार्य नहीं। अतः आज की नारी न पुरुष की दासी है न पुरुष उसका रखवाला।

(क) **मन्नू भंडारी की कहानियों में वैवाहिक समस्यायें :** लेखिकाओं की प्रायः सभी कहानियों में जीवन की समस्याओं का स्वर प्रमुख रूप से उभरता है। मन्नू भंडारी की कहानी 'तीसरा आदमी' वैवाहिक जीवन के तनावों को उभारनेवाली श्रेष्ठ कहानी है। इस कहानी में लेखिका ने पति-पत्नी के बीच उत्पन्न अलगाव एवं एकरसता की भावना को स्वर दिया है।

सतीश और शकुन पति-पत्नी हैं। विवाह के दो साल तक वे अपने बीच किसी तीसरे को नहीं लाते। जब शकुन को नौकरी लग जाती है तब वह अपने पति से तीसरे के लिए मनुहार करती है लेकिन सतीश उसके मनुहार को पूरा करने में अपने आप को असफल पाता है। परिणामस्वरूप दोनों में अनदेखी दूरियाँ बढ़ने लगती हैं। सतीश का आत्मविश्वास धीरे-धीरे घटने लगता है कभी-कभी वह अपने को नपुंसक समझने लगता है।

एक बार शकुन का परिचित लेखक आलोक उसके घर मिलने आता है। शकुन उसकी खूब खातिरदारी करती है जिसे देखकर सतीश के मन में कई प्रकार की

शंकाएँ जागृत होने लगती हैं। हीनग्रंथि का शिकार बना सतीश दफ्तर में निश्चिन्त होकर बैठ नहीं पाता, वह लौटकर घर आता है। घर की खिड़कियाँ, दरवाजे सब बन्द हैं। कहीं से कोई आवाज भी उसे सुनाई नहीं पड़ती। सतीश ईर्ष्या और क्रोध से जल-भुन जाता है। वह सोचता है कि दरवाजा तोड़कर दोनों को रंगे हाथ पकड़ ले लेकिन वह कुछ नहीं कर पाता।

इस कहानी में नये जमाने के पति की मानसिक कमजोरी का एक पहलू स्पष्ट हुआ है। "वस्तुतः सच्चाई कुछ भी नहीं होती, सब शक ही शक होता है और उसका भी कोई ठोस आधार नहीं होता। पुरुष अब भी इस मानस ग्रन्थि से मुक्त नहीं हुआ।[4]"

वैवाहिक जीवन की समस्याओं को उभारने वाली मन्नू भंडारी की दूसरी श्रेष्ठ कहानी है 'बन्द दराजों के साथ'। इस कहानी में लेखिका ने सम्बन्धों के बनते-बिगड़ते स्वरूप का जीवन्त चित्रण किया है।

"बन्द दराज" इस कहानी में समस्या का केन्द्र है। पत्नी मंजरी पति के बन्द दराज को देखकर उस पर शक करती है, मंजरी की शंकित दृष्टि उसे दिन-रात परेशान रखती है। उसे लगता है कि उसके साथ सोने वाला, उसे प्यार करने वाला विपिन पूर्ण रूप से उसके प्रति वफादार नहीं है। एक दिन वह बन्द दराज को खुला देखती है जिसमें एक महिला और बच्ची की तस्वीर पड़ी रहती है, जिसे देखकर मंजरी को अपना शक साकार होते नजर आता है। मंजरी को लगता है कि विपिन के साथ उसका जीवन शून्यता की ओर बढ़ रहा है। मंजरी अपने पति से सम्बन्ध तोड़कर दिलीप से विवाह कर लेती है। दिलीप के साथ आरम्भ के कुछ दिन हँसी-खुशी से बीत जाते हैं। फिर धीरे-धीरे एक तनाव दोनों के बीच उठने लगता है। तनाव का केन्द्र है विपिन और मंजरी का बेटा अजित और उसका खर्च। अजित की पढ़ाई के खर्च की बात सुनकर मंजरी को बहुत बुरा लगता है। धीरे-धीरे मंजरी और दिलीप के बीच फासले बढ़ने लगते हैं। एक अदृश्य मेज मंजरी के कमरे में उभर आती है, जो दो भागों में विभाजित है, व्यक्तिगत और पारिवारिक। मंजरी हालात के थपेड़ों से विवश हो जाती है और यह विवशता उसे विपिन की यादों की ओर खींच ले जाती है। उसे लगता है कि विपिन ने अपनी ही नहीं उसकी भी जिन्दगी को दो टुकड़ों में विभाजित किया है। मंजरी को अपनी जिन्दगी अभिशप्त-सी लगती है। वह अतीत और वर्तमान के द्वन्द्वमय वातावरण में जीवनयापन करती है।

वैवाहिक जीवन में आने वाली समस्याओं के कारण जब पुनर्विवाह किया जाता है तब समस्याएँ और भी विकट रूप धारण कर लेती हैं।

'कील और कसक' कहानी में लेखिका ने पति से उपेक्षित पत्नी की विवशता को मनोवैज्ञानिक ढंग से प्रस्तुत किया है। शादी की प्रथम रात्रि से लेकर रानी अपने पति के लिए परायी है। पति का लक्ष्य दिन-रात मेहनत कर अपना कर्ज पूरा करना

है, जिस कारण वह पत्नी की भाव संवेदनाओं को अनदेखा कर अपने लक्ष्य प्राप्ति में ही लगा रहता है।

प्रेम की प्यासी रानी पड़ोसी शेखर की ओर आकृष्ट हो जाती है। रानी अपनी इच्छा के अनुसार शेखर को भोजन बनाकर खिलाती है और शेखर द्वारा प्रशंसित होती है। ''शेखर के मुँह से प्रशंसा के लब्ज सुनकर चिरकाल से प्रशंसा के लिए तड़पता 'मन' ललक उठता है'' हाथों की गति बढ़ गयी और एक बार उसने संकोच से सामने बैठे व्यक्ति पर उड़ती-सी नजर डाली।[5]'' पति से वांछित प्यार के अभाव में रानी को जब शेखर का प्यार मिलता है तो वह पूर्णरूप से तृप्त हो जाती है। लेकिन शेखर का प्यार और लगाव अल्पकाल तक ही रहता है क्योंकि उसकी शादी हो जाती है। रानी अब शेखर की ओर से भी उपेक्षित हो जाती है। ईर्ष्या और दुःख से उसका मन कुंठित हो जाता है। छोटी-छोटी बातों को लेकर वह शेखर की पत्नी से झगड़ने लगती है। शेखर द्वारा अपना विवाह कर लिए जाने पर रानी की विकृतियाँ उसकी हीन भावना के रूप में प्रकट होती हैं ''सेक्स की अतृप्ति नारी को कितना कुण्ठित और हीनता ग्रन्थियों से कितना ग्रस्त कर लेती है, रानी के चरित्र के माध्यम से इसे पूरी मार्मिकता के साथ देखा जा सकता है।[6]''

लेखिका ने नारी मनोविज्ञान का प्रश्रय लेते हुए नारी की मानसिकता का यथार्थ विवरण प्रस्तुत किया है।

'दरार भरने की दरार' में मन्नू भंडारी ने नारी की अस्थिर मानसिकता के कारण वैवाहिक जीवन में पड़ने वाले दरारों का सार्थक चित्र खींचा है। श्रुता दी और उनके पति दोनों दो स्तर के हैं। दोनों के विचार और मान्यताएँ आपस में मेल नहीं खाते। परिणामस्वरूप पति-पत्नी एक दूसरे से अलग रहने को सोचते हैं। दोनों के बीच निर्णायक का काम करती है नंदी। नंदी श्रुति दी की सहेली है जो उनसे बहुत छोटी है, फिर भी बहुत समझदारी के साथ श्रुति दी की समस्याओं को वह हल करती है। पति से अलग रहने का सुझाव नंदी भी देती है। श्रुति दी के कहे अनुसार नंदी उनके लिए घर का इन्तजाम भी करती है। लेकिन ऐन वक्त पर श्रुति दी के विचार बदल जाते हैं। दोनों पति-पत्नी समझौते की अन्तिम सीढ़ी तक पहुँच जाते हैं और दोनों फिर से एक नयी जिन्दगी जीने को तय कर लेते हैं। श्रुति दी और उनका पति समझौता कर एक हो जाते हैं और अवाक रह जाती है नंदी। अपना नया जीवन सँवरा देखकर श्रुति दी खुश होकर नंदी को एक उपहार देती है जिसे पाकर उसे लगता है ''जैसे बच्चे को पहले कोई बड़ा आश्वासन दे और फिर एक दो टॉफी से बहला कर चलता बने।[7]''

(ख) उषा प्रियंवदा की कहानियाँ और वैवाहिक समस्याएँ

लेखिकाओं में उषा प्रियम्वदा ने भी बड़ी तल्खी के साथ वैवाहिक जीवन की समस्याओं को उभारा है। उषा प्रियम्वदा की कहानी ''जाले'' में पति-पत्नी के जीवन सम्बन्धी

नयी मान्यताओं का स्पष्टीकरण हुआ है। नायिका कौमुदी स्वतन्त्रचेता आत्मनिर्भर नारी है जो जीवन को अपने स्वतन्त्र रूप से जीना चाहती है। उसके अनेक पुरुष मित्र हैं जिनसे उसका अच्छा सम्बन्ध है। "लेकिन उनकी पत्नियों की संकुचित जीवन परिधि, उनकी असमय वृद्धावस्था और जिद्दी बच्चों को देखकर वह मन ही मन सिहर उठती है। किसी पुरुष की देखभाल, कि कमीज में बटन है, कि खाना समय से बन गया है, कि कमरे साफ सुथरे हैं, इन सबसे अपना ठहरावदार यौवन छोटा-सा घर और अपनी स्वतंत्रता कौमुदी को अत्यधिक प्यारी और मूल्यवान लगती है।[8]" लेकिन यही कौमुदी अपने प्रोफेसर राजशेखर से प्रेम-विवाह कर लेती है। विवाह के पश्चात् उसके दायित्व बढ़ने लगते हैं और उसकी स्वतन्त्रता शनैः-शनैः क्षीण होने लगती है। उसके पुरुष मित्रों की संख्या धीरे-धीरे घटने लगती है। कौमुदी को बहुत जल्दी ही अपने वैवाहिक जीवन में घुटन का अनुभव होने लगता है। परतन्त्रता की बेड़ियाँ उसके जीवन को एक सीमित दायरे में आबद्ध कर देती हैं। उसे लगता है कि विवाह के बन्धन ने उसके स्वतन्त्र जीवन पर अंकुश लगा दिया है। मात्र कौमुदी को ही नहीं प्रोफेसर राजशेखर को भी ऐसा अनुभव होता है। "उन्हें लगता है कि जैसे जीवन मकड़ी के जाले में घिर कर रह गया है। उसके तार दूर से बहुत सुकुमार बहुत आकर्षक लगते हैं, पर एक बार उसमें फँस जाने के बाद निवृत्ति की कोई आशा ही नहीं।"[9]

इस कहानी में वैवाहिक जीवन की क्षणभंगुरता एवं जड़ता व्यक्त हुई है। कौमुदी के लिए प्रोफेसर राजशेखर एक अनिवार्य आवश्यकता बन जाते हैं लेकिन उनसे परिणय के सूत्र में बँधने के पश्चात् उनके प्रति लगाव धूमिल होने लगता है।

पति-पत्नी के बीच उठते तनाव एवं पति की विचित्र मानसिकता को लेखिका ने 'स्वीकृति' कहानी में चित्रित किया है। वैवाहिक जीवन में औपचारिक रूप से बँधे हैं सत्य और जया। जया आम पत्नियों की तरह विवाह के सारे सुख भोगना चाहती है लेकिन सत्य जया को उन सुखों से वंचित रखता है। जया सत्य से अलग एक दूसरी जगह नौकरी करती है वहाँ उसकी मुलाकात वाल नाम के एक व्यक्ति से होती है। पति की ओर से उपेक्षित जया को जब वाल का सहारा मिलता है तो वह उसकी ओर आकर्षित हो जाती है; लेकिन दोनों के बीच कोई अवैध सम्बन्ध नहीं होता। सत्य की निष्ठुरता पर भी वह उसके प्रति वफादार रहती है। वाल से जया का सम्बन्ध सत्य जानता है या नहीं, इसका कहीं कोई संकेत नहीं है।

सत्य जया को लेकर एक निर्जन स्थान में वर्षगाँठ मनाने जाता है जहाँ जाने से या तो सम्बन्ध दृढ़ हो जाता है या टूट जाता है। उस निर्जन स्थान में पहुँचकर जया सब कुछ सत्य को बता देना चाहती है। लेकिन सत्य उसे कुछ कहने से रोकता है। वह जया से भारत लौटने की बात करता है। सत्य के ऐसे व्यवहार से ऐसा आभास होता है कि वह जया से सम्बन्ध तोड़ने के लिए ही उसे निर्जन स्थान पर ले आया है।

सत्य का व्यवहार बहुत ही क्रूर एवं अस्वाभाविक लगता है। सत्य जैसे पुरुषों के कारण स्त्रियों का जीवन नरक तुल्य हो जाता है। विवाह के पश्चात् पत्नियों को उनके अधिकारों से वंचित रखना उनके प्रति अन्याय ही बल्कि उनके अस्तित्व को नकारना भी है।

समझौते के अभाव में पति-पत्नी के जीवन में उठने वाली समस्याओं को लेखिका ने नये मूल्य के साथ 'दृष्टि दोष' कहानी में प्रस्तुत किया है। चन्द्रा और साम्ब पति-पत्नी हैं। दोनों दो वर्गों का प्रतिनिधित्व करते हैं। चन्द्रा आधुनिक विचारों वाली नारी है इसके विपरीत साम्ब परम्परागत मान्यताओं एवं परम्परागत रीति-रिवाजों का अनुकरण करता है। साम्ब से चन्द्रा का ब्याह उसकी पदवी के कारण ही सम्पन्न हुआ था। विवाह के पश्चात् चन्द्रा को लगता है कि उसके सपनों का अन्त हो गया है, क्योंकि साम्ब अपने परिवार वालों द्वारा नियन्त्रित है।

साम्ब और चन्द्रा का एक बेटा होता है जिसका नामकरण भी साम्ब के परिवार वालों की इच्छानुसार होता है। नाम की खिल्ली उड़ाते हुए चन्द्रा कहती है, तुम्हारी माँ को ऐसे ही नाम सूझते हैं स्कन्द साम्ब...। साम्ब और चन्द्रा के बीच विचारों का खंडन होता ही रहता है। परिणामस्वरूप दोनों अलग-अलग जीवन बिताने को मजबूर हो जाते हैं। चन्द्रा एक जगह नौकरी कर स्वतन्त्र जीवनयापन करती है। चन्द्रा की सहेली है मधुर जो चन्द्रा के समक्ष जीवन की एक हकीकत को स्पष्ट करती है। मधुर एक विवाहित पुरुष से प्रेम करती है। उसकी खुशी एवं प्यार के लिए वह चिरकाल से सुरक्षित अपना कौमार्य त्याग देती है। एक अनजान और पराये व्यक्ति के प्रति इस कदर त्याग और प्रेम की भावना को देखकर चन्द्रा की आँखें खुल जाती हैं। वह अपने गर्व, अहं का त्याग कर पति के पास लौट जाती है और पति आनन्द के साथ उसे स्वीकार कर लेता है।

साम्ब और चन्द्रा के जीवन की समस्याएँ उनकी अपनी बनायी हुई हैं। समझौते का अभाव ही उनके जीवन में समस्याएँ उत्पन्न करता है।

(ग) **दीप्ति खंडेलवाल की कहानियों में वैवाहिक समस्याएँ :** दीप्ति खंडेलवाल की अधिकांश कहानियाँ पति-पत्नी के टूटते-बिगड़ते सम्बन्धों पर ही केन्द्रित हैं। 'वह तीसरा' अहंग्रस्त पति-पत्नी के तनावग्रस्त जीवन को स्पष्ट करने वाली एक लम्बी कहानी है। रंजिता और संदीप प्रेम विवाह करते हैं लेकिन विवाह के पश्चात प्रेम क्षीण होने लगता है क्योंकि उन दोनों के बीच एक 'तीसरा' उभर आता है और वह है उनका अहं जो एक-दूसरे के बीच खाइयाँ बनाता है। रंजिता चाहती है कि संदीप अपने अहं को कुछ कम करें जब कि संदीप अपनी जिद से टस से मस नहीं होता। रंजिता भी कम अहंग्रस्त नहीं है। प्रेम करते समय उसका सिर संदीप के सीने पर झुकता था लेकिन संदीप की जिद के समक्ष कभी वह झुकना नहीं चाहती। विवाह के कुछ समय बाद ही दोनों में मनमुटाव होता है। एक-दूसरे के पास होते हुए भी

दोनों फासले का अनुभव करते हैं। एक बार संदीप कहता है "आज ऑफिस में कितनी चख-चख हो गयी, मैं भी झुकने वाला नहीं हूँ, साले मेरा बिगाड़ क्या सकते हैं? संदीप का आहत दर्प बोल रहा था। हाँ, तुम क्यों झुकोगे? मैंने एक व्यंग्य और किया, आज मेरी बारी थी न। मैं सदीप की चोट को सहला सकती थी। मैं उनके आहत दर्प पर मरहम लगा सकती थी मैं उन्हें वक्ष में समेट सकती थी। लेकिन मैंने ऐसा किया नहीं, कर नहीं सकी... या करना नहीं चाहा। उस क्षण नागिन की तृप्ति के अतिरिक्त मैंने कुछ नहीं किया। संदीप कई बार डंस चुके थे, आज डंसने की बारी मेरी थी।"[10] इस प्रकार परस्पर एक-दूसरे को डसते-डसते संदीप और रंजिता एक छत के नीचे रहते हुए भी, एक पलंग पर सोते हुए भी एक-दूसरे के लिए अजनबी बने रहते हैं। संदीप चाहता है कि रंजिता परम्परागत नारियों के समान झुके, उसकी हाँ में हाँ मिलाये, जैसे दायी माँ करती हैं लेकिन रंजिता आधुनिक एवं शिक्षित नारी है जिसे अपने अस्तित्व पर संदीप के समान ही गर्व है। स्नेह के सम्बन्ध जब अहं के शिकार बन जाते हैं तब पति-पत्नी भी अजनबी बन जाते हैं।

ऐसे ही एक अहंग्रस्त पति-पत्नी हैं 'संधि-पत्र' का रोहित और सोमा। सोमा आधुनिक विचारों वाली आत्मनिर्भर नारी है। अपने पति के अवैध सम्बन्धों को जानकर भी सोमा अनजानी बनी रहती है। लेकिन इसके विपरीत रोहित सोमा के बनाव-शृंगार, भड़कीले वस्त्र आदि का सूक्ष्म निरीक्षण करता है। सोमा नहीं चाहती है कि रोहित उसके व्यक्तिगत मामलों पर हस्तक्षेप करे। क्योंकि वह रोहित के निजी मामलों में दखल नहीं देती है। एक बार सोमा अपने अफसर मिस्टर वर्मा के साथ सिनेमा देखने जाती है, इस पर रोहित उसे बुरा-भला सब कहता है। सोमा नाराज होकर घर से निकल जाती है। कुछ समय बाद रोहित को अपनी गलती का एहसास होता है, उसकी आत्मा उसे धिक्कारती है "क्या स्वयं सा ऐसा अधिकार तुमने भी सोमा को दिया है? क्या सोमा को तुमने कभी पास-बुक दिखाई है।"[11] सोमा और रोहित को एक-दूसरे का अभाव खटकने लगता है। वह रात को घर लौट आती है और रोहित से यह कह कर समझौता कर लेती है कि "मेरे लिए एक मात्र पुरुष तुम नहीं रोहित लेकिन शायद... शायद मेरे पुरुष तुम्हीं हो, रोहित भी यही कहता है "मेरी एक मात्र नारी तुम नहीं सोमा, किन्तु मेरी नारी शायद तुम्हीं हो।"[12]

इस कहानी में आधुनिक पति-पत्नी के बीच पड़नेवाली दरारों का सूक्ष्म अंकन हुआ है। पत्नी पर अधिकार जमाने की अपनी आदिम मानसिकता को पति कभी त्याग नहीं सकता।

'मोह' कहानी में सविता और संदीप का एक सुखी पारिवारिक जीवन है। सविता पत्नी और माँ बन के अपने सारे दायित्वों को निभाती है। एक बार सफर में सविता की मुलाकात आशिष से होती है और यह मुलाकात मोह में परिणत हो जाती है। आशिष परिवार का एक सदस्य बन जाता है। एक विशेष प्रकार का लगाव,

खुलापन, अपनापन की भावना सविता को आशिष के प्रति होती है। आशिष सविता के वस्त्रों की, उसके सौन्दर्य की, उसके हाथों से बने भोजन की बड़ाई कर सविता को खुश करता है, जबकि पति सुदीप को न तो सविता के वस्त्रों का ध्यान रहता है और न ही वह उसके सौन्दर्य की अभ्यर्थना ही करता है। सविता सोचती हे "सुदीप से चीख कर पूछे—तुम, तुम क्यों नहीं कहते यह सब, लेकिन रोष से धड़कते अपने होठों को एक स्निग्ध मुस्कान से ढँक कर चुप रह गयी।"[13]

एक बार सविता के बीमार पड़ने पर आशिष तीन चार दिन की छुट्टियाँ लेकर उसकी सेवा करता है जबकि सुदीप से आग्रह करने पर वह नहीं रुकता। सविता को आशिष का मोह और स्नेह कशमकश में डाल देता है। उसे लगता है कि आशिष के प्रति उसका मोह एक भारतीय कुलवधू की हैसियत से पाप है क्योंकि पत्नीत्व और मातृत्व का पूरा सुख उसे अपने पति से मिला है "लेकिन पाप की कोई ग्लानि मन में कहीं भी तो नहीं... एक निर्दोष मोह के अतिरिक्त यह कुछ भी तो नहीं है लेकिन यह मोह निरर्थक नहीं। इस मोह में डूब कर मैंने अपने सारे सम्बन्धों को फिर से अपनाया है यह मोह जैसे एक शक्ति है... सारी स्थूलता से परे एक ऐसी सूक्ष्मता जिसकी तलाश शायद हर सचेतन नारी मन को होती है।"[14]

'मोह' एक ऐसी कहानी है जहाँ पति-पत्नी के पथराये हुए सम्बन्धों की ओर इशारा किया गया है। पत्नी बनने के बाद स्त्री के प्रति पुरुष का लगाव कुछ कम हो जाता है अर्थात् उनके बीच औपचारिकता नहीं के बराबर रह जाती है। आशिष एक गैर पुरुष है जो औपचारिकतावश सविता के साथ पेश आता है जबकि संदीप अपनी पत्नी के साथ औपचारिक रूप से प्रेम दर्शा कर अपने दृढ़ सम्बन्ध को खोखला नहीं करना चाहता है। लेकिन कहानी की यह विडम्बना है कि पत्नी पति के इस भाव को समझ नहीं पाती, अगर समझती भी है तो उसे गले के नीचे उतार नहीं पाती।

दाम्पत्य जीवन में पुरुषों की कायरता की वजह से उठनेवाली समस्याओं को दीप्ति जी ने 'प्रेत' कहानी में रेखांकित किया है। शादी की प्रथम रात्रि से ही नीलिमा को भविष्य के प्रति संजोये सारे सपने टूटते नजर आते हैं। नीलिमा के सारे अरमान उस छोटे से कोठरीनुमा कमरे में बिखर जाते हैं। प्रथम रात्रि से ही उसे अपने आने वाली नयी जिन्दगी की रूपरेखा मिल जाती है। नीलिमा को पति का प्यार मिलता है वह भी बहुत सीमित, क्योंकि अविनाश माँ के कहे अनुसार ही पत्नी से मिलता और उसे खुश करता है। अविनाश पर और घर पर माँ का कठोर नियन्त्रण है। नीलिमा को ऐसे घुटन भरे परिवार में ऊब होने लगती है। अविनाश पति होते हुए भी पति के कर्तव्यों से विमुख है। माँ के दकियानूसी विचारों के आगे वह पत्नी की संवेदनाओं को रौंद देता है। माँ को खुश करने के लिए एक बार अविनाश अपनी नयी नवोढ़ा दुल्हन पर हाथ उठाता है। "नीलिमा न रोई न चीखी, स्थिर कदमों से आकर उसी खटिया पर लेट गयी, जिस पर अविनाश की भुजाओं से बँधती थी।

उसके चारों ओर तानसेन के टुकड़े बिखर गये थे और हर टुकड़ा कराह रहा था सखी री मुझे मन के मीत मिलें।"[15]

अस्तित्वहीन पुरुषों की कायरता के परिणामस्वरूप नारी की विवशता और मजबूरी की कराह इस कहानी के मूल में है। पुरुष के सामने माँ और पत्नी के बीच होने वाला संघर्ष सवाल खड़ा कर देता है। माँ को खुश करने के लिए पत्नी के प्रति अत्याचार करना वास्तव में पुरुष की कायरता का ही परिचायक है परन्तु ऐसे पतियों के साथ जीते हुए नरक यातना का भोग करने वाली स्त्रियों की संख्या भी कम नहीं है।

दाम्पत्य जीवन की एकरसता एवं ऊब के विकसित रूप को लेखिका ने 'झोंका' कहानी में व्यक्त किया है। सुधीर और प्रतिमा की जिन्दगी में एक प्रकार का नकारात्मक बोध है। जिन्दगी में सब कुछ होते हुए भी कुछ नहीं का बोध हमेशा उन्हें सालता रहता है। प्रतिमा की आँखों में आकाश के रंग हैं सुधीर की बुद्धि में मूल्यों की चेतना है। और फिर भी कुछ नहीं। प्रतिमा और सुधीर के बीच तलवार लटकती रहती है। यह तलवार चलती है तो रक्त ही रक्त बिखर जाता है... तलवार को उठा कर कोई फेंक नहीं पाते... शायद उठाकर फिर बीच में टाँग लेते हैं।''[16] पारस्परिक समझौते के अभाव में सुधीर और प्रतिमा एक दूसरे को पहचानने की कोशिश नहीं करते। दोनों में अहं की भावना है लेकिन सुधीर में पुरुष होने का अहं कुछ ज्यादा है। अपने अहं एवं निरर्थक मान्यताओं के कारण वह पारिवाकि सन्तोष को खो बैठता है।

प्रतिमा आदर्श पत्नियों की तरह सुधीर के प्रति अपने सारे कर्तव्यों को निभाती है। फिर भी उनके जीवन में एक विराट शून्यता समायी रहती है। सुधीर प्रतिमा के कर्तव्य एवं उसकी त्याग की भावना को अनदेखा कर उसके अस्तित्व पर आघात करता है। मिसेज साहनी क्या बढ़िया काफी बनाती हैं, यह सुनकर प्रतिमा का सर्वांग जल जाता है। ईर्ष्या से नहीं बल्कि वह सोचती है सुधीर क्यों नहीं उसकी बनायी काफी के स्वाद में डूब पाते हैं। सुधीर से बदला लेने के उद्देश्य से वह कहती है कि अंजना भाभी भी कितनी खुशकिस्मत हैं वह एक साल के लिए फौरेन जा रही हैं भैया के साथ। यह कह कर वह अपने पर लगे आघात का बदला ले लेती है। यह आघात तीखे बाण की तरह सुधीर पर चुभता है। ईर्ष्या और क्रोध से सुधीर भयानक हिंस्र पशु की तरह हो जाता है। पति का ऐसा भयंकर रूप देख कर प्रतिमा सुधीर के समक्ष झुक जाती है लेकिन सुधीर न अपनी गलती स्वीकार करने को तैयार रहता है और न ही समझौता करने को।

अत्यधिक अहं और गहरा अस्तित्व बोध होने के कारण सुधीर जैसे पुरुष अपने पारिवारिक जीवन को, समस्याओं का जमघट बना देते हैं।

मृदुला गर्ग की कहानियों में वैवाहिक सम्बन्ध

मृदुला गर्ग ने 'उसकी कराह' कहानी में आधुनिक दाम्पत्य जीवन के खोखलेपन को उजागर किया है। सुधा मृत्यु शैया पर पड़ी है और उसका पति सुमित अपनी नयी खुली फैक्टरी के उत्पादन के प्रति चिन्तित है। वह सोचता है "उसकी बीमारी आयी ही गलत समय पर है। अभी-अभी उसने नौकरी छोड़कर साइकिलों की फैक्टरी लगायी है। अगर इस वक्त उसकी देखभाल नहीं करे तो सारा पैसा डूब जाएगा। अगर सुधा चार-छह महीने बाद बीमार पड़ती तो बात और होती।" बहू को मृत्यु शैया पर लेटे देख कर सास जी दूसरी बहू लाने का निश्चय करती हैं।

आधुनिक युग में रिश्ते-नाते सब अर्थ और स्वार्थ के बलबूते पर टिके हैं। सुमित के लिए सुधा से भी बढ़कर उसकी फैक्टरी है। सम्बन्धों की शिथिलता इस कहानी में विशेष रूप से उभर कर आयी है।

'लिली ऑफ दी वैली' कहानी में लेखिका ने वैवाहिक जीवन की समस्याओं को नये सिरे से प्रस्तुत किया है। नायिका निशा नियति के क्रूर प्रहार से पीड़ित नारी है। निशी का प्रेम विवाह होता है लेकिन विवाह के पश्चात् सब कुछ उसका शराबी पति नष्ट कर देता है। जीवन के सारे अभावों को वह हँस कर छुपा लेती है। निशी की हँसी के पीछे गम का गहरा बोझ है यह कोई नहीं जानता। अपने वैवाहिक जीवन के समस्याग्रस्त होने पर भी वह समाज के सामने अपने को सुखी साबित करती है।

निशी जैसी स्त्रियाँ समाज में विरले ही मिलती हैं। पति के पियक्कड़ होने के बावजूद भी वह उसके साथ समझौते का जीवन बिताती है।

निरूपमा सेवती की कहानियों में वैवाहिक समस्याएँ

निरूपमा सेवती ने भी अपनी कहानियों में वैवाहिक जीवन की विडम्बनाओं को सूक्ष्मता के साथ उभारा है। 'सुनहरे देवदार' के पति-पत्नी किसी कारणवश तलाक लेते हैं। दोबारा तीन साल बाद जब दोनों की भेंट होती है तो दोनों एक-दूसरे के करीब आना चाहते हैं। 'नायक सोचता है' दौड़ कर रश्मि को इतनी जोर से अपनी बाहों में भर ले कि उसके होंठ चीख की सी मुद्रा में उसी भोलेपन से खुले रह जाएँ।"[17] लेकिन नायक ऐसा नहीं कर पाता क्योंकि दोनों के बीच अब कोई सम्बन्ध नहीं रह गया है। नायक को जब पता चलता है कि उसकी पत्नी विवाहिता है तो वह अपने आपे से बाहर हो जाता है। पत्नी को भला-बुरा कह कर अपने आप को कोसता हुआ निकल जाता है।

आधुनिक स्त्री-पुरुष का मानसिक धरातल कितना कमजोर है इसका ज्ञान उक्त कहानी द्वारा मिलता है। एक बार तलाक लेने के बाद पुनः जुड़ने का आग्रह निराधार और बचपना लगता है। छोटी-मोटी बातों को लेकर पति-पत्नी तलाक लेने को तैयार हो जाते हैं तत्पश्चात् बीते हुए लम्हों को ताजा कर पुनः उनमें खो जाने

का प्रयास करते हैं। परन्तु यह सब व्यर्थ मात्र है। 'खामोशी को पीते हुए' कहानी में एक पत्नी और माँ की विवशता को प्रस्तुत किया गया है। कहानी की नायिका एक माँ है लेकिन अपनी सन्तान के लिए मात्र वह आंटी है क्योंकि पति से उसका सम्बन्ध विच्छेद हो चुका है "शायद यही सच है कि मैं एक सही माँ भी नहीं हूँ। सबसे बड़ा ममता का रूप भी मुझमें नहीं है जो आशु को अपने पास से खोये दे रही हूँ, न ठीक पत्नी और न ठीक माँ।"[18]

नायिका का पति अर्थ सम्पन्न व्यापारी होता है और नायिका गरीब घराने की एक लड़की। दोनों दो वर्ग के हैं जिस कारण उनके विचार आपस में मेल नहीं खाते। परिणामस्वरूप दोनों अलग जिन्दगी जीने को बाध्य हो जाते हैं।

पति-पत्नी के ऐसे उलझे हुए सम्बन्धों के बीच लटके रहते हैं, बेचारे नादान से बच्चे उन्हें न माँ की ममता मिलती है और न पिता का प्यार। ऐसे बच्चे बचपन में वंचित प्यार के अभाव में गुमराह हो जाते हैं।

मेहरुन्निसा परवेज की कहानियों में पति-पत्नी

मेहरुन्निसा परवेज ने पति-पत्नी के सम्बन्धों की अस्तित्वहीनता को नये सन्दर्भ एवं नये ढंग से 'खामोशी की आवाज' में स्पष्ट किया है। अनु और रमेश दोनों भिन्न-भिन्न स्वभाव वाले हैं। अनु बहुत ही चंचल और मस्ती पसन्द नारी है जब कि रमेश बहुत ही सख्त मिजाज वाला पुरुष। रमेश के साथ अनु दोहरे व्यक्तित्व को लेकर जीती है। अनु और रमेश के जीवन में समस्याओं की चिनगारियों को भड़काने के लिए आती है अनु की एक सहेली। वह अनु के कमजोर पक्षों को सामने रखकर रमेश को अपनी ओर आकर्षित करने का प्रयास करती है। "रमेश को हर बात में हर समय झूठे ही अहमियत देना मुझे अच्छा लगता था। शायद यह मेरे मन की कमजोरी थी या मैं अनु की गृहस्थी की आग में अपने हाथ सेंकना चाहती थी।"[19]

अनु रमेश से सम्बन्ध-विच्छेद कर स्वतन्त्र जीवन बिताती है लेकिन वह अपने स्वतन्त्र जीवन में नाखुश है। उसे टूटने और बिखरने का अहसास होता है। एक बार अनु अपनी सहेली से मिलती है। वह उसके सामने अपने जीवन की उस सच्चाई का पर्दाफाश करती है जिसे वह चिरकाल से अपने अन्दर छुपाये रखी थी। वह कहती है "मेरे सपनों की चोरी तूने की है पर अब वह मलाल भी नहीं रहा... अच्छा ही हुआ जिन तिनकों को मैं बिखरा आयी, तूने उन्हें सहेज लिया... मुझे गृहस्थी टूटने का कोई दुःख नहीं है, वह तो होना था, मुझे विश्वास के झूठे हो जाने का दुःख है।"[20]

दाम्पत्य जीवन के टूटने का प्रमुख कारण समझौते का अभाव और कोई "तीसरे" का आगमन है। जब पति-पत्नी के जीवन में समझौते का अभाव रहता है तभी कोई तीसरा उनके जीवन में कदम रखने का साहस करता है। इस कहानी में इसी सत्य को लेखिका ने उभारा है। तीसरे के आगमन के परिणामस्वरूप तबाह होती एक निस्सहाय स्त्री की सिसकियाँ कक्ष में गूँजती हैं।

विवाहेतर स्त्री पुरुष सम्बन्ध और समस्याएँ

वर्तमान समाज में वैवाहिक जीवन की परिणति प्रायः ऊब और एकरसता में हो रही है। विवाह के कुछ दिनों अथवा कुछ महीनों पश्चात् विवाह पूर्व संजोये सारे सपने डगमगाने लगते हैं। परिणामस्वरूप पति-पत्नी के जीवन में एक प्रकार की नीरसता और शिथिलता का आधिक्य हो जाता है और उनमें आपसी दायित्व की भावना भी क्रमशः घटने लगती है। फलतः किसी तीसरे की ओर उनके लगाव के अनगिनत सन्दर्भ आते-जाते रहते हैं। कभी-कभी परिस्थितिवश वे "तीसरे" से नया सम्बन्ध भी जोड़ लेते हैं। प्रत्येक नये सम्बन्ध के शुरू होने के पश्चात् पुराने सम्बन्ध अस्तित्वहीन से लगते हैं, पर पूर्ण रूप से वे टूटते भी नहीं। क्योंकि विगत सम्बन्धों की प्रतिध्वनियों से वे बराबर घिरे रहते हैं, चाहकर भी वे उन प्रतिध्वनियों के घिराव से मुक्त नहीं हो पाते।

विवाहेतर स्त्री-पुरुष सम्बन्ध हमारे समाज में विशेषकर महानगरों में अति साधारण माने जाते हैं, क्योंकि इसे वे लोग आधुनिकता के अनुकूल मानते हैं। आधुनिक विख्यात लेखिका कमलादास ने अपने लेख में जीवन के निजी अनुभवों के अनुसार यह सिद्ध किया है कि हमारे समाज में 96% पुरुष और 73% महिलाएँ विवाहेतर सम्बन्ध रखती हैं।

विवाहेतर स्त्री-पुरुष सम्बन्ध पति-पत्नी के सम्बन्धों की अस्तित्वहीनता एवं खोखलेपन को दर्शाते हैं। विवाहेतर सम्बन्धों के पीछे जो मानसिकता है वह कई प्रभावों से बनती दिखाई पड़ती है। एक ओर अतृप्त काम वासना है तो दूसरी ओर मनचाहे प्रेम की प्राप्ति का अभाव है। बड़े-बड़े शहरों में स्त्री-पुरुष नये अनुभव और थ्रिल के लिए विवाहेतर सम्बन्ध रखते हैं। वैसे उनमें परम्परागत आत्मसमर्पण की भावना नहीं के बराबर रहती है।

लेखिकाओं ने आधुनिक परिवेश से उत्पन्न स्त्री पुरुष की ऐसी विशेष मानसिकता को, उनकी नैतिक विमुखता को भली-भाँति अंकित किया है।

(क) विवाहेतर स्त्री पुरुष सम्बन्ध और समस्याएँ

उषा प्रियम्वदा की कहानियों में : 'कितना बड़ा झूठ' कहानी की किरन विवाहिता और दो बच्चों की माँ है। अपना एक सुखी परिवार होते हुए भी वह परिवार से कट कर एकान्त वास करना चाहती है, क्योंकि "वह अपने पति विश्व से पूर्णतः ऊब चुकी है, पर केवल दो बच्चियों के कारण परस्पर समझौता-सा करके दिन बिता रही है। ऊब तथा एकरसता को तोड़ने के लिए वह विवाहेतर काम सम्बन्ध भी रखती है।"[21] इसमें किरन को अपने विवाहेतर सम्बन्ध से निराशा ही हासिल होती है क्योंकि उसका प्रेमी मैक्स एक अन्य लड़की से विवाह कर लेता है। किरन न तो मैक्स की बेवफाई पर प्रश्न कर सकती है और न ही उस पर किसी प्रकार का आरोप

थोप सकती है। क्योंकि किरन एक पत्नी और माँ है वह अपने आक्रोश को अन्दर ही अन्दर पीकर कुंठित-सी हो जाती है।

विवाहेतर स्त्री-पुरुष सम्बन्ध को उजागर करने वाली लेखिका की श्रेष्ठ कहानी है 'प्रतिध्वनियाँ'। प्रतिध्वनियाँ की नायिका वसु पति के अंकुश से बाहर निकल कर नित नये पुरुषों की बाहों में झूलती है। एक समय ऐसा आता हैं जब वह अपने वर्तमान से ऊब कर अतीत की दुनिया को सँवारना चाहती है; लेकिन वह जानती है कि इसके लिए उसका पति तैयार नहीं है। वसु जीवन की सारी खुशियों को रौंद कर उच्छृंखल जीवन बिताने को मजबूर हो जाती है।

'ट्रिप' कहानी में एक पत्नी पति की हाजिरी में, पति के इच्छानुसार एक तीसरे व्यक्ति से सम्बन्ध जोड़ती है। सोनी का पति एक प्रोफेसर है जो दिन-रात पेय पदार्थों के नशे में डूबा रहता है। इन नशीले पेय पदार्थों के समक्ष न बीवी है, न बच्चे। प्रोफेसर के विचार बहुत ही सैद्धान्तिक हैं। उसके अनुसार वैवाहिक जीवन का अन्तिम चरण "अन-रोमेंटिक" होता है, जिस कारण वह अपनी पत्नी से किसी प्रकार सम्बन्ध जोड़ना नहीं चाहता। परिणामस्वरूप वैवाहिक जीवन में अतृप्ति के कारण पत्नी सोनी स्टीफन नाम के एक व्यक्ति से सम्बन्ध स्थापित करती है। प्रोफेसर पत्नी के अवैध सम्बन्ध के बारे में जानता है। वह पत्नी से दो प्रमुख बातें कहता है—"एक, कि वह अपने अफेयर चुपचाप कंडक्ट करेगी, दूसरे इस आयु में वह नये बच्चे की जिम्मेदारी नहीं लेंगे। इसका वह ध्यान रखेगी।"[22] सोनी बिना हिचक के स्टीफन से अपना सम्बन्ध बनाये रखती है।

इस कहानी में आधुनिक जीवन के विशेष पहलुओं को उभारा गया है, जहाँ परम्परागत सम्बन्ध अपना शाश्वत मूल्य खो चुके हैं। पति-पत्नी के सम्बन्ध कितने भौतिक और बेरूमानी हो सकते हैं, इसका महान उदाहरण यह कहानी प्रस्तुत करती है।

(ख) मृदुला गर्ग की कहानियाँ और विवाहेतर सम्बन्ध : मृदुला गर्ग ने पति और प्रेमी के बीच उलझी एक पत्नी की विशेष मनोवृत्ति को और उसके अनोखे व्यवहार को 'अवकाश' कहानी में उभारा है। महेश और उसकी पत्नी जीवन के दोराहे पर खड़े हैं। महेश की पत्नी समीर से गहरा प्रेम करती है। पति महेश से तलाक लेकर वह प्रेमी समीर के साथ एक नयी जिन्दगी शुरू करना चाहती है। महेश के बहुत कहने पर भी वह अपने निर्णय पर अडिग रहती है।

नायिका प्रेमी समीर के सथ जिन्दगी को एक नया रूप देना चाहती है तो दूसरी ओर उसे पति को छोड़ते हुए भी दुःख होता है क्योंकि महेश ने उसे जीवन की सारी खुशियाँ दी हैं, जिस कारण अन्तिम घड़ी में वह अपना सारा प्यार महेश पर उँडेल देती है और कहती है "महेश दुःख मत करना... मेरा बेचारा प्यारा महेश... तुम भी सुखी हो सको, मेरी तरह सुखी।"[23] इस तरह कह कर पति को तन्हाई में छोड़ कर नायिका नयी जिन्दगी बसाने चली जाती है।

इस कहानी में आधुनिक नारी की दोहरी मानसिकता एवं अस्थितर विचारों को रूप दिया गया है। ऐसी ही, अस्थिर विचारों वाली नारी है 'रुकावट' की नायिका रीता। रीता एक उच्छृंखल नारी है जो स्नेही पति के होते हुए भी मदन नाम के एक दिलफेंक व्यक्ति के प्रेमपाश में उलझ जाती है। जब वह उसके अतीत की लीलाओं को सुनती है, तो उसे अपनी करनी पर बहुत दुःख होता है। वह सोचती है "उसका स्नेही, सज्जन, संवेदनशील पति।... उसकी हर इच्छा की पूर्ति करने के लिए तैयार रहता है... कोई संशय नहीं, अविश्वास नहीं, अशान्ति नहीं, क्या रखा था इस प्रेम सम्बन्ध में।"[24] रीता सोचती है कि अब वह अपने दिलफेंक प्रेमी से मिलेगी नहीं, क्योंकि होटल के लिफ्टमैन से लेकर मैनेजर तक उसे पहचानने लग गये हैं। लेकिन अगले ही क्षण उसके विचार बदल जाते हैं। मदन से विदा लेते समय पुनः आने का वादा करके वह चली जाती हैं।

मृदुला गर्ग की अधिकांश कहानियों का रचना विधान पति-पत्नी के वैवाहिक जीवन की विडम्बनाओं और पत्नियों की उच्छृंखल प्रवृत्तियों पर आधारित है।

मेहरुन्निसा परवेज़ ने पति पत्नी के नये सम्बन्धों को वाणी दी है। 'नंगी आँखों वाला रेगिस्तान' की नीरा को अपने अधेड़ उम्र के पति से पिता का स्नेह मिलता है। वांछित प्रेम के अभाव में उसका अतृप्त, प्यासा मन अमित के आकर्षक व्यक्तित्व की ओर खिंच जाता है। अमित उसे पूर्ण रूप से अपना नहीं पाता। क्योंकि वह एक विवाहित पुरुष है और दो बच्चों का पिता है। हालात से मजबूर होकर नीरा एक नयी दिशा की ओर बढ़ती है।

विभिन्न लेखिकाओं की कहानियों पर विचार करने से लगता है कि विवाहेतर सम्बन्ध कहीं-कहीं परिस्थिति जन्य होता है। कहीं आधुनिकता के कुप्रभाव से जन्म लेता है। महानगरीय संस्कृति इसको पनपने देती है।

प्रेम के आधुनिक स्वरूप को उजागर करने वाली कहानियाँ

आधुनिक प्रेम के सन्दर्भ में एक बारगी सारे परम्परागत नैतिक मूल्य रूढ़ हो गये हैं। प्रेम की पुरानी परिभाषा जड़ हो गयी है। वर्तमान जीवन में प्रेम को त्याग और बलिदान की कसौटी में न कसकर जीवन की यथार्थ कसौटी पर कसा जाता है। अतः आज "प्रेम" शब्द एक निरर्थक भाव को व्यक्त करता है। फिर भी यह शब्द जन-जन के मन में मुग्ध भाव जागृत करता है। प्रेम सम्बन्धों में यह परिवर्तन यान्त्रिकता एवं भौतिकता के कारण आया है। मशीनी युग बोध से उत्पन्न हुई जड़ता एवं निरीहता के क्षयकारी प्रभाव ने प्रेम सम्बन्धों पर जबरदस्त प्रहार किया है।

श्रीकान्त वर्मा के शब्दों में कहा जा सकता है कि "प्रेम अब भी एक जीवित शब्द है और उसे सुनते ही हमारी धड़कन में एक और ही धड़कन भर जाती है। अन्तर केवल इतना है कि अब वह भावुकता से भरा हुआ एक पीला, बीमार और एकांगी

शब्द नहीं रहा, बल्कि वह एक भयानक मगर मनुष्य के सबसे कीमती अनुभव के रूप में स्पष्ट होता जा रहा है।''[25]

आज के परिप्रेक्ष्य में प्रेम का व्यापक परिवर्तन होने पर भी प्रेम शब्द के मूल में एक संवेदना जुड़ी हुई है और इसी संवेदना के आधार पर प्रेम रस से हर प्रेमी जोड़ी अपनी आत्मा को स्निग्धता पहुँचाना चाहती है। परन्तु इस प्रयास में वह असमर्थ है क्योंकि आज के युग में प्रेम करते नहीं, प्रेम का अभिनय करते हैं।

प्रेम के इस बदलते स्वरूप को लेकर लेखिकाओं ने अनेक कथानकों की रचना की है जिनमें संवेदनाओं से रिक्त प्रेमी-प्रेमिकाओं के सम्बन्ध उभर कर आने लगते हैं। कहीं-कहीं यह सम्बन्ध शारीरिक आकर्षण के बाहरी पक्ष तक ही आकर रुक जाते हैं। परिवेशजन्य स्थितियों के कारण सम्बन्धों को मन की चारदीवारी के बाहर खड़ा करने के लिए मजबूर नायक नायिकाएँ भी कहीं-कहीं दिखाई पड़ते हैं। आज के मूल्यबोध ने मानव की इस नैसर्गिक संवेदना को कितना मटमैला बना दिया है और किस तरह प्रेम एक घटिया और अर्थहीन शब्द बन गया है इसका बहुत ही सशक्त चित्रण कई कहानियों में उपलब्ध होता है।

(क) मन्नू भंडारी की कहानियों में प्रेम का आधुनिक स्वरूप : मन्नू भण्डारी की कहानी 'चश्मे' में प्रेम के परिवर्तित स्वरूप का प्रभावात्मक चित्रण हुआ है। ''चश्मे'' का नायक अपने अतीत से घबराता है। जब भी उसे अतीत की स्मृतियाँ आक्रान्त करती हैं वह परेशान हो उठता है। आत्मग्लानि के बोध में वह बौना हो जाता है।

मिस्टर वर्मा शैल नाम की एक लड़की से प्रेम करता था। दोनों की शादी तक तय हो चुकी थी कि अचानक उसे क्षय रोग हो जाता है। मिस्टर वर्मा धीरे-धीरे शैल के जीवन से दूर होने लगता है। प्रेमी के ऐसे निष्ठुर व्यवहार से शैल पूर्ण रूप से बिखर जाती है। शैल के पिता मिस्टर वर्मा से अपनी बेटी की जिन्दगी माँगते हैं लेकिन वर्मा क्षयग्रस्त शैल को अपनी पत्नी बनाने में हिचकता है। शैल की मृत्यु उसी दिन होती है जिस दिन वर्मा और शैल की शादी तय हुई थी।

मिस्टर वर्मा को अपनी बेवफाई का अहसास जरूर होता है जिस कारण वह अपनी पत्नी के साथ सहज जिन्दगी जी पाने में असमर्थ होता है। गहराई के अन्धकार में वह डूबता जा रहा है।

इस कहानी में आधुनिक प्रेम की जड़ता, क्षणभंगुरता और स्वार्थपरता का पर्दाफाश हुआ है। मिस्टर वर्मा जैसे अनेक प्रेमी हैं जो प्रेम को मात्र स्वार्थ और भोग के तराजू में तौलते हैं। यही आधुनिक प्रेम का वास्तविक रूप है। आज न सम्बन्धों में गहराई है न रिश्ते पक्के होते हैं, न वादे निभाये जाते हैं। पल दो पल का साथ देकर नारी देह से सम्बन्ध जोड़कर खुशियाँ लूटना ही नये प्रेम का स्वरूप लगता है। पाश्चात्य सभ्यता के प्रभाव से रंगीन यह मानसिक वृत्ति, सम्बन्धों के खोखलेपन और

प्रेम के नाम पर किये जाने वाले स्वार्थपरक व्यवहार पर प्रकाश डालती है। वास्तव में यह मोह है। किसी को लूटने का और तबाह करने का नया तरीका है।

लेखिका की कहानी 'आते-जाते यायावर' में एक बेवफा प्रेमी की दगाबाजी की कथा है। नरेन एक 'फ्लर्ट' किस्म का व्यक्ति है। यायावर प्रवृत्ति का नरेन विदेशी सभ्यता से प्रभावित है। नरेन विवाहित है लेकिन किसी कारणवश उसकी पत्नी उसे छोड़ देती है। नरेन अपने आकर्षक व्यवहार से लड़कियों को फँसाता है। इस प्रकार के कृत्रिम दुलार और छद्म प्रेम से ही स्त्रियाँ भटकाव और शोषण की शिकार बनती हैं। लेकिन आत्मसजग और प्रबुद्ध मिताली नरेन के इस कृत्रिम दुलार से बच निकलती है।

प्रेम के वायवीय स्वरूप का चित्रण इस कहानी में हुआ है। आधुनिक प्रेम संवेदनाओं के धरातल पर न होकर शारीरिक आकर्षण पर आधारित है। सौन्दर्य, मादकता और अर्थ के अभाव में स्त्री कभी भी प्रेम के क्षेत्र में सफल नहीं हो पाती है।

प्रेम के एक दूसरे रूप को लेखिका ने 'यही सच है' कहानी में प्रतिष्ठित किया है। मन्नू भंडारी की यह कहानी प्रेम कहानियों के बीच बहुचर्चित है। कहानी एक प्रेमिका और दो प्रेमियों के बीच उलझी हुई है। नायिका दीपा के दो प्रणय बिन्दु हैं संजय और निशीथ। निशीथ दीपा का किशोरावस्था का प्रेमी था लेकिन किसी कारणवश दोनों में अनबन हो जाती है।

दीपा कलकत्ते से कानपुर आती है। रिसर्च करते हुए उसकी जिन्दगी में संजय का आगमन होता है। संजय से वह बेहद प्यार करती है। निशीथ के बारे में वह संजय से सब कुछ बता देती है और संजय को विश्वास दिलाना चाहती है कि उसका प्रेम बिल्कुल ही निराधार था क्योंकि अट्ठारह वर्ष की आयु में किया हुआ प्यार एक प्रकार का पागलपन मात्र होता है।

दीपा एक इण्टरव्यू के सिलसिले से कलकत्ता जाती है वहाँ उसकी मुलाकात निशीथ से होती है। पहले वह सोचती है कि निशीथ को पहचानने से इन्कार कर वह अपने प्रति किये गये अपमान का बदला लेगी। लेकिन वह ऐसा नहीं कर पाती। क्योंकि उसके दिल की अतल गहराई में अट्ठारह वर्ष में किये गये उस प्रेम की कुछ संवेदनाएँ अब भी जाग्रत थीं। तभी तो वह सोचती है "निशीथ कितना दुबला पड़ गया है, लगता है जैसे मन में कहीं गहरी पीड़ा छिपाये बैठा है।"[26] "निशीथ ने अभी तक विवाह क्यों नहीं किया।"[27]

निशीथ दीपा को नौकरी दिलाने के लिए भरसक प्रयत्न करता है। इस दौरान घूमते-घूमते दीपा सोचती है कि वह निशीथ को संजय की बात बता देगी, लेकिन दीपा कह नहीं पाती है क्योंकि वह सोचती है कि कहीं निशीथ नौकरी दिलाने में दिलचस्पी कम न कर दे। इसके साथ-साथ अनजाने में उसे निशीथ के प्रति मोह-सा

होने लगता है। "दीपा के सम्मुख बार-बार संजय के स्थान पर निशीथ की आकृति आ खड़ी होती है और वह सोचने लगती है कि संजय से उसका सम्बन्ध प्यार का नहीं कृतज्ञता का था। वह उसकी कृतज्ञता को ही प्यार समझने लगी। संजय एक पूरक था। वह गलती से उसे प्रियतम समझ बैठी। वह सोचती है कि अब यह बात अच्छी तरह जान गयी है कि प्रथम प्रेम ही सच्चा प्रेम होता है। बाद में किया हुआ प्रेम तो अपने को भूलने का, भरमाने का प्रयास मात्र होता है।"[28] कानपुर लौटते समय निशीथ दीपा को विदा करने के लिए स्टेशन आता है। गाड़ी छूटते ही वह उसका हाथ पकड़ लेता है। दीपा मन ही मन सोचने लगती है कि "मैं सब समझ गयी, निशीथ, सब समझ गयी। जो कुछ तुम इन चार दिनों में नहीं कह पाये वह तुम्हारे इस स्पर्श ने किया।"[29]

कानपुर लौटकर दीपा निशीथ की यादों में खो जाती है। वह बेसब्री के साथ निशीथ के पत्र का इन्तजार करती है। उसे उसका तार आता है कि नौकरी पक्की हो गयी। तत्पश्चात् निशीथ की औपचारिकता वश लिखी एक चिट्ठी उसे मिलती है। वह निशीथ की चिट्ठी में खोयी रहती है। तभी संजय ढेर सारे रजनीगंधा के फूल लिये द्वार पर खड़ा होता है। वह शून्य दृष्टि से उसे देखती रहती है और दौड़ कर उससे लिपट जाती है "तुम कहाँ चले गये थे संजय" दीपा का स्वर टूटने लगता है। संजय पर दीपा की जकड़ कसती जाती है। रजनीगंधा की खुशबू चारों ओर बिखर जाती है। वह अपने गालों पर संजय के अधरों का स्पर्श महसूस करती है। उसे लगता है संजय की बाहों का बन्धन, उसका स्पर्श, उसके साथ बीत रहे क्षण ही सत्य हैं बाकी सब मिथ्या है।

इस कहानी में लेखिका ने प्रेम के तिकोन को नये ढंग से प्रस्तुत किया है। प्रेम के बारे में आधुनिक प्रबुद्ध नारी के मन में जो कशमकश है उसका विवरणात्मक चित्रण इस कहानी में दृष्टिगत होता है। इस कहानी के सम्बन्ध में लेखिका के विचार इस प्रकार हैं–"एक लड़की का दो युवकों से समान रूप से लगाव, यह स्थिति-प्रचलित परम्परा से थोड़ी हटकर है और शायद इसी वजह से यह कहानी एक "बोल्ड अटेम्ट" के रूप में बहुचर्चित हुई थी... एक साथ दो व्यक्तियों से लगाव और इस स्थिति में दुविधा और अनिर्णय के मानसिक उहापोह से गुजरना कोई अनहोनी बात तो नहीं... निर्णय किस ओर जाता है यह और कई बातों पर निर्भर करता है। निर्णय मेरे लिए महत्त्वपूर्ण नहीं था। महत्त्वपूर्ण थी वह दुविधामय मानसिक स्थिति।"[30]

(ख) प्रेम का नया स्वरूप उषा प्रियंवदा की कहानियों में : आधुनिक प्रेम के बदलते स्वरूप की गवाही उषा प्रियम्वदा की कहानियों में मिलती है। 'मोहब्बत' कहानी में प्रेम के आधुनिक स्वरूप को बड़ी मार्मिकता के साथ प्रस्तुत किया गया है।

अचला और नीलू दो सहेलियाँ हैं। अचला बहुत ही भावुक एवं आदर्श विचारों वाली है जो देवेन्द्र से प्यार करती है। इसके ठीक विपरीत नीलू रंगीन मिजाज की है जो जिन्दगी को मात्र आस्वादन के अर्थ में लेती है। जिन्दगी का आस्वादन करते-करते नीलू अपनी सहेली से उसके प्रेमी को छीन लेती है। अचला बेबस पंछी की तरह तड़पती रह जाती है। नीलू की शादी राजन नाम के एक व्यक्ति से होती है लेकिन शादी के बाद भी वह अपने रंगीन मिजाज पर काबू नहीं पा सकती। शादी के पश्चात् उसका सम्बन्ध कई पुरुषों से होता है। राजन को अहसास होने लगता है कि नीलू के जीवन में उसका गौण स्थान है। नीलू की ओर से उपेक्षित राजन अचला के करीब आता है और दोनों को करीबी का अहसास भी होता है। अचला पूर्ण रूप से राजन को पा लेती है। उसे लगता है कि उसका नारीत्व सार्थक हो गया है क्योंकि अपने प्रेमी को छीनने वाली नीलू से उसने उसका पति छीन लिया है।

'मोहबंध' कहानी के शीर्षक से ही व्यक्त हो जाता है कि यहाँ प्रतिपादित सम्बन्ध पारस्परिक मेल-मिलाप पर आधारित न होकर सिर्फ मोह पर ही केन्द्रित हैं। मोह का बन्धन क्षणिक होता है और इस कारण समय के साथ वह धूमिल भी हो जाता है। आधुनिक पति-पत्नी के सम्बन्ध भी इस तरह समय के साथ धूमिल होने लगते हैं और इन सम्बन्धों में कोई भी ठोस बात नहीं रह जाती। पति को बदलना या पत्नी को बदलना और पति के होते हुए किसी दूसरे से सम्बन्ध जोड़ना आदि आधुनिक "तथाकथित प्रेम" के स्वरूप हैं जिसे नकारा नहीं जा सकता। मोहबन्ध इसका प्रमाण है। प्रेम के क्षेत्र में नारी के प्रतिक्रियाजन्य द्वेष को उषा प्रियम्वदा ने 'मछलियाँ' कहानी में उजागर किया है। विजी और मनीश प्रेमी-प्रेमिका हैं। ऐसी ही एक युगल जोड़ी है मुकी और नटराजन की। मनीश, प्रेमिका विजी से पिंड छुड़ाने के लिए मुकी से प्रेम का नाटक रचता प्रतीत होता है। विजी की दयनीय स्थिति देखकर नटराजन उसके प्रति सहानुभूति दर्शाता है। विजी नटराजन को अपना भाई मानती है क्योंकि एक भाई की ओर से अपेक्षित सहायता विजी को नटराजन से मिलती है। विजी के प्रति नटराजन की सहानुभूति और दायित्व को देखकर मुकी अपने प्रेमी नटराजन को गलत समझ बैठती है। विजी मनीश की फ़रेबी से टूट-सी जाती है। वह भारत लौटने का निश्चय कर लेती है। नटराजन 1500 डालर का चेक देकर उसकी सहायता करता है। मुकी की ईर्ष्या को और भड़काने के लिए विजी यह बात मुकी से कहती है। मुकी ईर्ष्या और क्रोध से जलभुन जाती है और नटराजन से विवाह का वचन तोड़ देती है।

नारी चाहे कितनी भी शिक्षित एवं आधुनिक क्यों न हो फिर भी पुरुष पर मात्र अपना अधिकार स्थापित करने का उसका परम्परावादी दृष्टिकोण अब भी मौजूद है। विदेशी परिवेश में प्रेम करने वाले युवक-युवतियों की विवशता, टूटने बिखरने की स्थिति व दिशाहीनता का सार्थक चित्रण इस कहानी में उभर आया है।

'पिघलती हुई बर्फ' में लेखिका ने मनोवैज्ञानिक धरातल पर प्रेम में होने वाली समस्याओं को व्यक्त किया है। अक्षय शोध-कार्य के लिए विदेश जाता है। वहाँ उसकी जिन्दगी में सुधीरा नाम की एक लड़की आती है। दोनों एक-दूसरे के बहुत करीब आते हैं। सुधीरा का एक दोस्त है बीरू, जिससे अक्षय को सख्त नफरत है, एक बार बीरू अक्षय से उसकी गाड़ी माँगता है। अक्षय मौके का फायदा उठाकर उसे एक ऐसी गाड़ी देता है जिसमें ब्रेक नहीं होती है। अक्षय ने जैसे चाहा था वैसे ही गाड़ी दुर्घटनाग्रस्त होती है और उस दुर्घटना में बीरू की मृत्यु हो जाती है और सुधीरा अपाहिज हो जाती है।

प्रेम में पागल अक्षय की मानसिक स्थिति रोगग्रस्त हो जाती है। अपने शत्रु को मारने के उद्देश्य को पूरा करने के साथ-साथ वह अपनी प्रेमिका को भी अपाहिज कर देता है। आत्मग्लानि और गम में वह पल-पल गलने लगता है। उसे लगता है कि बीरू के खून के धब्बे उसके हृदय पर बिखरे पड़े हैं। इस कहानी में एक जीवन्त सत्य का उद्घाटन हुआ है। स्त्री को पाने के लिए पुरुष किसी प्रकार का घिनौना अपराध करने से भी बाज नहीं आता। प्रतिशोध की अग्नि में वह इतना अंधा हो जाता है कि अन्जाम की चिन्ता किये बिना वह पागलपन दिखा बैठता है।

अर्थाभाव के कारण प्रेम के टूटने की स्थिति का सार्थक चित्रण लेखिका ने 'जिन्दगी और गुलाब' कहानी में खींचा है। सुबोध एक बेरोजगार नौजवान है। अत्यधिक अहंनिष्ठ होने की वजह से वह अपनी नौकरी से इस्तीफा दे देता है और बहन वृन्दा पर आश्रित रहता है। सुबोध की प्रेयसी शोभा अपने प्रेमी के घुटन भरे जीवन और पंगु व्यक्तित्व को देखकर उदास हो जाती है। गुलाब के फूल एवं सुनहरे सपनों को संजोनेवाली शोभा सुबोध के जीवन से दूर हो जाती है।

आर्थिक पराधीनता की वजह से उत्पन्न मोहभंग की स्थिति के व्यावहारिक रूप को लेखिका ने इस कहानी में स्पष्ट किया है। प्रेम और स्त्री पुरुष सम्बन्ध सब अर्थ के अधीनस्थ हैं। अर्थ के अभाव में प्रेमिका प्रेमी से अपना पल्ला छुड़ा लेती है और इस कहानी में लेखिका ने इस सत्य को उजागर किया है कि प्रेम का स्थान अर्थ के समक्ष गौण ही होता है।

'झूठा दर्पण' कहानी में लेखिका ने अमृता और यति के प्रेम के माध्यम से आधुनिक प्रेम के नये स्वरूप को रेखांकित किया है। यतीन्द्र विवाहित और दो बच्चों का पिता है। लेकिन अमृता इसकी चिन्ता नहीं करती। दोनों के प्रेम सम्बन्ध का मूल कारण उनका मानसिक लगाव और मानसिक ऐक्य है।

अमृता की शादी कुंवर नाम के एक सम्पन्न व्यक्ति के साथ तय हो जाती है। अमृता अपनी शादी से नाखुश है क्योंकि वह यतीन्द्र की ओर आकृष्ट है; लेकिन वह मजबूर है क्योंकि यतीन्द्र एक विवाहित पुरुष और उसकी सहेली मीरा का पति है। शादी के एक दिन पूर्व वह यतीन्द्र को एक रेस्त्राँ में आमन्त्रित करती है। रेस्त्राँ

में उसे यतीन्द्र की जगह अपना भावी पति कुंवर मिल जाता है। वह उसके साथ बैठने को मजबूर हो जाती है। अमृता सामने के दर्पण में यतीन्द्र का प्रतिबिम्ब देखती है दोनों की आँखें मिलती हैं। लेकिन वे एक-दूसरे को पहचानने से इन्कार कर देते हैं क्योंकि दोनों विवश हैं। यहाँ लेखिका ने मोहभंग की स्थिति को विस्तृत परिवेश में चित्रित किया है। जीवन में इस प्रकार के मोहभंग के चित्र बहुत सारे मिलते हैं। स्त्री-पुरुष सम्बन्धों में हमेशा इस तरह की बेबसी और बेकसी बनी रहती है जो आगे चलकर एक मीठा दर्द मात्र बनकर रह जाता है।

(ग) दीप्ति खंडेलवाल की कहानियों में प्रेम तत्त्व : 'दो पल की छाँव' कहानी में विफल प्रेम की व्यथा है। इसमें एक नारी है जो प्रेम के नाम से लूट ली गयी होती है जिसके पास प्रेमी की निशानी के रूप में उसके अवैध सम्बन्ध से उत्पन्न एक बेटी है। नायिका को जीवन की तन्हाई में कुछ पल के लिए एन्टोनी का साथ मिलता है। उसका अपनापन और उसकी आत्मीयता को देखकर वह उसकी ओर आकर्षित होने लगती है लेकिन वह उसे दो पल की ही छाँव दे पाता है क्योंकि वह स्वयं कुंठित और पराजित व्यक्ति है।

यहाँ दीप्ति ने-जो आधुनिकता बोध के शिकार बनकर राहों से दूर भटकनेवाले स्त्री-पुरुषों के जीवन की झाँकी प्रस्तुत करते हुए एक बार फिर स्त्री की असहाय अवस्था की ओर हमारा ध्यान आकृष्ट किया है। स्त्री हमेशा किसी की छाया चाहती है और पुरुष की बाँहों का सहारा पाकर जीवन को सार्थक बनाना चाहती है। परन्तु कभी-कभी हमसफर दो पल की छाँव देकर बिछड़ जाते हैं। यह आधुनिक जीवन की विवशता है।

'स्वयंवर' कहानी में लेखिका ने लैला-मजनू के प्रेमादर्श को आधार बनाकर आधुनिक युग में जीने वाले दो प्रेमियों के प्रणय प्रसंग पर प्रकाश डाला है। राधा और मोहन सहपाठी हैं। दोनों एक-दूसरे को जी-जान से चाहते हैं। मोहन सम्पन्न वर्ग का है और राधा निर्धन परिवार की। आधुनिक प्रेमियों के विचार—जैसे 'डोंट मेक लाइफ टैबू'—से ये दोनों कोसों दूर हैं। परम्परागत प्रेमादर्श पर चलने वाले मोहन और राधा प्रेम के क्षेत्र में इस कदर आगे बढ़ जाते हैं कि अनजाने में राधा गर्भवती हो जाती है। राधा के गर्भवती होने पर बदनामी के डर से ये दोनों आत्महत्या करके प्रेम के नाम पर अमर हो जाते हैं।

यह कहानी अत्यन्त ही अस्वाभाविक लगती है क्योंकि आधुनिक युग में ऐसे लैला-मजनू कम ही नजर आते हैं।

वर्ग भेद को उजागर करने वाली कहानियाँ

जिन्दगी की विभीषिका को तीव्रता से भोगनेवाला वर्ग है निम्न वर्ग, जो समाज में सबसे अधिक सन्त्रस्त एवं अभिशप्त है। आजादी की प्राप्ति के पश्चात् इस वर्ग की

स्थिति में थोड़ा बहुत परिवर्तन आया है। फिर भी रोटी की समस्या अब भी पूरी तरह हल नहीं हो पायी है। निम्न वर्ग के सामने मूल रूप से रोटी की समस्या ही प्रमुख है। उन्हें न मध्यवर्ग के समान अपने "स्टेटस" की चिन्ता है और न झूठी शान की। अपनी छोटी दुनिया में रोजी रोटी, बीवी बच्चे के अतिरिक्त उनकी कोई बड़ी-बड़ी आशाएँ नहीं होतीं। फिर भी इन आवश्यकताओं की पूर्ति में ही उनकी सारी जिन्दगी गुजर जाती है। परेशानियों में उलझ कर कभी-कभी वे जीना तक भूल जाते हैं। जीवन की कोमलतम अनुभूतियों का और नित प्रतिदिन विकसित होने वाली जीवन सुविधाओं का उन्हें ज्ञान तक नहीं होता। मनुष्य होकर भी ये दो पैरों के जानवरों से बदत्तर जिन्दगी गुजारते हैं।

अर्थाभाव के कारण रोटियाँ कमाने के लिए दर-दर भटकनेवाले इस वर्ग के लिए जीवन एक अभिशाप है। जीवन की बुनियादी आवश्यकताओं की पूर्ति के लिए दम तोड़ मेहनत करने वाला निम्न वर्ग उच्च वर्ग की आँखों में हमेशा खटकता रहता है। आलीशान अट्टालिकाओं में सभी प्रकार के सुख एवं वैभवयुक्त जीवन बितानेवाले अमीर कभी-भी इस वर्ग के प्रति सहानुभूति नहीं दिखा पाते। गरीबी को एक रोग समझने वाले उच्च वर्ग के लोग गरीबों के साये तक से भय खाकर दूर भागते हैं। इस प्रकार आधुनिक समाज में उच्च वर्ग और निम्न वर्ग के बीच के फासले अत्यन्त गहरे बनते जा रहे हैं। इन बढ़ते हुए फासलों को मानवीय परिप्रेक्ष्य में प्रस्तुत करने की कोशिश लेखिकाओं ने की है। इन लेखिकाओं की कहानियों में जो वर्ग संघर्ष मिलता है वह न तो मार्क्सवादी दृष्टिकोण से परिनिर्देशित हुआ है और न ही पूँजीवादी दृष्टिकोण से। बदलते हुए भारतीय परिवेश में उभरते हुए नये यथार्थ का बोध कराने के उद्देश्य से एक सीमा तक ये कहानियाँ संचालित हुई लगती हैं।

(क) वर्ग भेद को स्पष्ट करने वाली मृदुला गर्ग की कहानियाँ : मृदुला गर्ग ने बहुत सारी कहानियों में वर्ग भेद की ज्वलन्त समस्या को अभिव्यक्ति दी है। 'उसका विद्रोह' कहानी में लेखिका ने उच्च वर्ग की दमननीति और निम्न वर्ग के उसके प्रति विद्रोह को सन्दर्भ सापेक्ष रूप में प्रस्तुत किया है। इसमें एक नौकर है जो एक उच्च वर्ग के घर पर काम करता है। उस नौकर का अपने ऊपर कोई अधिकार नहीं है। साहब और मेमसाहब के इच्छानुसार ही उसे अपने व्यक्तित्व को ढालना पड़ता है। वह अपने साहब-मेहसाहब के विरुद्ध आवाज बुलन्द नहीं कर पाता क्योंकि साहब के घर की, आराम की जिन्दगी को देखकर वह अपने अस्तित्व को ही भूल जाता है। उसे अपने व्यक्तित्व पर तब विश्वास होता है जब उसे अपनी शादी की सूचना मिलती है। यह सूचना उसकी जिन्दगी में एक नयी उमंग भर देती है। इस उमंग से उद्भूत आशा उसके मन को ढाँढस बँधाती है और उसके दमित व्यक्तित्व को जागृत करती है। उसमें आत्मविश्वास की भावना विकसित होने लगती है। उसके व्यक्तित्व में दमित विद्रोह की भावना तब भड़क उठती है जब मालकिन

उसकी गलती पर अपनी सहेलियों के सामने उसे भला-बुरा कहती हैं। नौकर गुस्से में बर्तनों को यहाँ-वहाँ उठाकर फेंकने लगता है और जोरों से दरवाज़ा बन्द कर नलकी के नीचे बैठकर बेसुरे राग में गाना गाकर नहाने लगता है ताकि सब कह उठें कि पड़ोस का नौकर किस कदर उद्दंड और गुस्ताख है।

यहाँ परिस्थिति एवं परिवेश से प्रेरित निम्न वर्ग का विद्रोहात्मक स्वरूप उभर आया है। नौकर के मन में विद्रोह एक कुंठा के रूप में बसता है। अनुकूल परिस्थिति में गुस्ताखी के रूप में वह प्रकट होने लगता है। विद्रोह का यह स्वाभाविक विस्फोट है।

'टुकड़ा-टुकड़ा आदमी' में लेखिका ने निम्न वर्ग की निष्कलंकता और भोलेपन को उजागर किया है। निम्न वर्ग की निष्कलंकता का फायदा उठाने वाले उच्च वर्ग पर लेखिका ने तीखा प्रहार किया है।

सुबोध कुमार एक सीमेंट कम्पनी का चेयरमैन है। रामदीन और बलिया निम्न वर्ग के कामगार हैं। एक बार बारिश के मौसम में गरीब कामगारों के घर पानी में बह जाते हैं। सुबोध कुमार और उस सीमेंट कम्पनी के मैनेजर घटना स्थल पर आते हैं और नयी मजदूर कालोनी बनाने का वादा कर चले जाते हैं। रामदीन और बलिया जैसे निष्कलंक ग्रामीण सुबोध कुमार जैसे कपटी लोगों की कृत्रिम बातों से अनभिज्ञ हैं। वे नयी कालोनी का सपना देखने लगते हैं। लेकिन यह सपना सपना मात्र रह जाता है। सुबोध कुमार स्वार्थ और वासना की गर्त में डूबकर गरीब जनता के समक्ष किये वादों को भूल जाता है। अपनी रखैल से किये वादे को निभाने के लिए वह गरीबों के सपनों को निर्ममता से रौंद देता है।

उच्च वर्ग के मुखौटाधारी मनुष्य किस तरह गरीब जनता को लूट कर उनकी संवेदनाओं को नष्ट कर देते हैं, इस सत्य की ओर कहानी संकेत करती है। आजाद भारत में शोषण के कई नये रूप विद्यमान हैं। इनमें से एक की चर्चा इस कहानी में प्रस्तुत की गयी है। मैनेजर बाढ़ से पीड़ित नौकरों के लिए मकान बनवाने का बादा करता है लेकिन वादा पूरा करता है, अपनी रखैल का। मैनेजर की आँखों में मजदूर और नौकर जानवर जैसे हैं जो किसी भी हालत में जिन्दगी गुजारने के लिए अभिशप्त हैं। गरीब कामगारों के जीवन को सँवारने के लिए मैनेजर के पास पैसे नहीं हाते जब कि ऐश और आराम के लिए पैसों की कोई कमी नहीं होती। स्वातन्त्र्योत्तर भारत का यह एक उभरता हुआ चित्र है।

वर्ग भेद को स्पष्ट करने वाली दूसरी कहानी है 'पोंगल-पोली'। सोनम्मा, धकीरप्पा, बेरू, शातम्मा आदि निम्न वर्ग के गरीब जन हैं जो आईहोले खण्डहर के पास रहते हैं। आईहोले खण्डहर के निरीक्षण के लिए शहर से एक स्त्री-पुरुष मोटर में आते हैं। स्त्री का सौन्दर्य उसके आभूषण और उनके हाथों की अन्य सामग्रियों को देखकर सोनम्मा और अन्य लोग दंग रह जाते हैं। स्त्री-पुरुष गाँववासियों के

रहन-सहन को देखकर बड़े ही घृणात्मक ढंग से उनके साथ पेश आते हैं। गाँववासियों की इज़ाजत के बिना वे वहाँ की मूर्तियों को उठाकर ले जाते हैं। गाँव वाले उनका विरोध नहीं करते क्योंकि वे जानते हैं कि उच्च वर्गों के विरुद्ध आवाज़ बुलन्द करना बेकार है। उच्च वर्ग के आगे घुटने टेकना एक नियम-सा हो गया है। निम्न वर्ग पर आधिपत्य स्थापित करना उच्च वर्ग अपना जन्मसिद्ध अधिकार मानता है। यहाँ तक कि वह यह समझता है कि निम्न वर्ग के लोगों को जीने का अधिकार तक नहीं है। गन्दगी से भरपूर वातावरण में भेड़-बकरियों के समान जीवन बिताने वाले इन लोगों की कोमल भावनाओं के प्रति उच्च वर्ग घृणात्मक दृष्टि रखता है।

निम्न वर्ग की विवशता को लेखिका ने 'मौत में मदद' कहानी में रेखांकित किया है। अनिल और उसकी पत्नी उच्च वर्ग के हैं। उनके घर का माली है बुद्धन, जो सर्वहारा निम्न वर्ग का है, बुद्धन पारिवारिक समस्याओं से ग्रस्त है जिस कारण बागवानी की ओर उसका ध्यान जाता ही नहीं। बुद्धन की समस्याओं को देखकर अनिल की पत्नी समय-समय पर उसकी सहायता करती है लेकिन अनिल निम्न वर्ग को चालबाजों का वर्ग समझता है।

एक बार बुद्धन का लड़का बीमार पड़ता है। वह अपनी मालकिन से सहायता माँगता है। लेकिन वह उसकी सहायता करने में असमर्थ रहती है। परिणामस्वरूप उचित चिकित्सा के अभाव में बुद्धन के बेटे की मृत्यु हो जाती है। बेटे की मृत्यु के पश्चात् बुद्धन फिर अपनी मेम साहब के पास जाता है पैसे के लिए, क्योंकि बेटे के अन्तिम संस्कार के लिए भी उसके पास पैसे नहीं होते। तब अनिल औपचारिकतावश उसे तीस रुपये देता है। मौत में मदद करने वाला अनिल पुत्र की चिकित्सा के लिए पैसा नहीं देता। लेकिन पुत्र की अन्तिम क्रिया के लिए पैसा देकर उसकी "सहायता" करता है।

इस कहानी में परोक्ष रूप से यह सूचित किया है कि निम्न वर्ग का इस दुनिया में कोई मूल्य नहीं है। जो आदमी अपनी रोटी नहीं कमा सकता, बीमारी का इलाज नहीं करा सकता उसके लिए उचित सहारा मृत्यु ही है। मृत्यु के मुँह में भेजने के लिए उच्च वर्ग हमेशा उनकी सहायता करता है।

(ख) वर्ग भेद दीप्ति खंडेलवाल की कहानियों में : 'कोशिश में' कहानी के मिसेज गुप्ता, गुप्ता, मित्रा, राजेन्द्र आदि उच्च वर्ग के हैं और सब्जी बेचनेवाला करीम निम्न वर्ग का है। करीम का रहन-सहन और वेश-भूषा देखकर मित्रा और राजेन्द्र उसे जानवर की उपाधि देते हैं। लेकिन उसकी वेदना और समस्याओं को समझने का प्रयास मात्र मिसेज गुप्ता करती हैं। करीम की वीभत्स स्थिति को देखकर उसे जानवर कहने वाला मित्रा स्वयं जानवरों से भी बदतर है। जिस तरह जानवर खाने की चीज़ को देखकर लार टपकाते हैं वैसे ही मिसेज गुप्ता के उभारों को देखकर मित्रा के मुँह से लार टपकने लगता है। "जानवर कहते मित्रा की लोलुप दृष्टि मेरी नारी

देह के उभारों पर लार टपकाने लगी थी। जानवर... हाँ जानवर है तो... मैंने वक्ष पर आँचल ठीक करते मित्रा की ओर देखते कहा जानवर का अर्थ मित्रा कहाँ समझे। सेक्स के प्रति मित्रा की भूख को देखकर मिसेज गुप्ता को कई बार दो पैरों वाले जानवर याद आते हैं।"[31] और विवशतावश पति की तरक्की के लिए मिसेज गुप्ता को इन जानवरों का शिकार बनना पड़ता है।

समाज में उच्च और सभ्य कहलाने वाले ये उच्च वर्ग के लोग निम्न वर्ग को जंगली जानवर कहते हैं। परन्तु अपने नाखून और दाँत छिपाकर रखते हैं और मौका पाकर इसका इस्तेमाल करते हैं। इस तरह के घिनौने आचरण पर जानवरों को भी उन पर आपत्ति हो सकती है। करीम जानवर का रूप धारण करता है रोटी कमाने के लिए, जबकि मित्रा जानवर बनता है परायी स्त्रियों को देखकर।

उच्च वर्ग की कृत्रिमता और निम्न वर्ग के यथार्थ को लेखिका ने 'जमीन' कहानी में प्रस्तुत किया है। माधो निम्न वर्ग की अशिक्षित नारी है जिसका अपना मनचाहा जीवन है। पति के अत्याचार को कभी वह मूक होकर सहती है तो कभी क्रोधित होकर। फिर भी उसे अपने जीवन से कोई शिकवा-शिकायत नहीं। माधो के जीवन से ठीक विपरीत उसकी मालकिन ऐशो-आराम की जिन्दगी जीती है। फिर भी उसे जीवन में कुछ अभाव खटकता है। औपचारिकता की शिकार बनी मालकिन की जिन्दगी बाहर से जितनी खूबसूरत लगती है अन्दर से उतनी ही खोखली नजर आती है। तभी तो वह माधो की जिन्दगी को देखकर सोचती है "वह भी एक औरत है जैसी मैं हूँ। मेरे अरुणिम कपोलों पर मेरी घनी श्यामल पलकें इन्द्रजाल रचा करती हैं... राकेश उस इन्द्रजाल को चूम लिया करते हैं... सौन्दर्य, सौरभ और संगीत के अहसास मेरे जीवन के पर्याय हैं किन्तु फूला के सम्मुख मेरे जीवन के पर्याय झूठे पड़ने लगते हैं... फूला मुझे वास्तविक जिन्दगी का पर्याय लगती है... कहीं मैं फूला होती... सोचती मैं काँपने लगती हूँ फूला में और मुझ में अन्तर है... स्थितियों का ही न"।[32]

इस कहानी में दो वर्गों की स्त्रियों के जीवन का तुलनात्मक चित्रण हुआ है। उच्च वर्ग की नायिका पति की स्वार्थता की शिकार बनी रहती है और रजनी गंधा के फूलों के समान रात की खामोशी में दूसरों की बाहों की शोभा बनती है जबकि निम्न वर्ग की नायिका अपने पति के हाथों में ही अपनी जिन्दगी की खुशियों को सौंप कर चैन की जिन्दगी जीती है। उसे अपने जीवन में न कहीं कोई अभाव नजर आता है और न ही उसे अपनी जिन्दगी अपूर्ण लगती है।

मन्नू भंडारी ने भी अपनी कुछेक कहानियों में उच्च वर्ग के शोषण का विस्तार के साथ चित्रण किया है। 'खोटे सिक्के' के खन्ना साहब टकसाल के उच्च पदाधिकारी हैं। एक बार टकसाल देखने कुछ कॉलेज की छात्राएँ आती हैं। खन्ना साहब सहर्ष उनके साथ घूम-घूम कर टकसाल का विस्तृत विवरण देते हैं साथ-साथ

रंगीन चुटकुलों से उनका मनोरंजन भी करते हैं। ऐन वक्त पर एक गरीब औरत रो-पीट कर खन्ना साहब के समक्ष याचना करती है जिसका पति दो साल पूर्व टकसाल में काम करते हुए अपाहिज हुआ था। रंग में भंग होने के कारण खन्ना साहब उसे चपरासी के द्वारा बाहर निकलवा देते हैं।

परिस्थितियों के परिवर्तन के साथ मनुष्य किस तरह खोटा आचरण करता है इसका उदाहरण है 'खोटे सिक्के' कहानी। उच्च वर्ग का खन्ना साहब निम्न वर्ग की नारी की विवशता को अनदेखा कर नवयुवतियों के साथ रंगबाजी करता है। उस वक्त उनकी खुशियों में बाधा डालने वाली उस निम्न वर्ग की स्त्री को बाहर निकाल देना वैसे एक साधारण-सी घटना है। और ऐसी घटनाएँ आम तौर पर देखने को मिलती भी हैं। परन्तु उसकी गहराई में जो भावनात्मक स्थिति विद्यमान है वह आचरण के सिक्कों को खोटा साबित करने के लिए पर्याप्त है।

'नकली हीरे' की अर्थ सम्पन्न मिसेज शरण यद्यपि बाहर से खुश नजर आती है लेकिन अन्दर से वह हर एक पल टूटती ही रहती हैं, जबकि उसकी छोटी बहन इन्दु एक साधारण से स्कूल मास्टर से विवाह करके भी सुखी जीवन बिताती है। इन्दु का सुखी दाम्पत्य जीवन देखकर मिसेज शरण को अपने वैवाहिक जीवन की अपूर्णता का अहसास होता है। उसे लगता है कि उसके जीवन का वैभव सब नकली हीरे के समान है जिसकी चमक दीर्घकाल तक नहीं रहती। इस कहानी से यह साफ जाहिर होता है कि जीवन का वास्तविक सौन्दर्य बाहरी दिखावट पर आधारित नहीं होता। जीवन की खुशियाँ चाँदी के चन्द टुकड़ों से खरीदी नहीं जा सकतीं। जहाँ तक वैवाहिक जीवन की खुशियों का सम्बन्ध है वह बात पूरी तरह सार्थक निकलती है। हीरे असली भी होते हैं और नकली भी। लेकिन नकली हीरे कभी वह चमक नहीं दिखा सकते जो असली हीरों में होती है।

निरूपमा सेवती ने 'सन्तुलन' कहानी में उच्च वर्ग की निम्न वर्ग के प्रति हीन दृष्टि को स्पष्ट किया है। अनिला और सुधीर गाड़ी में लम्बे सफर के लिए जाते हैं। रास्ते में गाड़ी खराब हो जाती है। बहुत कहने पर कंगाल से लगते कुछ भूखे गरीब गाड़ी धक्का देने के लिए आते हैं। वे सुधीर और अनिला से पैसे के बदले भूख को शान्त करने के लिए रोटी माँगते हैं। अनिला अपना सारा भोजन उन्हें सौंप देती है। गरीब गाँववासियों की दरिद्रता एवं भुखमरी देखकर उसका मन खराब हो जाता है। वह एक इलायची निकालकर मुँह में डाल देती है। उसे वातावरण में घुटन-सी लगती है। सुधीर उस घुटने भरे वातावरण से मुक्त होने के लिए गाड़ी की "एक्सीलेटर" पर दबाव डालकर रफ्तार तेज करता है।

उच्च वर्ग और निम्न वर्ग के बीच में जो असन्तुलन है उसका सार्थक विवरण इस कहानी में हुआ है। उच्च वर्ग गंरीबी को एक संक्रामक रोग समझता है और उससे दूर बच कर भागना चाहता है। सफर के आनन्द में किरकिरी पैदा करने वाले

भूखे कंगालों को देखकर नायिका को उबकाई आती है जिसे रोकने के लिए वह इलायची चबाती है। यहाँ लेखिका ने यह स्पष्ट किया है कि अमीरों के लिए गरीबी उस घृणित वस्तु के समान है जिसे देखकर उबकाई आती है।

परम्परागत मूल्यों की पराजय को उजागर करने वाली कहानियाँ

आज के नवीन वैज्ञानिक युग में परम्परागत आदर्श एवं मान्यताएँ अपना मूल्य खो चुकी हैं। सत्य की नयी व्याख्या के कारण पुराने 'सत्य' असत्य में परिणत हो गये हैं। ''परम्परागत मूल्यों का विघटन मानवीय सम्बन्धों की जिन इकाइयों में बड़ी तीव्रता से महसूस होने लगा है, उसमें 'परिवार' एक ऐसी इकाई है जहाँ स्थापित नैतिकता के कई मूल्य खोखले एवं नाकाम साबित हुए हैं। धर्म, देश, गाँव, जाति इन जैसी सामूहिक संस्थाओं का पारम्परिक महत्त्व कभी का समाप्त हो गया है और उसकी जगह युगानुकूल आदर्शों की स्थापना हो रही है। सामूहिक संस्थाओं की आखिरी कड़ी 'परिवार' है, जहाँ व्यक्ति और उससे सम्बन्धित व्यक्तियों के आर्थिक एवं मानसिक और शारीरिक सम्बन्ध परस्पर जुड़े हुए होते हैं। परिवार ही एक ऐसा बिन्दु है, जिस पर खड़े रहकर व्यक्ति और समाज के सम्बन्धों को नापा जा सकता है। व्यक्ति और समाज को जोड़ने वाले इस पुल के भीतर अब कई दरारें पड़ गयी हैं।''[33]

सम्बन्धों का ठंडापन इन्हीं दरारों की वजह से है। परिवार के सारे सदस्य एक-दूसरे से औपचारिक बंधनों से बँधे हुए हैं। पति-पत्नी, पिता-पुत्र, भाई-बहन के परम्परागत रूप अब धूमिल हो गये हैं। आधुनिक जीवन में इन सम्बन्धों का आधार है अर्थ यानी पैसा ही सम्बन्धों को दृढ़ और निर्जीव बनाता है। पैसे के अभाव में सारे सम्बन्ध ठंडे पड़ जाते हैं।

सम्बन्धों के ठंडेपन को कई कहानी लेखिकाओं ने कथ्य के रूप में चुना है। उदाहरण स्वरूप उषा प्रियम्वदा की 'वापसी' परम्परागत मूल्यों के विघटन को रचनात्मक अर्थ देने वाली कहानी है।

'वापसी' कहानी एक अवकाश प्राप्त पिता के अपने भरे-पूरे परिवार में वापस लौटने और वहाँ से विवशतावश एक नये नौकरी स्थल की ओर वापस लौटने की कथा है। अवकाश प्राप्त करने के पश्चात् परिवार में कोई भी उनके अस्तित्व को स्वीकार नहीं करता। कोई भी उनके जज्बात की कद्र नहीं करता यहाँ तक कि उनकी पत्नी भी। बेटा पिता के लिए बैठक में जगह देना पसन्द नहीं करता, बेटी को पिता की पाबन्दियों से घुटन होने लगती है। गजाधर बाबू का घर पर रहना परिवार वालों के स्वच्छन्द जीवन में बाधक के रूप में है जिस कारण परिवार वाले उनकी उपस्थिति से नाखुश हैं।

घर पर उनकी उपेक्षा हो रही है इसका अनुभव उन्हें होता है। एक नयी जिन्दगी शुरू करने के लिए वे पुनः एक दूसरी जगह नौकरी में लग जाते हैं। जाते समय

उनकी आँखों में न आँसू हैं और न ही व्यथा के भाव। एक गहरी दृष्टि अपने परिवार वालों पर डालकर दूसरी ओर देखने लगते हैं।

गजाधर बाबू के जाते ही पत्नी अन्दर जाकर नरेन्द्र से कहती है, बाबूजी की चारपाई कमरे से निकाल दे। उससे चलने की जगह नहीं है।

"गजाधर बाबू की 'वापसी' उनके लिए बड़ी यथार्थ है, ट्रेजिक है जरूर, किन्तु पिता के रूप में परिवार की परम्परागत शक्ति का अन्त इस प्रकार होना था, वह हो गया। पारिवारिक सम्बन्धों की बदली हुई व्याख्या की सूचना यह कहानी हमें देती है।"[34]

मृदुला गर्ग ने 'लौटना और लैटना' कहानी में एक बेटे के स्वार्थ और विकृत विचारों को अभिव्यक्ति प्रदान की है। हरीश विदेश में नौंकरी करता है। वह वहाँ की सभ्यता और संस्कार से प्रभावित है। उसे अपने माँ-बाप के प्रति न कोई श्रद्धा है न ही आत्मीयता के भाव। अपने पिता की इच्छा के अनुसार वह एक भारतीय नारी से ब्याह करता है। और नकद रकम दहेज के रूप में लेता है। पिता के आग्रह के अनुसार वह एक मकान भी बनवाता है लेकिन पिता के लिए नहीं अपने लिए। विदेश लौटते वक्त उसे किराये पर देकर वह लौट जाता है।

इस कहानी में एक पीढ़ी भर की विवशता और मजबूरी का सार्थक चित्रण हुआ है। हरीश के पिता पुरानी पीढ़ी के हैं। प्राचीन मूल्यों के आधार पर अपने जीवन के अन्तिम दिनों की सुखी परिकल्पना वे करते हैं। परन्तु बदले हुए मूल्यों के कारण उनकी आशाओं पर ओले गिर जाते हैं। अरमानों के टूटे खण्डहरों पर खड़े होकर जिन्दगी की बदली हुई परिस्थितियों को पहचानने में असमर्थ यह पुरानी पीढ़ी, एक युग के अन्त की सूचना देती है।

दीप्ति खंडेलवाल की कहानियों में परम्परागत मूल्य

'आधुनिक' का सुधीर विदेश से उच्च शिक्षा ग्रहण कर एक मेम पत्नी के साथ भारत लौटता है। सुधीर का पिता उसके स्वागत के लिए एयरपोर्ट जाता है। पिता को एयरपोर्ट में देखकर सुधीर झुँझला उठता है। अपनी मेम पत्नी के समक्ष बूढ़े पिता को पिता कहने में वह सकुचाता है। मेम पत्नी के पूछने पर वह कहता "जेस्ट एन ओल्ड सर्वेंट ऑफ अवर हाउस होल्ड" बेटे के मुँह से ऐसा उत्तर सुनकर पिता की आँखें भर आती हैं।

पुत्र के कल्याण के लिए सब कुछ न्योछावर करने वाला पिता अपने पुत्र के लिए मात्र एक नौकर बनकर रह जाता है। यही आधुनिकता का श्रम है। सम्बन्धों के बिखराव को स्पष्ट करने में यह कहानी अत्यधिक सफल सिद्ध हुई है।

'सलीब पर' का हरिकिशन एक नेक ओर देशभक्त इंसान है। देशभक्ति के पीछे अपने परिवार तक की बलि देने को वह तैयार रहता है। पिता की ऐसी

देशभक्ति देखकर उसके बेटे क्षुब्ध हो जाते हैं। देशभक्ति के पीछे लुटती सम्पत्ति को देखकर बेटे उनसे जबरदस्ती सम्पत्ति का बँटवारा करवाते हैं। सम्पत्ति का बँटवारा होते ही पिता अन्तिम साँस खींच लेता है।

अर्थ पर केन्द्रित आज का आधुनिक युग सम्बन्धों की दृढ़ता पर विश्वास नहीं करता। अर्थ को अर्जित करने की यथार्थता मानवीय सम्बन्धों को पूर्ण रूप से खोखला बना देती है।

आधुनिक युग में पिता का महत्त्व इतना ही है कि वह अपने परिवारवालों को आवश्यकतानुसार धन दे और उनके भावी जीवन को आर्थिक सुरक्षा प्रदान करे। जब पिता इस धर्म से च्युत होने लगता है तब उसे पुत्रों की नफरत का पात्र बनना पड़ता है।

दीप्ति खंडेलवाल की कहानी 'कारण' का जयप्रकाश अपने परिवारवालों की असलियत को परखने के उद्देश्य से "हार्ट-अटेक" का नाटक खेलता है। पति-पिता की बीमारी पर पत्नी-बच्चे चिन्तित हो जाते हैं। चिन्ता पति-पिता की जिन्दगी के लिए नहीं बल्कि स्वयं के भविष्य के लिए होती है, जिस कारण पत्नी और बच्चे उनसे विल बनाने को मजबूर करते हैं। पत्नी उनसे कहती है "यदि तुम विल लिख रहे हो तो मेरा साफ-साफ अलग कर देना... मैं आशिष पर आश्रित नहीं रहना चाहती।"[35]

पत्नी और बच्चों के स्वार्थयुक्त विचारों से जयप्रकाश बुरी तरह आहत हो जाता है। वह अपनी सारी सम्पत्ति को एक ट्रस्ट के नाम पर लिखकर आत्महत्या कर लेता है। जीवन के विशाल फलक को लेखिका ने यहाँ व्यक्त किया है। आपसी सम्बन्धों का सूनापन ही इस कहानी का आधार है। वर्तमान समाज में "व्यक्ति" सत्य नहीं उसके स्थान पर "अर्थ" और "स्वार्थ" ही सत्य हैं। रिश्ते-नाते सब अर्थ के लालच पर ही केन्द्रित हैं। जीवन का बोझ आज बहुत ही असहनीय बन गया है। यहाँ मृत्यु एक स्थिति मात्र है जबकि जीवन एक लम्बा श्राप।

सम्बन्धों का ठंडापन मेहरुन्निसा परवेज़ की कहानियों में

सम्बन्धों के खोखलेपन को मेहरुन्निसा परवेज ने 'गिरवी रखी धूप' कहानी में सूक्ष्मता के साथ चित्रित किया है।

कहानी में एक रोगग्रस्त पिता है जो अपने परिवारवालों के लिए भार स्वरूप है। वह इलाज के लिए बहन के पास जाता है। घर से जाने के पश्चात् घरवालों की ओर से कोई उनकी खबर नहीं लेता। दवाई के लिए पेंशन से 25 रुपये भेज दिये जाते हैं। घरवालों के ऐसे व्यवहार से उसे बहुत दुःख होता है। इलाज के बाद पुनः वापस घर लौटने पर पत्नी और बच्चों का उनके प्रति विशेष लगाव पिता को आश्चर्यचकित करता है, "यह पत्नी उनसे कितना तंग आ गयी थी, बात-बात पर ताने, पर अब

परिवर्तन आ गया था... कुत्ते की दुम कभी सीधी हो सकती है''?[36] पत्नी और बच्चों का विशेष लगाव देखकर उसे खुशी होती है लेकिन जल्दी ही खुशियाँ भरभरा कर ढह जाती हैं ज़ब पेन्शनवाला बाबू कहता है... तुम आ गये वरना शक पर पेन्शन बन्द कर दिया जाता है। इसे सुनकर उन्हें एक जबरदस्त धक्का पहुँचता है। अनियन्त्रित गुस्से में पान के पत्ते को पाँव से मसल कर परिवारवालों के प्रति अपनी ईर्ष्या दर्शाता है। यहाँ धन के महत्त्व को व्यक्ति के अस्तित्व पर साबित किया है जो आधुनिक युग की निजी वास्तविकता हे। आज मनुष्य का कोई मूल्य नहीं है, मूल्य है सिर्फ धन और दौलत का।

'पितृ शोक' कहानी में एक ऐसे बेटे की मानसिकता को उभारा गया है जो पिता की मृत्यु का समाचार सुन कर भी आना नहीं चाहता। क्योंकि पिता ने उसे जीवन भर दुःख ही दुःख दिये हैं। लेकिन समाज के क़ायदे कानून को निभाने के लिए वह आता है और सोचता है ''एक बिला जरूरत आदमी के लिए वह इतना पैसा फूँक रहा है इससे तो अच्छा यही था किं दोस्तों में बैठकर बढ़िया बोतल खोली जाती... दो तीन दिन ऐश करते, ठहाके लगते, सिगरेट की धुएँ से कमरे को भर देते''।[37]

पिता और पुत्र के आधुनिक सम्बन्धों का एक और उदाहरण यहाँ पर प्रस्तुत किया गया है। आज के युग में परम्परागत पिता हैं न पुत्र ही।

कथ्य के अन्त में

स्वातन्त्र्योत्तर कालीन परिवेश में नारी की बदलती भूमिका को रेखांकित करने वाली जितनी भी कहानियाँ लिखी गयी हैं, उनमें पूर्व लेखन से भिन्न संवदेनाएँ और स्वर मुखरित होने लगते हैं। यह स्वर परिवर्तन की नयी दिशाओं की सूचना देते तो हैं, साथ-साथ हिन्दी कहानियों के कथ्यात्मक विकास के नये आयामों की ओर भी सूचित करते हैं। वैसे, चुनी हुई लेखिकाओं की रचना-प्रक्रिया को ही यहाँ प्रस्तुत किया गया है, इस कारण कथ्य की दृष्टि से उपरोक्त कहानियाँ प्रतिनिधि स्वर की अधिकारी बन जाती हैं। उनमें प्रतिबिम्बित प्रवृत्तियाँ एक कालखण्ड की आशाओं और आकांक्षाओं को उभार कर रखती हैं।

जहाँ तक कहानियों में स्वतन्त्र चेता नारी के व्यक्तित्व का सवाल है हमें यह कहना पड़ता है कि आज की आधुनिक शिक्षित नारी पूर्व कल्पित मान्यताओं से भिन्न नयी स्थितियों से गुजरती हुई नये क्षितिजों की ओर अग्रसर हो रही है। अत्यधिक स्वतन्त्रता का आग्रह एवं व्यक्तित्व विकास की आकांक्षा के कारण नारी परम्परागत नैतिक आचरण संहिताओं को नकार कर वैयक्तिक आचरण संहिताओं के आधार पर जीवन निर्वाह करना उचित समझती है। ऐसे सन्दर्भ में नारी कभी उच्छृंखल होकर पथभ्रष्ट हो जाती है तो कभी रोगग्रस्त मानसिकता को लेकर असन्तुलित जीवनयापन करती है। लेखिकाओं ने इस विषय की ओर विशेष ध्यान

दिया है। कहानियों में आये 'मिसफिट' पात्रों के माध्यम से हम अन्दाजा लगा सकते हैं कि नारी के स्वरूप में कितना परिवर्तन आया है।

वैवाहिक जीवन सम्बन्धी परम्परागत मान्यताएँ आज आधारहीन होती जा रही हैं। आर्थिक एवं वैयक्तिक स्वतंत्रता के कारण वैवाहिक जीवन की सीमाएँ व्यापक तो हुई हैं। लेकिन इन गुणों से उत्पन्न व्यक्तिगत अहं पति-पत्नी के बीच तलवार के समान खड़ा हो गया है। परिणामस्वरूप जिन्दगी में घिरने और मुक्त होने के अनगिनत क्षण आते रहते हैं। सम्बन्धों की उलझन पति-पत्नी को कचहरी की सीढ़ियों तक घसीट कर ले जाती है और वहाँ सम्बन्धों का अन्त—''डायवोर्स'' ही हो जाता है। लेकिन विचित्र बात यह है कि ''डायवोर्स'' के बाद पति अथवा पत्नी पुनः अपने अतीत की ओर लौटने का प्रयास करते हैं। निरूपमा सेवती की 'सुनहरे देवदार' मन्नू भंडारी की कहानी 'बंद दराजों के साथ' इसके उदाहरण हैं।

पति-पत्नी के बीच विलगाव का प्रमुख कारण समझौते का अभाव है। अर्थ की समस्या वैवाहिक जीवन में दरारें पैदा करती है। यह दरारें बढ़ती जाती हैं और इनका अन्त तलाक या आत्महत्या में होता है।

आधुनिक पति-पत्नी अपने दैनिक जीवन में निरन्तर नयी परिस्थितियों का सामना कर रहे हैं। बढ़ती हुई आधुनिकता एवं स्वतन्त्र मनोवृत्ति के कारण पति-पत्नी मनचाहा एवं स्वच्छन्द जीवनयापन करते हैं। इस कारण विवाहेतर सम्बन्ध पति-पत्नी को पसोपेश में नहीं डालता। पति-पत्नीं के अवैध सम्बन्ध पर न तो प्रश्न करता है और न ही परेशान होता है और पत्नी भी ऐसे सम्बन्धों को न तो अनैतिक मानती है और न ही अपवित्र।

स्त्री-पुरुष की इस स्वतन्त्र मानसिकता के कारण वे कहीं भी स्थिर नहीं हो पाते। प्रेम का क्षेत्र भी आधुनिक मान्यताओं के कारण खोखला हो गया है। पल दो पल की खुशी अथवा पल दो पल के साथ के लिए प्रेमी प्रेमिका प्रेम का स्वांग रचते हैं। तत्पश्चात् न प्रेम होता है न प्रेम के नाम पर किये गये वादे। प्रेम का आधुनिक नाम फ्लर्टिंग है। अतः इस ''फ्लर्टिंग'' के क्षेत्र में न तो कहीं हीर रांझा नजर आएँगे और न सोनी महिवाल। प्रेम के मूल में स्वार्थ और सेक्स की पिपासा मात्र है।

वर्ग भेद आज के युग का जीवन्त सत्य है। कहानियों में जहाँ उच्च वर्ग का अहंकारयुक्त अट्टहास व्याप्त है, वहीं शोषित वर्ग की सिसकियाँ भी गुम्फित हुई हैं। जब तक हमारे समाज में अर्थ की पूजा होती रहेगी तब तक समाज में उच्च वर्ग द्वारा किया जाने वाला शोषण और निम्न वर्ग की कराह गूँजती ही रहेगी। कहानियों का कथ्य यह कहता है कि आज अर्थ के आधार पर ही इंसान इंसान को पहचानता है। लेखिकाओं की कहानियों में इस तथ्य को समझने वाले वर्ग भेद का सार्थक स्वरूप उभर आया है।

तेज़ी के साथ परिवर्तित हो रहे मूल्य विघटन को भी लेखिकाओं ने कथ्य के

रूप में चुना है। नवचेतना के जागरण के साथ-साथ परम्परागत मान्यताएँ एक-एक कर टूटती जा रही हैं। इन टूटी हुई मान्यताओं के खण्ड़हर पर खड़े होकर पुरानी पीढ़ी परम्परागत, जर्जर मूल्यों से चिपके रहने का आग्रह करती है, जबकि नयी पीढ़ी इस आग्रह को ललकारती है। मूल्य विघटन और नव निर्माण की नयी स्थिति को लेखिकाओं ने व्यापक आयाम प्रदान किये हैं।

इस प्रकार लेखिकाओं ने कहानियों में नारी जीवन के विस्तृत कैनवास पर रंगों को बिखेर कर एक विशेष प्रभाव की सृष्टि की है। इस तरह यह देखा जाता है कि कहानियों में कथ्य के स्थान पर सूक्ष्म विषयों का अंकन हुआ है। इससे यह साबित हो जाता है कि लेखिकाओं की कहानियाँ प्राचीन कथ्यगत सिद्धान्तों को नकार गयी हैं। ये कहानियाँ कहीं-कहीं घटनाहीन होकर भी एक ऐसा सम्यक स्वरूप लेकर सामने उभरती हैं कि पाठक के बोधमंडल पर एक गहरा प्रभाव बनने लगता है। कभी-कभी उसे अस्पष्टता का अनुभव भी होता है। कहीं-कहीं मार्डन आर्ट के समान अभिव्यक्ति की क्लिष्टता समूची कहानी को अव्यक्त बना जाती है। यहाँ कहानी अधूरी पेंटिंग के समान अव्यक्त भाव गुम्फित होकर अनोखे अर्थों की ओर संकेत करती नजर आती है।

सन्दर्भ

1. डॉ. शिवशंकर पांडेय, स्वातन्त्रयोत्तर हिन्दी कहानी कथ्य और शिल्प—पृ. 89
2. मृदुला गर्ग, कितनी कैदें, पृ. 30
3. मृदुला गर्ग, हरी बिन्दी, कितनी कैदें, पृ. 31
4. डॉ. भगवानदास वर्मा, कहानी की संवेदनशीलता, सिद्धान्त और प्रयोग, पृ. 222
5. मन्नू भंडारी, कील और कसक, मैं हार गयी, पृ. 116
6. सुशीला मित्तल, आधुनिक हिन्दी कहानी में नारी की भूमिकाएँ, पृ. 186
7. मन्नू भंडारी, दरार भरने की दरार, त्रिशंकु, पृ. 64
8. उषा प्रियंवदा, जाले, जिन्दगी और गुलाब के फूल, पृ. 90
9. वही, पृ. 49
10. दीप्ति खंडेलवाल, वह तीसरा, वह तीसरा, पृ. 20-22
11. दीप्ति खंडेलवाल, संधि पत्र, वह तीसरा, पृ. 51
12. वही, पृ. 53
13. दीप्ति खंडेलवाल, मोह, वह तीसरा, पृ. 56
14. दीप्ति खंडेलवाल, मोह, वत तीसरा, पृ. 59
15. दीप्ति खंडेलवाल, प्रेत, वह तीसरा, पृ. 70
16. वही, पृ. 108
17. निरुपमा सेवती, सुनहरे देवदार, खामोशी को पीते हुए, पृ. 2
18. निरूपमा सेवती, खामोशी को पीते हुए, खामोशी को पीते हुए, पृ. 121
19. मेहरुन्निसा परवेज, खामोशी की आवाज, टहनियों पर धूप, पृ. 88
20. मेहरुन्निसा परवेज, खामोशी की आवाज, खामोशी की आवाज—पृ. 77

21. डॉ. वीरेन्द्र सक्सेना, काम सम्बन्धों का यथार्थ और समकालीन हिन्दी कहानी, 76
22. मृदुला गर्ग, अवकाश, टुकड़ा-टुकड़ा आदमी, पृ. 40
23. मृदुला गर्ग, अवकाश, टुकड़ा-टुकड़ा आदमी, पृ. 40
24. मृदुला गर्ग, रुकावट, टुकड़ा-टुकड़ा आदमी, पृ. 95
25. श्रीकान्त वर्मा, नयी कहानी, दिशा सम्भावना (सं॰ श्री सुरेन्द्र), पृ. 229
26. मन्नू भंडारी, यही सच, मन्नू भण्डारी की श्रेष्ठ कहानियाँ, पृ. 129
27. मन्नू भंडारी, यही सच, मन्नू भण्डारी की श्रेष्ठ क़हानियाँ, पृ. 130
28. वही, पृ. 142
29. वही, पृ. 144
30. मन्नू भंडारी, सुदर्शन नारंग और अशोक अग्रवाल के साथ अंतरंग बातचीत (सारिका, अगस्त 31, 1970), पृ. 20
31. दीप्ति खंडेलवाल, कोशिश में, सलीब पर, पृ. 75
32. दीप्ति खंडेलवाल, जमीन–वह तीसरा, पृ. 40
33. डॉ. भगवानदास वर्मा, कहानी की संवेदनशीलता : सिद्धांत और प्रयोग– पृ. 197
34. भगवानदास वर्मा–कहानी की संवेदनशीलता : सिद्धान्त और प्रयोग, पृ. 214
35. दीप्ति खंडेलवाल, कारण–दो पल की छाँव, पृ. 94
36. मेहरुन्निसा परवेज, गिरवी-रखी धूप–टहनियों पर धूप, पृ. 44
37. मेहरुन्निसा परवेज, पितृशोक, टहनियों पर धूप, 68

चौथा अध्याय

कहानियों के स्त्री पात्र और समस्याएँ

पुराने मूल्यों के खण्डहरों से यथार्थ का नया स्वर मुखरित करते समय कहानीकारों ने ऐसे पात्रों से पाठकों का साक्षात्कार कराया है जो समस्याग्रस्त जीवन से पलायन किये बिना उन समस्याओं के बीच जीवन के अर्थ की खोज करते हैं। नयी कहानी के दूसरे चरण में लिखी गयी कहानियों में भी इस प्रकार के पात्र परिलक्षित होते हैं। वैसे साठोत्तरी कहानी में उन पात्रों की औसत पहचान है जो परिस्थिति एवं परिवेश के अनुकूल नवीन भूमिका निभाते हैं।

कहानियों के समस्याग्रस्त नारी पात्र

1. समस्याओं की भूमिका : नयी कहानी के विकास काल में लेखन के क्षेत्र में प्रतिष्ठा पाने वाली लेखिकाओं ने सबसे पहले नारी के आन्तरिक एवं बाह्य जीवन के पहलुओं को पहचानने की और समझने की कोशिश की, तत्पश्चात लेखिकाओं ने स्वातन्त्र्योत्तर कालीन सामाजिक परिप्रेक्ष्य में नारी की बदलती भूमिकाओं का रूप प्रस्तुत कर उनके जीवन की व्यक्तिगत एवं पारिवारिक समस्याओं को स्वर प्रदान किया। इस तरह एक ओर जब नारी की वैयक्तिक समस्याएँ कहानी में स्थान पाने लगीं तो दूसरी ओर समष्टिगत जीवन की समस्याओं से घिरी हुई नारी की कराह और पीड़ा मुखरित होने लगी। सामान्य रूप से यद्यपि लेखिकाओं की कहानी के विषय को कई तरह से बाँटा जा सकता है फिर भी व्यक्ति निष्ठा चेतना के अहं में, आत्मवेत्ता को सबसे ऊपर स्थापित करने के संघर्ष में रत नारी के अनेकानेक चित्र इन लेखिकाओं ने प्रस्तुत किये। विविधात्मक अनुभूतियों को सम्प्रेषणीयता के धरातल पर उतार कर लेखिकाओं ने जिन कहानियों को रच डाला था उनकी सीमाएँ और उनकी सम्भावनाएँ हिन्दी कहानी के लिए एक वरदान के रूप में प्रतिष्ठित होने लगीं।

नारी जीवन की बाह्यगत समस्याओं में अर्थ और परिवार का गहरा प्रभाव दिखाई पड़ता है। आर्थिक दृष्टि से स्वतन्त्र होने की कामना और पारिवारिक बन्धनों से

जकड़े जाने की पीड़ा आधुनिक नारी के व्यक्तित्व को खंडित कर देती है और यहीं से संघर्ष की नयी सीमा रेखा शुरू होने लगती है। अर्थ को प्राप्त कर जीवन की समस्याओं को सुलझाने में नारी को बहुत कुछ सहना पड़ता है और विवशतावश वह सब कुछ सहने को तैयार भी रहती है क्योंकि "अर्थ आधुनिक युग की रीढ़ की हड्डी है। समाज और व्यक्ति के जीवन से अर्थ निकाल दीजिए, समूचा ढाँचा धराशायी हो जाएगा। स्वातन्त्र्योत्तर भारत के चतुर्मुखी विकास का केन्द्रीकरण अर्थ में, वर्तुलीकरण औद्योगिक प्रगति में, विकेन्द्रीकरण व्यवसाय में और विषयीकरण भ्रष्टाचार में हुआ है। इस चतुर्मुखी विकास में नारी ने अपने सामर्थ्य का सहयोग दिया है... नौकरी करके, अपना कोई छोटा-मोटा काम करके वह अपने कुटुम्ब का स्तर ऊँचा उठाने में प्रयत्नशील रही है। यहाँ उसका सहयोग प्रत्यक्ष, सीधा और समानता के स्तर पर है।"[1]

कहानियों में आने वाली विभिन्न नारी पात्र यद्यपि कई प्रकार की समस्याओं से ग्रस्त नजर आती हैं फिर भी उनमें आर्थिक एवं पारिवारिक समस्याओं से घिरी हुई नायिकाओं की संख्या अधिक है। इस कारण कई कहानियों में आर्थिक एवं पारिवारिक समस्याएँ समानान्तर चलती हैं। आर्थिक स्थिति को सुधारने और पारिवारिक समस्याओं को हल करने के लिए अपने व्यक्तिगत सुख सुविधओं को तिलांजलि देने की मजबूरी आज की मध्यवर्गीय नारी के जीवन से जुड़ी हुई है। इसका सशक्त चित्रण लेखिकाओं ने अपनी कहानियों में प्रस्तुत किया है।

2. स्त्री पात्र और आर्थिक समस्याएँ : मन्नू भंडारी की कहानी 'क्षय' की नायिका कुन्ती आर्थिक समस्याओं से आहत नारी है जिसके जीवनादर्श एवं मान्यताएँ आर्थिक समस्याओं के थपेड़ों से जर्जर हो जाती हैं। कुन्ती के सामने सबसे बड़ी समस्या उसके क्षयग्रस्त पिता हैं। पिता की दवा-दारू में कुन्ती के काफी रुपये खर्च हो जाते हैं और कुन्ती अपनी तुच्छ आय से यह खर्च ढो पाने में असमर्थ हो जाती है। उसकी यह असमर्थता उसे सावित्री के घरवालों के अधीनस्थ कर देती है। सावित्री सम्पन्न वर्ग की है जिसे ट्यूशन पढ़ाने के लिए कुन्ती उसके घर जाया करती है। अपनी यान्त्रिक और व्यस्त जिन्दगी को देखकर कुन्ती सोचती है कि उसकी जिन्दगी कितनी नीरस हो गयी है। स्कूल से लौटने पर न तो वह पत्र-पत्रिकाएँ पढ़ सकती है न वायलिन बजा सकती है। कुन्ती ट्यूशन छोड़ देने का संकल्प करती है तभी पिता की बीमारी और खर्च एक प्रश्न बनकर उसके सामने खड़े हो जाते हैं तब मजबूरीवश उसे अपने निर्णय को बदलना पड़ता है।

कुन्ती बड़ी मेहनत और लगन के साथ अपनी छात्रा को पढ़ाती है। लेकिन मन्दबुद्धि और अर्थ से सम्पन्न सावित्री इम्तहान में पास होना जानती ही नहीं। सावित्री की माँ कुन्ती से अन्य अध्यापिकाओं से मिलकर सावित्री के लिए पैरवी करने का आग्रह करती है। कुन्ती सावित्री की माँ के आग्रह को नकार नहीं पाती।

क्योंकि आर्थिक रूप से वह उनके अहसानों से दबी हुई है जिस कारण बेमन से वह स्कूल पहुँचती है। यह घटना उसके जीवन में सबसे बड़ा हादसा सिद्ध होती है, जबकि वह पहली बार इस समय अपने आप को क्षय से घिरी पाती है। कहानी के प्रारम्भ में जहाँ उसे अपने भाई टुन्नी और पापा के पैरों के नीचे की जमीन निहायत गलत और भ्रष्ट लगी थी आज सावित्री के स्कूल में आकर वह अपने को उसी जमीन पर खड़ी पाकर सहम जाती है।[2] यहाँ लेखिका ने यह स्पष्ट किया है कि आदर्श और यथार्थ के संघर्ष में जीत यथार्थ की ही होती है। अर्थ प्रधान इस युग में मनुष्य अपने आदर्शों से च्युत हो जाते हैं। आर्थिक समस्या अपने दैत्याकार हाथों से मनुष्य को इस तरह दबोच लेती है कि विवशतावश उसे अपने आदर्शों से हाथ धोना पड़ता है। यहाँ कुन्ती की भी यही स्थिति है।

'सजा' कहानी की आशा भी पारिवारिक एवं आर्थिक समस्याओं में उलझी हुई है।

आशा के पिता पर बीस हजार रुपये के गबन का झूठा इल्ज़ाम लगाकर उन्हें जेल भेज दिया जाता है। पिता के जेल चले जाने पर परिवार की स्थिति शोचनीय हो जाती है। पैसे के अभाव में आशा की पढ़ाई रुक जाती है। मुन्नू की पढ़ाई के लिए आशा और मुन्नू चाचा के घर चले जाते हैं। केस और अन्य खर्च के पीछे माँ के सारे गहने बिक जाते हैं और बैंक की जमापूँजी भी खत्म होने लगती है। इन आर्थिक परेशानियों के कारण आशा का सुनहरा भविष्य अन्धकारमय हो जाता है। उसके सारे सपने टूटने लगते हैं। डॉक्टर बनने का ख्वाब देखने वाली आशा चाची के घर की नौकरानी बन जाती है। चाची के कठोर व्यवहार को देखकर आशा उन्हें खुश रखने का संकल्प करती है। "मैं कॉलेज नहीं जाऊँगी। घर का सारा काम मैं करूँगी जिससे चाचा को पूरा आराम मिले और उनका गुस्सा ठंडा रहे। चाची कुछ भी कहेंगी तो चूँ तक नहीं करूँगी। वह प्रसन्न रहेगी तो मुन्नू सुरक्षित रहेगा। मुन्नू को रात में बैठ कर पढ़ाया करेंगी।"[3]

उम्र से भी ज्यादा आत्मविश्वास और दायित्व की भावना आशा के अन्दर है। संघर्ष और संकट के समय माँ को, पिता को, भाई को सान्त्वना देनेवाली मात्र आशा ही है।

आशा के आत्मबल और दृढ़ व्यक्तित्व को चित्रित कर लेखिका ने नारी की सन्तुलित मानसिकता की ओर हमारा ध्यान आकर्षित किया है। अर्थाभाव के कारण उठती विवशताएँ 'शायद' की माला के दाम्पत्य जीवन में दरारें उत्पन्न करती हैं। आर्थिक समस्याओं के कारण वह अपना परिवार सीमित रखना चाहती है जिस कारण पति के प्रति वह कोई विशेष लगाव नहीं दिखाती। माला की विवशता और मजबूरी को राखाल नहीं पहचान पाता क्योंकि राखाल परिवार में एक अतिथि के समान आता है और छुट्टियाँ खत्म होने तक नौकरी स्थल पर लौट जाता है। उसके बाद घर की सारी समस्याएँ माला के कन्धे पर होती हैं। माला इन समस्याओं को ढोते-ढोते थक-सी जाती है।

यहाँ लेखिका ने अर्थाभाव के कारण सम्बन्धों के बीच उत्पन्न होने वाले फासलों को प्रस्तुत किया है। आर्थिक मजबूरियों के कारण पति-पत्नी को अपनी कामनाओं पर अंकुश लगाना पड़ता है और अपने जीवन को यांत्रिक एवं अस्वाभाविक बनाना पड़ता है।

अतिशय अभाव के दिनों में भी मातृत्व के अरमान को बनाये रखने वाली नारी है 'पैराम्बुलेटर' की कालिन्दी। कालिन्दी अपने भावी शिशु को लेकर कई सपने देखती है। वह उसके लिए एक पैराम्बुलेटर खरीदती है लेकिन सारी कल्पनाएँ बिखर जांती हैं जब वह एक मरे हुए बच्चे को जन्म देती है। समय की तेज रफ्तार में कालिन्दी के जीवन की आर्थिक समस्याएँ बढ़ती जाती हैं। समस्याओं से घिरा हुआ कालिन्दी का पति उससे पैराम्बुलेटर बेच डालने को कहता है लेकिन कालिन्दी पैराम्बुलेटर को अपने मृत बच्चे का प्रतीक मानती है। पैराम्बुलेटर को प्राणों से भी ज्यादा प्यार करने वाली कालिन्दी, अपने दूसरे बच्चे के रोगग्रस्त हो जाने पर, उसकी चिकित्सा के लिए पैराम्बुलेटर बेच डालने को विवश हो जाती है।

अर्थाभाव के कारण उभरी हुई, एक माँ की एक पत्नी की विषादात्मक स्थिति का जीवन्त चित्रण यहाँ प्रस्तुत किया गया है।

'रानी माँ का चबूतरा' की गुलाबी निम्न वर्ग की समस्याग्रस्त नारी है जो अपने शराबी पति से बाज आकर उसे घर से निकालने को विवश हो जाती है। आर्थिक परेशानियों के कारण उसका मन अस्वस्थ रहता है। किसी की परवाह किये बगैर पागलों की तरह वह अपने बच्चों को मारती-पीटती-कोसती है। इस कारण गुलाबी एक हेकड़ और विद्रोहिनी नारी के रूप में गाँव भर में मशहूर हो जाती है। गाँव की महिलाएँ उसके व्यवहार से उत्तेजित होकर उस पर कई तरह के आरोप लगाती हैं लेकिन विद्रोहिणी गुलाबी अपराजेय योद्धा की भाँति पराजय स्वीकार किये बगैर अपने बनाये हुए मार्ग पर निश्चिन्त होकर चलती है।

गुलाबी में स्वाभिमान की भावना हद से ज्यादा है। गुलाबी गरीब जरूर है लेकिन दूसरों के समक्ष अपनी गरीबी का दुखड़ा गाकर दामन नहीं फैलाती। एक बार उसकी बेटी किसी दूसरे के द्वारा खरीदी गयी चूड़ियाँ पहन कर आती है जिसे देखकर गुलाबी क्रोधाकुल हो जाती है और उसी वक्त वह उन चूड़ियों को तोड़ देती है। वह किसी पराये की सहायता को भीख समझती है और किसी से शाब्दिक सहानुभूति सुनना नहीं चाहती।

गुलाबी के जीवन का एकमात्र लक्ष्य अपने बच्चे को शिशु सुरक्षा केन्द्र में दाखिला दिलवाना है उसके लिए वह दमतोड़ मेहनत करती है। रात भर बाहर काम करने जाती है। इस पर गाँव के लोग उसके चरित्र पर कई तरह के आरोप लगाते हैं। गुलाबी इन सब की ओर से निश्चिन्त होकर अपने लक्ष्य प्राप्ति के लिए कार्यरत रहती है और लक्ष्य प्राप्त करते-करते उसकी मृत्यु भी हो जाती है।

"कहानी का अन्त पेथेटिक है। उसकी अंगिया में से प्राप्त कागज की पुड़िया को दीये के प्रकाश में जब काकी खोल कर देखती है तो उसमें काँच की दो छोटी-छोटी हरी चूड़ियाँ और शिशु सुरक्षा केन्द्र की पाँच रुपये की रसीद मिलती है। यह घटना गाँव की महिलाओं के उन आक्षेपों को झुठला देती है जो वे गुलाबी के मातृत्व और चरित्र पर लगाया करती थीं।"[4]

आर्थिक परेशानियों में, जीवन के अरमानों का गला घोंटकर अभिशप्त जीवनयापन करनेवाली नारी है दीप्ति खंडेलवाल की कहानी 'अभिशप्ता' की मानो। मानो एक अध्यापिका है जिस पर परिवार के सारे सदस्य आश्रित हैं। परिवार में पिता से भी ज्यादा मान-सम्मान मानो को मिलता है लेकिन मानो को यह सब बहुत ही अस्वाभाविक-सा लगता है।

मानो अपने भविष्य को रौंद कर बहनों के भविष्य को सँवारती है। परिवार के प्रति अत्यधिक दायित्व की भावना होने के कारण वह अपने प्रेमी प्रशान्त से रिश्ता तोड़ती है और अपने लिए आये इंजीनियर वर को बहन सुषमा के लिए त्याग देती है कर्तव्य पालन के गौरव से मानो इतना उठा रोगग्रस्त पति की जान की खातिर दर-दर भटकती है। सब उसकी सहायता के लिए तैयार हैं लेकिन बदलने में चाहते हैं उसका भरा पूरा यौवन। रधिया दीर्घकाल तक अपनी इज्जत बचाये रखती है लेकिन अन्त में उसे समाज के भेड़ियों से अस्मत का सौदा करना पड़ता है।

यहाँ लेखिका ने यह व्यक्त किया है कि अर्थ प्रधान हमारे समाज में नारी की आबरू का कोई मूल्य नहीं। कौड़ियों के मोल में वह बेची जाती है।

आर्थिक और पारिवारिक समस्याओं के बोझ से दबी नारी है 'कोई जमीन नहीं' की सरला। सरला का पति स्वरूप एक स्कूल मास्टर है। स्वरूप की तुच्छ आय से चार बच्चों का और स्वयं दोनों का पेट भरना नामुमकिन है। जिस कारण कभी-कभी सरला को भूखी रहना पड़ता है "आटा तो खत्म हो गया अपने लिए चावल बना लूँगी। सरला आँखें झुका लेती है... रसोई में, कोने में रखे चावल वाले कनस्तर को खोलकर देखता है "कहाँ है इसमें चावल?" वह चीखता है "सुनो आज मेरा व्रत है।"[5] यह कह कर झूठ को छुपाना चाहती है।

आर्थिक परेशानियों के कारण स्वरूप अपनी पत्नी से शारीरिक सम्बन्ध नहीं जोड़ पाता क्योंकि वह अपने परिवार को और बढ़ाना नहीं चाहता। विवशता की जंजीर स्वरूप को जकड़ लेती है। अर्थ की समस्या किस प्रकार दाम्पत्य जीवन के सुखों को ग्रस लेती है इसका स्पष्ट चित्रण इस कहानी में मिलता है।

नारी पात्र और पारिवारिक समस्याएँ

पारिवारिक समस्याओं पर आधारित कहानी है मन्नू भंडारी की 'एरवाने आकाश नाई'। कहानी के मूल में नारी मन की वेदना और सिसकियाँ हैं। दिनेश और लेखा पति-पत्नी हैं। दोनों का अपना स्वतन्त्र जीवन है फिर भी उन्हें अपने जीवन में कुछ

अभाव खटकता है। कलकत्ता के व्यस्त और यांत्रिक जीवन से दिनेश से ज्यादा उबाहट और अस्वस्थता का अनुभव करती है लेखा। अपने यांत्रिक जीवन में दो साल की पढ़ाई और नौकरी के बीच वह भूल ही जाती है कि ''उसका एक लम्बा-चौड़ परिवार है, उस परिवार की समस्याएँ हैं, उसके सामने तो उसका भविष्य था, कैरियर था, बड़े-बड़े अरमान थे।''[6]

कहानी की दूसरी समस्याग्रस्त पात्र है सुषुमा। सुषुमा की भी अपनी निजी पारिवारिक समस्याएँ हैं। सुषुमा एक नौकरी पेशा नारी है। खून-पसीना एक कर वह घर सँभालती है। सुषुमा अपना जीवन साथी स्वयं ढूँढ़ लेती है लेकिन घर वाले उसकी खुशियों के खिलाफ हैं। वे नहीं चाहते कि सुषुमा ब्याह कर अलग घर बसाये। घर के स्वार्थ भरे वातावरण को देखकर उसे असीम पीड़ा होती है। वह सोचती है कि ''पिछले तीन वर्ष से मैं केवल घर वालों के लिए मर खप रही हूँ। नौकरी के साथ दो-दो ट्यूशन करके मैंने घर का सारा खर्चा चलाया... पर इन लोगों से इतना भी नहीं होता कि मेरी हँसी-खुशी में साथ दें।''[7]

इस कहानी में लेखिका ने समसामयिक नारी जीवन के दो पहलुओं को प्रस्तुत किया है। लेखा अपने जीवन को समस्याओं का शिकार नहीं बनाना चाहती है जब परिवार की समस्याओं से उसका सामना होता है तो घबरा कर वह अपने सीमित जीवन की ओर लौट जाती है। उसके विपरीत समस्याओं से जूझती हुई जीवन बिताने वाली सुषुमा अन्त में महसूस करती है कि पारिवारिक समस्याओं से मुक्त हुए बिना उसका अपना जीवन नहीं बन सकता। इस कारण वह परिवार को ठुकरा कर अपने प्रेमी से ब्याह कर लेती है। दोनों स्त्रियाँ इस बात पर सहमत हो जाती हैं कि स्त्री को अपना अलग परिवार बसाना है। दूसरों के लिए जीना और समस्याओं को झेलना दोनों बेकार है, विशेषकर आज के स्वार्थ भरे युग में।

पारिवारिक समस्याओं को झेलते-झेलते उससे हारकर पलायन करनेवाली नारी है 'सम्बन्ध' की श्यामला। श्यामला यौवन के सारे सपनों को तोड़कर यातनाएँ सहती है लेकिन इसका कोई शुभ परिणाम नहीं निकलता है। श्यामला का भाई शिक्षित होकर भी बेरोजगार है, बहन जिया वाया के पास रहती है उसका वहाँ रहना दाल-भात में मूसलचंद के समान है जिया चाहती है कि श्यामला अपनी छोड़ी हुई नौकरी को अपना ले ताकि वह उसके साथ आराम से रह सके। लेकिन श्यामला किसी का बोझ ढोना नहीं चाहती है इस कारण वह सब प्रकार की पारिवारिक परेशानियों से दूर भाग कर अकेले रहने लगती है उसका एकमात्र दोस्त सर्जन है। लेकिन सर्जन के प्रति भी वह पूर्ण रूप से समर्पित नहीं हो पाती। वास्तव में श्यामला परिवार वालों से और उनकी समस्याओं से पलायन नहीं करती, बल्कि वह स्वयं अपने आप से पलयन करती है। जीवन के प्रति उसमें जो निसंगता बोध है वही उसके पलायन का आधार है।

इस कहानी में श्यामला एक ऐसे वर्ग का प्रतिनिधित्व करती है जो आर्थिक परेशानियों से कुंठित होकर जीना भूल जाती है। यहाँ लेखिका ने यह स्पष्ट किया है कि किस प्रकार पारिवारिक दायित्व स्त्री की आकांक्षा को कुचल डालते है।

1. शोषित नारी पात्र : निस्सहाय नारियों के प्रति समाज के कटु व्यवहार को शिवानी की कहानी 'करिए छिमा' में देखा जा सकता है। हीरावती एक पतिता नारी है जो पतिता होकर भी पतिता नहीं लगती। हीरावती के रूप यौवन पर उसके जीजा धनसिंह की लालचभरी दृष्टि पड़ती है वह उससे सम्बन्ध जोड़ने जाता है लेकिन पकड़ा जाता है। बात गाँव के न्यायाधीशों तक पहुँचती है। धनसिंह झूठ बोलकर बच निकलता है और सजा मिलती है हीरावती को। उसे गाँव से बाहर निकाल दिया जाता है।

हीरावती गाँव के बाहर अकेले रहने लगती है। गाँव भर के नौजवान उसके रूप यौवन को देखकर आहें भरने लगते हैं। गाँव के माननीय न्यायाधीश श्रीधर भी उसके यौवन के शिकारी बन जाते हैं। हीरावती श्रीधर की सन्तान की माँ बन जाती है। समाज में श्रीधर के सम्मान को बनाये रखने के लिए हीरावती अपनी सन्तान को अपने हाथों से ही मार डालती है और हत्यारिन के रूप में सजा काटती है।

हीरावती उन समस्याग्रस्त नारियों का प्रतिनिधित्व करती है जिसकी सुनवाई भगवान के न्यायालय में भी नहीं होती। लेखिका ने अपनी कहानी में इस सत्य को स्पष्ट किया है।

नारी की मजबूरी और रूढ़ अन्धविश्वासों से ग्रस्त नारी के विवश जीवन को 'चीलगाड़ी' में उभारा गया है। कहानी की नायिका उच्च वर्ग की आधुनिक शिक्षिता नारी है जिसकी शादी उसकी विमाता एक रोगग्रस्त बूढ़े के साथ कर देती है। शादी के चन्द महीनों के बाद ही पति की मृत्यु हो जाती है। नायिका पर पति की मृत्यु का आघात लेश मात्र भी नहीं पड़ता क्योंकि पतित की ओर से वह पूर्ण रूप से उपेक्षित थी। चारों ओर के शोकग्रस्त वातावरण को देखकर भी नायिका अपने चेहरे पर वेदना के भाव ला पाने में असमर्थ रहती है "बड़ी अम्मा की दबी सिसकियाँ, दोनों जिठानियों का सरीन विलाप, सब सुनकर भी मैं नहीं रो पायी। उस कठोर, निर्मम व्यक्ति के साथ बिताये गये सात महीने की अवधि में मुझे एक भी ऐसा प्रणय प्रसंग स्मरण नहीं आ रहा था जिसका आधार लेकर मैं बिलख सकती।"[8]

नायिका मौका पाते ही घर से भाग निकल कर एयर होस्टस बन जाती है। नायिका अपनी जेठानियों की तरह रूप यौवन को नष्ट कर विधवा जीवन यापन करने को तैयार नहीं है।

जेठानियाँ मजबूरी वश विधवा जीवन बिताती हैं। वैसे दोनों रंगीन मिजाज की हैं जो अवसर के अनुकूल अपने को ढाल लेती हैं। "दिन में जिस चादर को बिछाकर भक्ति-भाव से सिर हिलाते, कृपालदत्त पंडित जी से शिवपुराण सुनती, रात को उसी

चादर की चावनी को बिछाकर देबुलला और उनके एक रसिक प्रवर मित्र को लेकर तारा की ब्रिज लीला जमातीं।"[9]

इन नारियों को उच्च स्तर का नहीं कह सकते क्योंकि समाज की रूढ़ मान्यताओं के कारण उन्हें विधवा नारी का मुखौटा धारण करना पड़ता है, अतः मौका मिलते ही वे अपनी दमित कामनाओं को साकार करने का प्रयास करती हैं, इस कहानी के माध्यम से नारी मन की मौलिक वृत्ति का परिचय देने के साथ-साथ विधवा जीवन की विडम्बनाओं की ओर भी लेखिका ने हमारा ध्यान खींचा है।

2. अकेलेपन के शिकार पात्र : अकेलेपन, कुंठा, सन्त्रास आदि आधुनिकता की विसंगतियों से बुने ऐसे तत्त्व हैं जो आधुनिक मानव की नियति को संचालित करते हैं। ये तत्व किसी संक्रामक रोग के कीटाणुओं से कम नहीं हैं, क्योंकि रोग की तरह ये भी परिवेश में संक्रामक स्थिति उत्पन्न करते हैं।

पिछले कई दशकों से लेकर हिन्दी कहानी साहित्य में इन तत्त्वों का समावेश होता आया है। वास्तविकता तो यह है कि इनकी व्याप्ति हमारे सारे सम्बन्धों में संश्लिष्ट रूप से लक्षित होती है। अतः इन तत्त्वों को अनदेखा करना साहित्यकारों के लिए अपने दायित्व से वंचित होना है। इस सन्दर्भ में श्रीपतराय के विचार समीचीन लगते हैं। "समसामयिक संवेदना में विराग, कुंठा, निस्संगता सब जीवित तत्त्व हैं। इन मानसिक स्थितियों को केवल वे नकार सकते हैं, जिनको जीवन-सम्बन्धी समस्याओं में कोई रस नहीं है। जो समाज इन आधारभूत प्रश्नों को न अनुभव के धरातल पर, न चिन्तन के धरातल पर ही स्वीकार करता है, वह समाज जीवित नहीं है। उसके जीवित रहने या न रहने से अन्तर भी क्या पड़ता है... इसी के समाधान में आज का संवेदनशील लेखक अपनी मेधा का उपयोग कर रहा है।"[10]

आधुनिक लेखिकाओं ने समसामयिक जीवन में विशेषकर नारी जीवन में व्याप्त अकेलापन, निराशा, कुंठा जैसे जीवित तत्त्वों को सफलतापूर्वक सम्प्रेषित करने का भरसक प्रयत्न किया है। नगर परिवेश में जीवन यापन करने वाली आधुनिकताओं का जीवन किस तरह से आधुनिकता के तत्त्वों से प्रभावित होता जा रहा है इसका सम्यक चित्रण उनकी कहानियों में उपलब्ध होता है।

उषा प्रियम्वदा की कहानी 'छुट्टी का दिन' की माया आर्थिक रूप से स्वतन्त्र नारी है लेकिन उसे अपने स्वतन्त्र जीवन में शून्यता एवं खोखलापन ही नजर आता है जिस कारण उसका चरित्र निराशा, कुंठा आदि के आवरण से आच्छादित रहता है विशेषकर छुट्टियों के दिनों में उसे अजीब तरह की घुटन होती है। एक-एक पल उसे नागिन की तरह डसने लगता है। समाज में माया आचरण की स्वतन्त्रता चाहती है लेकिन परम्परागत नैतिक बोध से संचालित समाज उसे उसकी छूट नहीं देता। एक अध्यापिका होने की वजह से वह समाज के नैतिक नियमों का उल्लंघन भी नहीं करना चाहती। जीवन की यान्त्रिकता को देखकर उसे अपना जीवन आधारहीन और

लक्ष्यहीन लगने लगता है। छुट्टी के दिनों में उसे होने वाली बोरियत उसके जीवन की एकरसता एवं यांत्रिकता का परिचय देती है।

माया के जीवन का अकेलापन, उबाहट, हताशा आदि उचित संगी-साथी के अभाव के कारण हैं। नारी चाहे कितनी भी आधुनिक और आत्मनिर्भर क्यों न हो, उसे जीवन में एक साथी की जरूरत होती है जिसके अभाव से उसे अपने जीवन में अपूर्णता का एहसास होता है और ऐसा लगना स्वाभाविक भी है। माया के जीवन की विवशता, मजबूरी आदि परिवेश जन्य हैं जिससे बाध्य होकर वह एक बेजान पुतली के समान अपने अस्तित्व को बनाये रखती है। 'पूर्ति' कहानी की तारा भी अकेलेपन की व्यथा से पीड़ित है। तारा के पास सब कुछ है। अच्छी नौकरी है, धन है, दौलत है, लेकिन उसके प्रति आत्मीयता दिखाने वाला कोई नहीं है, जिसके कारण उसे अपने जीवन में कुछ अभाव-सा खटकता है और उसे लगता है कि उसका जीवन अनचाहे-अनजाने मार्ग से होकर गुजर रहा है। अपने आप को तसल्ली देने एवं दूसरों के समक्ष अपने आप को पूर्ण सिद्ध करने के उद्देश्य से वह कहती है "मैं सुखी हूँ सुखी हूँ... मेरे पास धन है..." सुखी है लेकिन अपूर्णता का बोध उसकी अन्तरात्मा में है और उसी बोध के कारण वह घुट-घुट कर जीवन बिताती है।

जीवन की तन्हाई में तारा को साथ मिलता है नलिन का। नलिन के स्नेहिल स्पर्श से वह निहाल-सी हो जाती है। उसे लगता है कि उसके सूखे उपवन में चिरकाल के बाद बसंत का आगमन हुआ है। वह भीतर ही भीतर गहरी तुष्टि का अनुभव करती है। वह महसूस करने लगती है कि इस भरी दुनिया में वह अकेली नहीं है। किसी जगह नलिन भी है जिसने उसे निर्गन्ध फूल समझ कर मुँह नहीं फेर लिया, बल्कि सिर माथे पर चढ़ा लिया है।"[11]

'दो अन्धेर' की सुमित्रा भी एकाकीपन की शून्यता से घिरी नारी है। सुमित्रा अविवाहित, स्वतन्त्र एवं आत्मनिर्भर है। वैवाहिक जीवन के बोझ एवं समस्याओं से दूर उसकी अलग जिन्दगी है। उसे अपने जीवन यात्रा में कुछ पल के लिए शंकर का साथ मिल जाता है जो आम आधुनिक पुरुषों की तरह कुछ समय तक उसके साथ हँस-खेल कर अपनी अलग जिन्दगी बसा लेता है। शंकर के ठोकर मारने पर सुमित्रा टूटती जरूर है, लेकिन बिखरती नहीं। अपने व्यक्तित्व को और अधिक मजबूत कर जीने का संकल्प करती है। शंकर द्वारा दगा दिये जाने पर, न तो वह परम्परागत प्रेमिकाओं की तरह आत्महत्या का प्रयास करती है और न ही शंकर की बेवफाई पर आँसू बहाती है।

इस कहानी में आधुनिक नारियों के बदलते दृष्टिकोण एवं मान्यताओं पर प्रकाश डाला गया है।

'सुरंग' कहानी के तीनों पात्र अकेलेपन के बोझ से आहत नजर आते हैं। तीनों एक छत के नीचे रहते हुए भी एक-दूसरे से अजनबी हैं। माँ और दो बेटियों की

अलग जिन्दगी और अलग समस्याएँ हैं। बेटे की अकस्मात मृत्यु के पश्चात् माँ का जीवन पूर्ण रूप से आध्यात्मिक हो जाता है। अरुणा एक स्कूल की अध्यापिका थी। कुछ कारणवश वह आत्महत्या करने की कोशिश करती है लेकिन वह विफल हो जाती है और इस विफल कोशिश का दाग उसके जीवन के लिए एक प्रश्न बन जाता है। अरुणा की छोटी बहन बेबी सप्लीमेन्टरी लिख रही है जिस कारण उसकी पढ़ाई घर पर ही होती है। घर पर वह माँ की ओर से उपेक्षित है और दीदी के प्रति भी कोई खास लगाव नहीं दिखाती। बेबी अपने अन्दर कोई भारी दुःख पाल रही है इसका ज्ञान माँ और दीदी को है। दीदी बेबी के दुःखों का कारण जानना चाहती है लेकिन माँ अपनी संकीर्णता से हटती नहीं है। वह न तो बेबी की उदासी का कारण जानना चाहती है और न ही उसमें समाये हुए अकेलेपन के भाव को उखाड़ फेंकने का प्रयास करती है।

माँ के व्यक्तित्व में ममता की कमी बेटे की अकाल मृत्यु के कारण हो सकती है जिस कारण वह अपने दायित्व एवं कर्तव्यों से विमुख है। इस कहानी में अकेलेपन का भाव एक परिवार के सदस्यों के बीच है। आधुनिक युग में आत्मीयता के अभाव से उभरी हुई त्रासयुक्त स्थितियाँ किस तरह अकेलेपन को जन्म देती हैं, इसका उत्तम उदाहरण यह कहानी है।

दीप्ति खंडेलवाल ने आधुनिक समाज में व्याप्त अकेलेपन के भाव को बखूबी चित्रित किया है। 'दो पल की छाँव' की नायिका एक चंचल किस्म की लड़की थी जो जीवन को "ऐक्शन" और "थ्रिल" समझती थी लेकिन जीवन के बदलते परिवेश और परिस्थितियाँ उसकी जिन्दगी के "ऐक्शन" और "थ्रिल" को मायूसियों के घेरे में आबद्ध कर उसे अकेलेपन की अवस्था में छोड़ देती हैं। जीवन के प्रति उसके सारे विचार और मान्यताएँ धीरे-धीरे बदलते लगती हैं। "धीरे-धीरे कब, कैसे वह मुर्दा होती गयी... उसे स्वयं ही समझ में तब आया जब वह भीड़ से डरने लगी, बहुत अपने लगते चेहरे बहुत पराये लगने लगे... शोरगुल उसे बहरा बनाने लगा, आवाजों के बीच वह गूँगी होने लगी... अब वह जानबूझ कर एकान्त तलाशती है—निर्जन, नीरव एकांत जहाँ स्वयं के निकट केवल स्वयं ही हो... जहाँ जिन्दगी के खो चुके अहसास कुछ पल के लिए उसे वापस मिल जाएँ।"[12]

समय के करवट बदलने के साथ ही उसके अपने सब पराये हो जाते हैं और वह उन परायों की भीड़ में अकेली रह जाती है। उसका एकमात्र सहारा उसका बेटा है जो उसका सपना है। अपने बेटे के उज्ज्वल भविष्य के लिए वह सबके समक्ष उसकी आँटी का रोल अदा करती है।

नायिका के एकान्त जीवन में कुछ क्षणों के लिए एन्टोनी का प्रवेश होता है। एन्टोनी के खुले व्यवहार एवं बेटे के प्रति लगाव को देखकर नायिका को अनजाने में उसके प्रति एक मोह-सा होने लगता है। लेकिन एन्टोनी नायिका के तपते जीवन

को दो पल की छाँव देकर चला जाता है और फिर वह अकेली रह जाती है।

मेहरुन्निसा परवेज ने 'आरजू के फूल' में एक पत्नी के अकेलेपन की वेदना को वाणी दी है। नायिका परदेस गये पति के इन्तजार में दिन-रात एक करती है। पति के दूर रहने पर वह निराशाग्रस्त और उदास रहती है फिर भी उसमें आत्मबल की कमी नहीं है। आरजू के फूल खिला कर वह अपने तड़पते हुए मन को सान्त्वना प्रदान करती है। उसे आत्मतोष इस बात पर होता है कि उसका पति देश की खातिर दुश्मनों से लड़ रहा है। इस कारण वह कहती है "मेरे नाथ तुम आओ तो जीत कर आना। मैं दुल्हन की तरह सज-सँवर कर तुम्हारी राह देखूँगी और गाँव के रास्ते को फूलों से सजा दूँगी। तुम उस पर जीत का सेहरा बाँध कर आना।"[13]

नायिका की द्वन्द्वात्मक मानसिकता है। एक ओर वह पति की विरहाग्नि में तड़प कर अकेलेपन का अनुभव कर दुःखी होती है, तो दूसरी ओर एक आदर्श देश भक्तिन की तरह पति के विजित होकर आने की कामना करती है।

मन्नू भंडारी ने 'अकेली' कहानी में सोमा बुआ के अकेलेपन की स्थिति का हृदय विदारक यथार्थ चित्रण किया है। पुत्र की अकाल मृत्यु से उत्पन्न दुःख के कारण पति संन्यासी हो जाता है और सोमा बुआ अकेली हो जाती हैं। अपने अकेलेपन की अवस्था में दूसरों की आँखों के सामने अपना महत्त्व बढ़ाने के उद्देश्य से जीवन के शेष पल वह बिताना चाहती हैं। इसी वजह से वह सबके समक्ष हास्य की पात्र बन जाती हैं। दूसरे के लिए मर मिटना उसके व्यक्तित्व की एक विशेषता है। "किसी के घर मुण्डन हो, छठी हो, जनेऊ हो, शादी हो या गमी, बुआ पहुँच जाती है और फिर छाती फाड़ कर काम करतीं, मानो वे दूसरे के घर नहीं में नहीं अपने ही घर में काम कर रही हों।"[14]

सोमा बुआ को अपने अकेलेपन की जिन्दगी में उतनी व्यथा नहीं होती जितनी कि उसके पति के आने पर होती है। उसका शान्त जीवन अशान्तिपूर्ण हो जाता है। उदासी और आन्तरिक पीड़ा से उसका मन टूटने लगता है। "क्योंकि पति के स्नेहहीन व्यवहार का अंकुश उनके रोजमर्रा के जीवन की अबाध गति से बहती स्वच्छन्द धारा को कुंठित कर देता।"[15]

सोमा बुआ के हृदय की विशालता को कोई महत्त्व नहीं देता। दूसरों के कल्याण एवं खुशी के लिए उनके मन में जो उदात्त भावना है उसे सब लोग अनदेखा कर देते हैं। परिणामस्वरूप सब ओर से वह उपेक्षित हो जाती है। सोमा बुआ का अकेलापन और उपेक्षित जिन्दंगी के प्रति लेखिका का मन्तव्य इस प्रकार है—"उसके अकेलेपन और दयनीयता ने मुझे उस समय केवल मानवीय संवेदना के धरातल पर ही आकर्षित किया था। उस समय कहानी सोमा बुआ की व्यथा को वाणी देने के लिए ही लिखी थी, पर बरसों बाद मुझे उसमें कहीं अपना अंश, अपनी व्यथा दीखने लगी तो कहानी अचानक ही मुझे बहुत प्रिय हो उठी।"[16]

'मज़बूरी' कहानी में लेखिका ने एक दादी माँ की विवशता एवं अकेलेपन के बोध को बड़ी तल्खी के साथ उभारा है। दादी माँ का बेटा रामेसुर उसका अपना होते हुए भी उसका नहीं हो पाता है। वह माँ से भी ज्यादा महत्त्व अपनी पत्नी को देता है। दादी माँ बेटे के इस प्रकार के व्यवहार से उतनी दुःखी नहीं होती। उसकी व्यथा यह है कि वह अपने पोते को लाड़-प्यार कर अपने पास रख पाने में असमर्थ हैं। क्योंकि उसकी बहू के अनुसार दादी माँ अत्यधिक लाड़-प्यार दिखाकर बेटू के आदत्र को बिगाड़कर उसके भविष्य को अन्धकारमय कर देंगी। इस कारण, बहू, बेटू को दादी माँ के पास रहने नहीं देती। बेटू से बिछड़ते वक्त दादी माँ की आत्मा कराह उठती है। जब दादी माँ को पता चलता है कि बेटू दादी माँ से दूर रहकर उसे भूल-सा गया है तो उसे बेहद पीड़ा होती है। लेकिन एक कृत्रिम और बनावटी आनन्द को प्रकट करते हुए वह कहती है "बेटू मुझे भूल गया? वहाँ जम गया? सच, मेरी बड़ी चिन्ता दूर हुई। इस बार भगवान ने मेरी सुन ली। जरूर परसाद चढ़ाऊँगी... कौन! नर्बदा, सुना नर्बदा, बेटू मुझे भूल गया वह भूल ही गया... और उन्होंने आँचल से भरकर भर-भर आँखें पोंछीं और हँस पड़ीं।"[17]

इस कहानी में लेखिका ने एक दादी माँ के यथार्थ स्वरूप का जीवन्त चित्रण प्रस्तुत किया है। दादी बन कर भी पोतों के सुखों से वंचित रह जाना, यहाँ दादी माँ की सबसे बड़ी मजबूरी है।

'यह मैं हूँ' कहानी में मृदुला गर्ग ने एक विवाहिता नारी की हताशा एवं घुटन को बड़ी गहराई के साथ आंका है। सरल कालरा विवाहिता नारी है जिसका एकमात्र लक्ष्य अपने यौवन को चिरकाल तक बनाये रखना है। उसकी अधेड़ावस्था के सौन्दर्य की अभ्यर्थना के लिए कोई नहीं है यहाँ तक कि उसका पति भी नहीं। सरल कालरा की जिन्दगी की सबसे बड़ी समस्या उसका बेरोजगार पति है। सरल कालरा की संतृप्त जिन्दगी का पर्दाफाश उसकी तस्वरी करती है। "उसके चेहरे पर क्या है? सहानुभूति?... तमाम माहौल को डसती बड़ी-बड़ी दो आँखें। आँसुओं से भीगी, घतृणोओं से बोझिल, सन्त्रास से विस्फारित, फिर भी उदासीन एकान्त के हाथों पिटी हारी एक दुःखी बुढ़िया की तस्वीर।"[18] सरल कालरा की तस्वीर उसके वास्तविक जीवन के हकीकत को अभिव्यक्ति देती है। जब सरल कालरा अपने यथार्थ को तस्वीर पर देखती है तो फूट-फूट कर रो पड़ती है। "उफ मैं कितनी बेसहारा, कितनी आरक्षित, कितनी दुःखी हूँ त्रासदी की प्रतिमूर्ति।"[19]

विवाहित होने के बावजूद भी सरल कालरा को अकेलेपन का बोध होता है। पति के होते हुए भी उसकी अनुपस्थिति का अहसास ही सरल कालरा के जीवन को और भी दुखदायी बनाता है।

3. सात्विक स्वरूप नारी पात्रों में : मशीनीकरण एवं पाश्चात्य सभ्यता के प्रभाव से आधुनिक समाज प्रगति के उत्तुंग शिखर पर पहुँच रहा है। इस प्रगतिशील समाज

में हमारे प्राचीन आदर्श एवं मान्यताओं के अवशेष कुछ बचे हुए हैं। "आज हम भली प्रकार इस बात को स्वीकार करने लगे हैं कि नैतिकता परिवर्तनशील है और उसको निश्चित ढाँचों में बाँध कर नहीं रखा जा सकता। दूसरे यह भी, कि आधुनिक रचनाकारों ने पश्चिमी सभ्यता का अनुकरण कर अपने साहित्य को भी जीवन सम्बन्धी नवीन दर्शन से समन्वित किया है और ऐसी स्थिति में हमारी प्राचीन मान्यताएँ बहुत ही जर्जर परिलक्षित होती हैं। लेकिन फिर भी हम देखते हैं कि विवेच्य युग की कुछ रचनाओं में नारी चरित्रों को उच्चतर आदर्शों की भूमिका पर चित्रित किया गया है।"[20]

नारी जीवन के उदात्त स्वरूप को उषा प्रियम्वदा, मन्नू भंडारी, मृदुला गर्ग, दीप्ति खंडेलवाल आदि कई लेखिकाओं ने पूरी संपृक्ति एवं सजगता के साथ प्रस्तुत किया है। ऐसा प्रतीत होता है कि इन लेखिकाओं ने समाज में नारी के सात्विक स्वरूप को बनाये रखने के उद्देश्य से ही नारी की उदात्त भूमिकाओं की ओर विशेष दृष्टि दौड़ाई है।

मन्नू भंडारी ने नारी मन की सात्विकता को 'अकेली' की सोमा बुआ 'मजबूरी' की दादी अम्मा और 'नशा' की आनन्दी के माध्यम से प्रस्तुत किया है। आनन्दी निम्न वर्ग की अशिक्षित नारी है। जो शराबी पति शंकर के प्रति अपने आदर्शों को निभाती है। पति के मार-पीट को वह मूक होकर सहती है। उसके अत्याचारों के प्रति न तो वह अपनी आवाज बुलन्द करती है और न ही उसकी बुरी आदत को कोसती है।

आनन्दी का बेटा पिता के अत्याचारों को देखकर माँ को अपने साथ ले जाता है। आराम की अवस्था में भी कढ़ाई-बुनाई कर वह पैसे इकट्ठे करती है और हर मास पति के नाम पर भेज देती है।

आनन्दी के त्याग और सहनशीलता की भावना को लेखिका ने विशेष रूप से उभारा है।

दीप्ति खंडेलवाल की कहानी 'चन्दा की जोत' की भागवती निम्न वर्ग की गरीब नारी है। भागवती का पति शराबी है जो शराब पीने के पश्चात् भागवती के साथ पाश्विक व्यवहार करता है। भागवती दिन-रात मेहनत कर शराबी पति को दो वक्त की रोटी देती है। जीवन भर समस्याओं से प्रताड़ित होने पर भी वह अपने आदर्शों से च्युत नहीं होती। पति द्वारा जख्मी किये जाने पर उच्च वर्ग का श्रीकान्त उसके प्रति सहानुभूति दिखलाता है और उससे पति को त्याग देने को कहता है। लेकिन उदात्त विचारों वाली भागवती श्रीकान्त की शाब्दिक सहानुभूति को ठुकराते हुए कहती है, "नाहीं बाबू। हम ई पाप नाहीं कर सकत। कबहूँ नाहीं। मुआ जिनावार है चंदा का बाप... लेकिन हम उका छोड़ देवे तो महीना भर भी नहीं जीएगा। अरे पागल हो जाएगा दास के बिना, नीच कूका की मौत मरेगा।"[21] भागवती के इन विचारों

से यह स्पष्ट हो जाता है कि वह पति के प्रति पूर्ण रूप से समर्पित है।

अन्त में जब भागवती का जीना दूभर हो जाता है तो वह बेटी सहित आत्महत्या कर लेती है। इसके अतिरिक्त उसके सामने कोई दूसरा विकल्प नहीं है। भागवती चाहती तो श्रीकान्त के चरणों में आश्रय पा सकती थी। लेकिन वह अपने पातिव्रत्य को त्याग कर कलंकित नहीं होना चाहती थी।

'कायर' की उमा उच्च वर्ग की शिक्षित नारी है। उमा का पति योगेश फिलोसफी का प्रोफेसर है जो उमा की भाव संवेदनाओं की ओर से निश्चिन्त है। पति द्वारा उपेक्षित होने पर भी उमा खामोश रह कर सब कुछ सहने को तैयार रहती है। पति परमेश्वर होता है ऐसी परम्परागत धारणा उसके अन्र्तमन में समायी रहती है जिस कारण वह परम्परागत आदर्श नारियों की भाँति पति के विरुद्ध आवाज उठाये बगैर सब कुछ झेलने को बाध्य हो जाती है।

समय के साथ उमा माँ बन जाती है। उसका जीवन और भी सरल और सीधा हो जाता है। बनने सँवरने का उसका शौक धीरे-धीरे घटने लगता है। एक आदर्श गृहिणी की तरह पति और सास की बनायी संकीर्ण लीक पर चल कर वह घर का सारा कार्यभार सँभालती है। उमा पर उसके पति से ज्यादा अधिकार सास का है। उमा की तरह योगेश भी अपनी माँ के इशारों पर ही चलता है। एक बार उमा पति योगेश के इच्छानुसार नीली कांजीवरम की साड़ी पहनकर बाहर जाने को तैयार होती है लेकिन जाते वक्त सास उसे टोक देती है, "अरे बहू, जा रही हो ये तो ठीक है, लेकिन ये कांजीवरम की साड़ी पहनने की क्या जरूरत थी? कोई हल्की-सी साड़ी पहन लो।"[22] उमा आज्ञाकारिणी बहू की तरह कुछ कहे बगैर साड़ी बदलने चली जाती है। यह उमा के जीवन की एक साधारण-सी घटना है, लेकिन इस घटना से यह स्पष्ट होता है कि उमा कितनी शान्त और सहनशील स्वभाव की नारी है और सास उसकी सहनशीलता का कितना फायदा उठाती है।

यहाँ लेखिका ने यह व्यक्त किया है कि आधुनिक युग में भी परम्परागत भारतीय नारियों का उदात्त स्वरूप देखने को मिलता है।

परिवार वालों के अत्याचारों को मौन होकर सहने वाली नारी है, मेहरुन्निसा परवेज की कहानी 'टहनियों पर धूप' की जैतून की माँ। जैतून की माँ, माँ होकर भी सन्तान के सुखों से दूर है, पत्नी बन कर भी पत्नी के अधिकारों से वंचित है। पति के लिए वह शारीरिक सुख प्रदान करने वाला एक माँस पिंड है "बहुत-सी पत्नियों की लड़ी में उसे भी पिरो दिया है। यहीं आकर उसने जाना कि शारीरिक सुख ही दुनिया की सबसे बड़ी चीज है। उसे देख-देख हैरानी होती है कि शारीरिक रिश्तों की ही यहाँ अहमियत है।"[23]

पति की पाशविक वृत्तियों से वह नफरत तो जरूर करती है लेकिन उसका विरोध नहीं कर पाती क्योंकि वह मजबूर है। चाह कर भी वह एक शब्द मुँह से

निकाल नहीं सकती। सब ओर से होने वाले अन्यायों को सहना ही उसका लक्ष्य हो जाता है।

हमारे समाज में जैतून की माँ की तरह ऐसी अनेक अशिक्षित स्त्रियाँ हैं जो नारकीय जीवन बिता कर भी नारी के सात्विक स्वरूप को बनाये रखती हैं।

4. रुग्ण मानसिकता एवं नारी पात्र : नयी सभ्यता के विकास के साथ आर्थिक और सामाजिक क्षेत्र में होने वाली उन्नति एक ओर मनुष्य को सम्पन्नता की ओर ले गयी तो दूसरी ओर उसने उसके शारीरिक एवं मानसिक स्वास्थ्य को तबाह कर दिया। धनोपार्जन की लालसा के कारण अनियन्त्रित दबावों के शिकार बनने के लिए आज का मानव अभिशप्त है। पारिवारिक एवं वैयक्तिक सम्बन्धों में नवीन परिस्थितियों ने शीतलता का विधान किया। परिणामस्वरूप आज की नयी पीढ़ी मानसिक अस्वस्थता की शिकार बन गयाी है। रुग्ण मानसिकता को लेकर जीने वाली इस नयी पीढ़ी की कार्रवाइयाँ इतनी "एबर्नामल" लगती हैं कि समाज स्वयंमेव कुंठाग्रस्त होने लगता है। कुंठा एवं सन्त्रास युक्त वातावरण में स्वतन्त्रता की साँस लेना और स्वस्थ मन के साथ आचरण करना अत्यन्त कठिन कार्य लगता है।

नयी लेखिकाओं ने इस तरह की मानसिक ग्रन्थियों से पीड़ित रुग्ण पात्रों को अपनी कहानियों में भरपूर स्थान दिया है उनकी मानसिक रुग्णता कालानुगत प्रवृत्ति लगती है।

उषा प्रियम्वदा ने 'चाँद चलता रहा' कहानी में नायिका की विचित्र मानसिकता को मनोवैज्ञानिक धरातल पर अभिव्यक्ति प्रदान की है। रोहिणी सम्पन्न परिवार की नारी है जिसकी सगाई प्रेमी अरविन्द से होती है। विवाह से पूर्व अरविन्द रोहिणी से शारीरिक सम्बन्ध स्थापित करने की इच्छा प्रकट करता है लेकिन रोहिणी इस प्रकार के सम्बन्ध को अनैतिक मान कर अरविन्द की इच्छाओं पर अंकुश लगाती है। इसके ठीक तीन दिन पश्चात् अरविन्द की आकस्मिक मृत्यु हो जाती है और इस मृत्यु से रोहिणी पर जबर्दस्त सदमा पहुँचता है। उसका मानसिक स्तर डगमगाने लगता है "अल्टीमेटली वह अपने को दूसरों की शैया पर सुला कर अपने एक-एक अंश को मर जाने देती है और इस तरह अपने से बदला लेती है।"[24]

अपने नारीत्व को खिलवाड़ की वस्तु बनाकर वह नारी सुलभ आदर्शों का खंडन करती है जो एक समय उसके व्यक्तित्व में पूर्णरूप से व्याप्त था और जिस कारण वह अपने प्रेमी मंगेतर अरविन्द की इच्छाओं की पूर्ति नहीं कर पायी।

रोहिणी की उजड़ रही जिन्दगी को सँवारने के लिए विनय आता है लेकिन वह अपने दाग भरे दामन को किसी को सौंपना नहीं चाहती है और न ही किसी का सहारा लेकर अपने जीवन को सार्थक बनाना चाहती है।

अपने आप से बदला लेने के उद्देश्य से अपने शरीर को भ्रष्ट करते-करते मृत्यु तक जा पहुँचती है।

यहाँ लेखिका ने रोहिणी की रोगग्रस्त मानसिकता के माध्यम से स्त्री-पुरुष सम्बन्धों के सन्दर्भ में नारी मनोविज्ञान की जटिलता को उभारा है। कहानी की अस्वाभाविकता अवश्य खटकती है परन्तु एक विशेष स्थिति की परिचायिका के रूप में नायिका हमारी सहानुभूति की पात्र बन जाती है।

आधुनिकता के मोहपाश में पड़कर अपनी मानसिकता को असन्तुलित बनानेवाली नारी है, 'प्रतिध्वनियाँ' की वसु। वसु वैवाहिक जीवन को नागपाश मानकर उससे मुक्त हो जाती है और अपनी इच्छानुसार नित नये पुरुषों के साथ हम बिस्तर होती है। "श्यामल के अंकुशों से निकलकर कितना हल्का-हल्का लगता रहता था। कितने मादक थे वे अस्थायी सम्बन्ध नलिन परनायक विंस...।[25] 'शीघ्र ही वसु अपनी स्वतन्त्र जिन्दगी से ऊब जाती है। वह टूटने और बिखरने के भय से आतंकित रहती है। वसु अपने अतीत की ओर लौटना चाहती है जहाँ उसकी बेटी रुचिरा और पति श्यामल सुखी जीवन बिता रहे होते हैं लेकिन वह चाहकर भी उनके जीवन में शामिल नहीं हो पाती, क्योंकि वहाँ अतीत की कोई प्रतिध्वनियाँ शेष नहीं रही हैं।

'टूटे हुए' की तंत्री आधुनिक विचारों वाली स्वतन्त्रचेता नारी है। धन, सम्पत्ति पदवी आदि के होते हुए भी वह एक प्रकार की मानसिक व्यथा से ग्रस्त है और यह व्यथा उसकी "एबनार्मल" सन्तान को लेकर है जिस कारण वह नार्मल जीवन नहीं बिता पाती है। पति के प्रति उसका व्यवहार अजीब और अस्वाभाविक-सा लगता है। मानसिक कशमकश और पति के प्रति अलगाव की भावना के कारण वह भास्कर की ओर आकर्षित होती है। भास्कर एक शोध छात्र है जो तंत्री के पति प्रोफेसर के अधीन शोधरत है। तंत्री की वास्तविकता को जानकर भास्कर उससे दूर रहने लगता है।

'नींद' की नायिका की रुग्ण मानसिकता का मूल कारण अकेलापन का भय और उचित साहचर्य का अभाव है। एकान्त के सारे पल उसे काट खाने को दौड़ते हैं जिस कारण वह अँधेरी काली रात की एकान्तता से भय खाती है। "मैं बहुत कम चीजों से डरती हूँ, न रोगों से, न गरीबी से, न ठंड से। डरती हूँ तो बस एक लम्बी अँधेरी रात के अकेलेपन से।"[26]

अकेलेपन के भय से उत्पन्न मानसिक रोग की चिकित्सा के लिए उसका एक मनोविद् है लेकिन वह उस मनोविद् की बातों को नहीं मानती है क्योंकि वह जानती है कि वह मानसिक रोग से ग्रस्त नहीं है और न ही उसकी समस्याओं का हल दवाइयों द्वारा किया जा सकता है।

नायिका एक खण्डहरनुमा स्थान में जाती है जहाँ एक पलंग और बिखरी हुई कुर्सियाँ होती हैं। नायिका एक-एक कमरे में जाती है और सोचती है। "मैं पूर्णतया स्वस्थ हूँ। मैं केवल साथ ढूँढ़ती हूँ कम्पेनियनशिप" और इस कम्पेनियनशिप के अभाव में उसी खंडहर के पुराने कूड़ा करकटों के बीच कुछ दवाइयाँ लेकर हमेशा-हमेशा के लिए गहरी नींद सो जाती है।

निरूपमा सवेती ने अपनी कहानी 'ठहरी हुई खरोंच' में दो बहनों के विवाहपूर्व काम सम्बन्धों को चित्रित कर उनके विशिष्ट स्वभाव पर प्रकाश डाला है। बड़ी बहन अर्थात् नायिका को अस्तित्व की खोज है। वह अपने अस्तित्व को परखने का प्रयास करती है लेकिन उसे शून्यता ही हाथ लगती है। अस्तित्व की सार्थकता के प्रति नायिका को गहरा आकर्षण, लगाव और अहं है जिस कारण उसका मानसिक स्तर कुछ विचलित-सा लगता है। उसकी स्थिति कुछ न बन पाने की और कुछ न कर पाने की है।

सेक्स और प्रेम के प्रति उसके खुले विचार हैं। ''विवाह पूर्व सेक्स को तृप्त करने में केवल अविवाहित पुरुष के प्रति ही आकर्षण होना आवश्यक नहीं अपितु विवाहित और बड़ी उम्र के पुरुष से भी अनायास आकर्षण जाग्रत हो सकता है।''[27] नायिका के स्वतन्त्र विचारों के कारण वह कई पुरुषों से सम्बन्ध जोड़ लेती है। नायिका पुरुष के व्यक्तित्व को महानता देती है उसके उम्र या उसके स्तर को नहीं। ''मुझे बड़ी उम्र के पुरुष अच्छे लगते हैं इसलिए वह मिला तो पता नहीं कैसे अचानक ही सब हो गया। मैंने सचमुच ही उसे चाहा था वह जेनुइन ही था।''[28] हद से ज्यादा आधुनिकता का समावेश और अहं ग्रस्त होने के कारण नायिका का व्यवहार और उसकी मान्यताएँ विचित्र एवं आधारहीन लगती हैं।

पात्र और मानसिकता

मानव मन की विभिन्न परिस्थितियों का सूक्ष्मतम विश्लेषण करने के लिए मनोविज्ञान का सहारा लिया जाता है। मनोविश्लेषण के माध्यम से मन की गहराई में उतरकर, व्यक्ति के यथार्थ स्वरूप को परखा जा सकता है। नारी की विशेष मानसिकता के अध्ययन के लिए मनोविज्ञान बहुत अधिक सहायक सिद्ध हुआ है। प्रमुख मनोवैज्ञानिकों के विचारानुसार स्वातन्त्र्योत्तर कथा साहित्य में नारी के व्यक्तित्व का अंकन और उसका चरित्र-चित्रण हीन-भावनवा, दमित कामना, स्वप्न दर्शन, काम-वासना आदि के विशेष सन्दर्भों से जोड़कर किया जाता है।

फ्रायड के अनुसार व्यक्तित्व के चार मूल तत्त्व होते हैं (1) अवचेतन मन (2) अन्तर्द्वन्द्व और दमनवृत्ति (3) शिशुकालीन प्रभाव (4) काम या सेक्स। इन चारों तत्वों में फ्रायड अवचेतन मन को सर्वाधिक महत्त्व प्रदान करते हैं। इनके अनुसार अस्वीकृत विचार, व्यक्ति का अहं, काम वासना आदि अवचेतन मन में दबे रहते हैं। ये सब विचार चेतन मन में नहीं आते क्योंकि इन्हें दमन क्रिया द्वारा अवचेतन मन में दबा दिया जाता है। इसके परिणामस्वरूप चारित्रिक विकृतियाँ जन्म लेती हैं। साहित्य के क्षेत्र में फ्रायड के उक्त सिद्धान्तों का गहरा प्रभाव पड़ा है।

फ्रायड की तरह एडलर भी मनोविश्लेषण के क्षेत्र में बहुचर्चित रहे हैं। एडलर 'इगो' को महत्त्वपूर्ण मानते हैं। उनके अनुसार प्रत्येक व्यक्ति स्व की प्रतिष्ठा चाहता

है और जब वह अपनी इच्छा की पूर्ति नहीं कर पाता तो विकार ग्रस्त हो जाता है।

प्रसिद्ध मनोवैज्ञानिक जुंग व्यक्तित्व को प्रधानता देते हैं। इन्होंने व्यक्तियों को तीन कोटियों में विभाजित किया है (1) अन्तर्मुखी (2) बहिर्मुखी (3) विसंभुज। अन्तर्मुखी व्यक्ति अपने निजी विचारों में खोया रहता है। दूसरों के घुलने-मिलने का प्रयास वह नहीं करता। अहंग्रस्त होने के कारण वह अपने विचारों को ही सर्वाधिक श्रेष्ठ मानता है। इसके विपरीत बहिर्मुखी व्यक्ति का दृष्टिकोण उदात्त होता है। वह बाह्यजगत से अधिक आकर्षित होता है। विसंभुज व्यक्ति में अन्तर्मुखी व बहिर्मुखी व्यक्ति का सम्मिश्रित रूप देखा जाता है।

प्रसिद्ध मनोवैज्ञानिकों द्वारा प्रतिपादित सिद्धान्तों के प्रकाश में लेखिकाओं की कहानियों में आये नारी पात्रों का मनोविश्लेषण किया जा सकता है। कई लेखिकाओं ने मनोवैज्ञानिक सिद्धान्तों का प्रभावात्मक चित्रण अपने चरित्रों के द्वारा प्रस्तुत किया है।

1. समस्याग्रस्त पात्रों की मनोभूमि : ''क्षय'' कहानी में कुन्ती की मानसिकता आदर्श और यथार्थ की टकराहट में द्वन्द्व ग्रस्त हो जाती है। आदर्श की लीक पर चलनेवाली कुन्ती आर्थिक समस्याओं से जूझने के लिए अपने सारे आदर्शों को त्याग देने के बावजूद भी कुछ न पाने के कारण हताशाग्रस्त हो जाती है। पिता की बीमारी और खर्च उसके व्यक्तित्व को पूर्ण रूप से कुंठित कर देते हैं। कभी-कभी उसे ऐसा एहसास भी होने लगता है कि वह भी क्षय रोग से ग्रसित होती जा रही है। यह भय उसके अचेतन मन की गहराई में एक ग्रन्थि के रूप में विद्यमान रहता है।

कुन्ती की मानसिकता द्वन्द्वात्मक है जिस कारण हमेशा उसके मन में आदर्श और यथार्थ का वैचारिक संघर्ष होता रहता है। द्वन्द्वात्मक मानसिकता होने के कारण वह किसी एक पर टिक नहीं पाती। आदर्श को त्याग कर यथार्थ को अपनाने के पश्चात उसके मन में एक हिचक-सी होती है। कहानी के अन्त में इसका स्पष्ट स्वरूप झलकता है जब वह बेमन से सावित्री के लिए अध्यापिकाओं के पास पैरवी के लिए जाती है।

कुन्ती का कुंठित व्यक्तित्व और उसकी दोहरी मानसिकता परिस्थितिजन्य है। परिस्थितियों के कठोर प्रहार से ही वह आदर्श के मार्ग से डगमगा जाती है।

'सजा' की आशा कुन्ती से ठीक विपरीत व्यक्तित्व रखती है। उसका चरित्र बहिर्मुखी है। प्रतिकूल परिस्थितियों को भी वह हँसते-हँसते झेल लेती है। इसका यह मतलब नहीं कि उसे अपने बिखरते जीवन पर दुःख नहीं है, दुःख तो अवश्य होता है लेकिन वह उसे घर के अन्य सदस्यों के सामने प्रकट नहीं करती। पिता पर लगे झूठे आरोप से उत्पन्न स्थिति को बड़ी सहजता के साथ वह सँभालती है।

मन्नू भंडारी ने आशा का चरित्र-चित्रण बड़े ही आत्मविश्वास के साथ किया है। जीवन के हर मोड़ में आने वाले संघर्षों को बड़े ही स्वस्थ मन के साथ वह झेलती

है और विषम परिस्थितियों में भी आत्मबल खोती नहीं है। समसामयिक कहानियों में आने वाले पात्र जब काल्पनिक परिस्थितियों से ही कुंठाग्रस्त हो जाते हैं तब आशा नये आत्मबोध से लैस होकर दृढ़ता के साथ जीने का संकल्प करती है।

'एरवाने आकाश नाई' की लेखा की मानसिकता बहुत ही संकुचित एवं स्वार्थ युक्त है। परिवार वालों की समस्याओं को देखकर पलायन करने वाली लेखा में आत्मबल की कमी है। परिवार में रहकर उनकी समस्याओं को दूर किये बगैर वह उनसे ऊब कर पिंड छुड़ाना चाहती है। शहर के यान्त्रिक जीवन से ऊब कर गाँव की ओर जाने वाली लेखा गाँव में परिवार वालों की समस्याओं से घबरा जाती है। उसे एक प्रकार की घुटन-सी होने लगती है। पुनः वह हार कर शहर की ओर लौटने को मजबूर हो जाती है।

लेखा के व्यक्तित्व में एडजेस्टमेंट का अभाव है। कहीं भी अपने आप को एडजेस्ट न कर पाना उसके व्यक्तित्व की सबसे बड़ी कमजोरी है।

लेखा की तुलना में सुषुमा की मानसिकता बहुत ही अधिक उदात्त लगती है। अपनी पारिवारिक समस्याओं को सुलझाने में दमतोड़ मेहनत करने वाली सुषुमा जब परिवार वालों की ओर से उपेक्षित हो जाती है तो वह न कुंठित होती है और न ही निराशाग्रस्त होकर जीवन के अरमानों को रौंदती है। सुषुमा के व्यक्तित्व में सहिष्णुता की भावना आम औरतों से ज्यादा है। परिवार वाले जब उसकी खुशी में साथ नहीं देते तो वह परायों से सहायता ग्रहण कर अपने लक्ष्य को प्राप्त करती है। यहाँ सुषुमा का बहिर्मुखी व्यक्तित्व उभर आया है। सुषुमा की मानसिक स्थिति अत्यधिक सन्तुलित एवं स्वस्थ लगती है।

'शायद' की माला की मानसिक स्थिति आर्थिक समस्याओं के थपेड़ों से कुंठित हो जाती है। लम्बी अवधि के बाद आये पति के प्रति विलगाव की भावना कुंठित मानसिकता की वजह से है। पति के प्रति उसके मन में प्यार जरूर है लेकिन वह उसे प्रदर्शित नहीं करती। इसका यह तात्पर्य नहीं कि वह पति से दूर रहना चाहती है या फिर पति से सुख प्राप्त करना नहीं चाहती। हर पत्नी की तरह माला भी पति के साथ शारीरिक सुख प्राप्त करना चाहती जरूर है, लेकिन वह विवश है पति से सम्बन्ध स्थापित कर वह अपने परिवार को और बढ़ाना नहीं चाहती क्योंकि पति के जाने के बाद परिवार की सारी समस्याएँ उसे खुद ढोनी पड़ती हैं। जिसे ढोते-ढोते वह मानसिक और शारीरिक रूप से थक गयी है और इसी थकावट के कारण वह मानसिक रूप से पति के पास होते हुए भी शारीरिक रूप से पति से दूर रहना चाहती है।

'सम्बन्ध' की श्यामला के व्यक्तित्व में आत्मबल की कमी है। समस्याओं से मुकाबला करते-करते जब कोई शुभ परिणाम नहीं निकलता तो वह बुरी तरह टूट जाती है और एक प्रकार की अलगाव की भावना उसमें जन्म लेनी लगती है जिसके फलस्वरूप वह अपनों से दूर अकेले रहना पसन्द करती है। श्यामला का एक मात्र

दोस्त है विवाहित सर्जन। लेकिन सर्जन की दोस्ती से भी वह पूर्ण रूप से सन्तुष्ट नहीं है। एक प्रकार का निसंगता बोध उसके व्यक्तित्व को कुंठित कर देता है।

श्यामला फ्रस्ट्रेटड पात्र है। जीवन में फस्ट्रेशन के कारण उसका व्यक्तित्व अन्तर्मुखी होता जाता है। अनेक यातनाओं को सहकर भी श्यामला परिवार की स्थिति को सुधार नहीं पाती। एक प्रकार का असमर्थता-बोध उसके अन्तर्मन में जन्म लेने लगता है। जिस कारण वह समाज, परिवार एवं प्रेमी सर्जन से पलायन करती है।

श्यामला के चरित्र में दमित कामनाओं का प्रभाव दिखाई पड़ता है जिसकी वजह से उसका समूचा व्यक्तित्व ही एबनार्मल बन जाता हैं

'पैराम्बुलेटर' की कालिन्दी पूर्ण रूप से ममत्व की भावना से आच्छादित है। समस्याओं के पहाड़ टूटने पर भी वह प्राण-प्यारा पैराम्बुलेटर बेचती नहीं। लेकिन बच्चे के रोगग्रस्त हो जाने पर वह उस पैराम्बुलेटर को बेच डालने को तैयार होती है। यहाँ लेखिका ने स्त्री के मातृत्व रूप को प्रमुखता देकर दायित्व से भरपूर माँ की उदात्त मानसिकता को स्पष्ट किया है। माँ की ममता नारीत्व का एक ऐसा तथ्य है जिसकी समानता किसी चीज से नहीं की जा सकती।

'रानी माँ का चबूतरा' में गुलाबी के अन्तर्मुखी व्यक्तित्व के माध्यम से विचारों की संकीर्णता की स्पष्ट झलक मिलती है। समस्याओं का घूँट पीकर अपने आप में सीमित जीवनयापन करना ही उसका लक्ष्य हो जाता है। उसकी असन्तुलित मानसिकता एवं उसके अन्तर्मुखी व्यक्तित्व का प्रमुख कारण आर्थिक परेशानियाँ हैं। बच्चों के प्रति उसके क्रूर व्यवहार को देखकर ऐसा लगता है कि उसे अपने बच्चों से कोई लगाव नहीं है। लेकिन यह धारणा अन्त में गलत सिद्ध हो जाती है जब उसके मृत शरीर से काँच की दो चूड़ियाँ और शिशु सुरक्षा केन्द्र की पाँच रुपये की रसीद मिलती है। इससे यह साबित हो जाता है कि उसे अपने बच्चों से बेहद प्यार था और अपने बच्चों के लिए ही वह दिन-रात मेहनत कर प्राण त्याग देती है।

'अभिशप्ता' की मानो त्याग और बलिदान की साक्षात प्रतिमा है। अपने भविष्य को अनदेखा कर परिवार के लिए सब कुछ न्योछावर करनेवाली मानो की मानसिकता अनन्त आकाश के समान उदात्त है। परन्तु उसका चरित्र अन्तर्मुखी लगता है।

मानो को अपने उजड़ते हुए जीवन को देखकर बहुत दुःख अवश्य होता है लेकिन वह उसे परिवार के समक्ष प्रकट किये बगैर अन्दर ही अन्दर झेल कर कुंठित रहती है। दुःख, वेदना, निराशा, अवसाद आदि के कई परत उसके अन्तर्मन में समाये हुए हैं जिसे वह दूसरों के समक्ष प्रकट नहीं करती। एक सीमा तक मानो का व्यक्तित्व अन्तर्मुखी लगता है और उसके इस आत्मकेन्द्रित व्यक्तित्व को परिवार वाले पहचानने का प्रयास भी नहीं करते। यही मानो के जीवन की सबसे बड़ी विडम्बना है। अपनी बहनों के भविष्य को सँवारने के लिए मानो आगे आती है लेकिन मानो के भविष्य एवं उसकी खुशियों को सँवारने के लिए कोई नहीं होता,

यहाँ तक कि उसके माँ-बाप भी उसके भविष्य को अनदेखा करते हैं। इसकी गहरी पीड़ा मानो को होती है जिस कारण एकान्त में अपने लक्ष्यहीन जीवन के प्रति सोच कर वह आँसू बहाती है।

मानो के जीवन की चुप्पी ही उसकी सभी अभिलाषाओं पर ओले गिराती है। अपनी मुर्झाई हुई अभिलाषाओं को गले लगा कर आँसू बहाना ही उसके जीवन का लक्ष्य हो जाता है। अन्तर्मुखी व्यक्तितव के कारण मानो को अपना सब कुछ खोना पड़ता है।

'कोई जमीन नहीं' की सरला आर्थिक परेशानियों के बीच उलझ कर भी कुंठाग्रस्त नहीं होती। अर्थाभाव के कारण अपने परिवार को सीमित रखने के उद्देश्य से सरला और उसका पति अपनी कामनाओं पर अंकुश लगाते हैं। सरला के अभावग्रस्त जीवन में शारीरिक सम्बन्ध की खुशी ही एकमात्र साधन है लेकिन इससे भी वह वंचित होती जाती है।

जीवन के हर मोड़ पर अपूर्णता की प्राप्ति होने के बावजूद भी वह निराशाग्रस्त नहीं हाती। इससे यह सिद्ध हो जाता है कि उसका मन बहुत ही विशाल है और उसका व्यक्तित्व बर्हिमुखी है।

'करिये छिमा' की हीरावती की मानसिकता बहुत ही दृढ़ और एक सीमा तक कठोर भी है। समाज के द्वारा लगाये गये आरोप के आधार पर निष्कासित किये जाने पर भी वह निराशाग्रस्त नहीं होती और न ही अपनी निष्कलंकता का स्पष्टीकरण देती है। बल्कि हँसते-हँसते अपनी सजा को झेलने को तैयार होती है। हीरावती को न तो परिवार वालों की चिन्ता है, न अकेले रहने का भय और न ही अपमानित होने की शर्त।

हीरावती का व्यक्तित्व बहिर्मुखी है। बाहर से पुरुष प्रकृति की लगने पर भी हीरावती अन्दर से त्याग, बलिदान, सहनशीलता की अटूट प्रतिमा है। न्यायाधीश श्रीधर के प्रति अगाध प्रेम एवं श्रद्धा के कारण वह श्रीधर से हुई सन्तान को मार डालती है क्योंकि वह उसके व्यक्तित्व को कलंकित नहीं करना चाहती। अपनी सन्तान को अपने हाथों द्वारा ही मार डालना एक माँ के लिए असम्भव है लेकिन हीरावती यह क्रूर कृत्य करती है क्योंकि वह अपनी सन्तान से ज्यादा श्रीधर से प्यार करती है।

एक दृष्टि में हीरावती की मानसिकता कठोर एवं अमानुषिक लगती है लेकिन गहराई में उतर कर पैनी दृष्टि डालें तो पता चलेगा कि उसकी मानसिकता बहुत ही उदात्त एवं उसके विचार बहुत ही तर्कसंगत हैं।

'चीलगाड़ी' की नायिका शिक्षित एवं आधुनिक विचारों वाली है उसके विचार एवं मान्यताएँ बहुत ही तर्कसंगत हैं।

विमाता के इच्छानुसार वह एक रोगग्रस्त बूढ़े से ब्याह कर लेती है और ब्याह के

सात महीनों बाद वह विधवा हो जाती है। नायिका को न तो विधवा होने का दुःख है और न ही अकेले होने का भय क्योंकि पति के वांछनीय प्यार से वह वंचित थी।

नायिका अपने विधवा रूप को अनदेखा कर अपने भविष्य को सँवारने का दृढ़ संकल्प लेती है। वह घर से भागकर एयरहोस्टेस बन जाती है। नायिका अपनी विधवा जेठानियों की तरह विधवा का मुखौटा धारण नहीं करना चाहती जो दिन-भर राम नाम जपकर रात को देवर के साथ रंग-बाजी करती हैं। अपने स्वतन्त्र जीवन को नये सिरे से शुरू करने के लिए नायिका एक ठोस कदम उठाती है और किसी की चिन्ता किये बगैर अपने निर्णय को साकार बनाती है यहाँ नायिका की मानसिक सबलता का स्पष्ट रूप झलकता है।

अकेलेपन के शिकार पात्रों की मानसिकता

'छुट्टी का दिन' की माया अपने स्वतन्त्र जीवन की यान्त्रिकता से बोर हो चुकी है। उसे न खाने का शौक है और न पहनने का। अपने अर्थहीन जीवन में वह फ्रस्ट्रेशन का अनुभव करती है। कभी-कभी अत्यधिक स्वतन्त्रता भी नारी के व्यक्तित्व को कुंठित कर देती है। जब नारी की स्वतन्त्रता पर अंकुश लगाने वाला कोई हकदार नहीं होता तो उसे जीवन नीरस लगने लगता है। माया की भी यही स्थिति है।

माया के जीवन में जो अभाव है वह वास्तव में एक ग्रन्थि का रूप धारण कर लेता है और इसी वजह से उसका मन अपनी सन्तुलित स्थिति को खो बैठता है। माया की अभावग्रस्त मानसिकता कई ग्रन्थियों को जन्म देती है जो रह-रह कर उसके व्यक्तित्व पर आघात करती रहती हैं।

'पूर्ति' की तारा जीवन की तन्हाई में किसी का स्नेहिल स्पर्श चाहती है लेकिन वह उसे प्रकट नहीं करती। अपनी सारी इच्छाओं को दमित कर दूसरों के समक्ष अपने आप को पूर्ण सिद्ध करने वाली तारा का व्यक्तित्व अन्तर्मुखी है। तारा की मानसिकता अत्यन्त ही संकीर्ण एवं अहंग्रस्त है, साथ-साथ मानसिकता "डबल स्टैन्डर्ड" को लिए हुए है।

तारा 'सुपर ईगो' से प्रभावित है। अपने जीवन की कमियों को वह यूँ ही दूसरों की आँखों से बचा लेना चाहती है। फ्रायड के सुपर ईगो से प्रभावित पात्रों में तारा का स्थान आता है।

'दो अँधेरे' की सुमित्रा दृढ़ व्यक्तित्व रखने वाली नारी है। आम नारी वर्ग की तुलना में सुमित्रा के अन्दर आत्मबल बहुत ज्यादा है। प्रेमी द्वारा दगा दिये जाने पर भी वह टूटती नहीं है और न ही निराश होकर शून्यताबोध से ग्रस्त हो जाती है। सुमित्रा अपने टूटे हुए जीवन को एक नयी कड़ी देकर नये सिरे से जीने का संकल्प लेती है। सुमित्रा का व्यक्तित्व बहिर्मुखी है। प्रतिकूल परिस्थितियों में भी वह अपने जीवन की राह से डगमगाती नहीं है और न ही आत्मकेन्द्रित होकर अपने भविष्य को अन्धकारमय बनाती है।

'सुरंग' कहानी के तीनों पात्रों की मानसिकता विचित्र है और तीनों अन्तर्मुखी प्रकृति के हैं। माँ को बेटे की अकाल मत्यु का सदमा है जिस कारण वह साध्वी-सा जीवन व्यतीत करती है यानी उसका सम्बन्ध बेटियों से नहीं के बराबर हैं। बड़ी बेटी अरुणा के नीरस जीवन से यह ज्ञात होता है कि उसे अपनी जिन्दगी में कभी गहरी चोट लगी थी जिस कारण वह आत्महत्या करने को मजबूर हो गयी थी। लेकिन किस्मत ने उसे बचा लिया था। अरुणा को अपने जीवन में आत्महत्या का प्रयास एक कलंक-सा लगता है जिससे वह और भी अधिक कुंठाग्रस्त और आत्मकेन्द्रित हो जाती है।

बेबी घर में सबसे छोटी है लेकिन न उसे माँ का प्यार मिलता है और न दीदी का स्नेह। माँ, अरुणा, बेबी तीनों एक-दूसरे से ख़िंचे-ख़िंचे रहते हैं। और तीनों मानसिक रूप से निराशाग्रस्त हैं। तीनों की अपनी अलग दुनिया है जहाँ के सीमित दायरों में वे बन्द रहते हैं।

'दो पल की छाँव' की नायिका का फ्रस्ट्रेशन उसका असफल प्रेम है। असफल प्रेम का नैराश्य उसके जीवन की सारी मान्यताओं को रौंद देता है और ऐसा होना स्वाभाविक भी है। नायिका निराशाग्रस्त हो जाने के बावजूद भी अपने आत्मबल को नहीं खोती। अपने अवैध सन्तान के उज्ज्वल भविष्य के लिए वह समाज में आंटी का रूप धारण करती है क्योंकि वह जानती है कि अविवाहिता माँ बनना हमारे सभ्य समाज में अनैतिक कार्य है।

प्रेम के क्षेत्र में धोखा खायी नायिका प्रेम की प्यासी है। कुछ पल के लिए उसे जब एन्टोनी का साथ मिलता है तो वह उसे अपने जीवन का सहारा मान लेती है। लेकिन बाद में वह अनुभव करती है कि एन्टोनी उसके मुर्झाये हुये जीवन में दो पल की छाँव देने आया था। फिर एक नया एकान्त उसके जीवन को ग्रस लेता है जिसकी छाया में उसे जीना पड़ता है।

'आरजू के फूल' में नायिका की मानसिकता द्वन्द्वात्मक है। फौजी पति के विरह में उसका मानसिक धरातल डगमगाने लगता है। कभी वह उसके दूर हो जाने पर दुःख प्रकट करती है और कभी कहती है कि तुम आओ तो जीतकर ही आना। नायिका के दोहरे विचार मानसिक अस्थिरता की वजह से हैं।

अपने अकेलेपन के जीवन से नायिका अपना मानसिक सन्तुलन खो बैठती है।

'अकेली' की सोमा बुआ बर्हिमुखी व्यक्तित्व रखने वाली नारी है। अपने एकान्त जीवन को दूसरों लिए महत्त्वपूर्ण बनाकर दूसरों की भलाई करना ही उसके जीवन का लक्ष्य है। दूसरे उसके प्रति किस प्रकार का बर्ताव करते हैं या फिर उसकी ईमानदारी और लगाव को दूसरे क्या मूल्य देते हैं इससे वह अनभिज्ञ हैं। यहाँ सोमा बुआ की स्वच्छ एवं निष्कलंक मानसिकता की स्पष्ट झलक मिलती है।

'मजबूरी' की दादी अम्मा की सबसे बड़ी विशेषता यह है कि वह दादी होकर

भी दादी के अधिकारों एवं सुखों से वंचित है। अपने बेटे को हद से ज्यादा प्यार करने से वह उसके भविष्य को अन्धकारमय कर देगी। इस डर के कारण बहू बेटे को दादी से दूर कर देती है। दादी माँ के जीवन का सबसे बड़ा दुःख यही है। लेकिन वह अपने दुःख को बनावटी ढंग से छुपाने के उद्देश्य से कहती है... बेटू मुझे भूल गया? वह जम गया? सच, मेरी बड़ी चिन्ता दूर हुई। दादी माँ के ये शब्द उनकी हृदय की गहराई से आये हुए हैं इन शब्दों में दुःख, पीड़ा वेदना के स्वर ज्यादा मुखरित होते हैं।

मनोवैज्ञानिक दृष्टि से दादी माँ दमित इच्छाओं की शिकार हैं लेकिन कहानीकार ने दमित इच्छाओं से जनित कुंठा को तो उसके चरित्र में स्थान नहीं दिया है फिर भी अकेलेपन की खोज रह-रह उसके चरित्र को विशादात्मक बना देती है।

'यह मैं हूँ' की सरल कालरा रंगीन मिजाज वाली है। अधेड़ावस्था में भी उसकी मानसिकता आशा आकांक्षाओं से भरपूर है। सरल कालरा अपने सौन्दर्य को चिरकाल तक बनाये रखना चाहती है। नित्य नये प्रयोग कर अपने सौन्दर्य को बनाये रखने में उसे विशेष आत्मतुष्टि का अनुभव होता है। लेकिन खेद की बात है कि उसके सौन्दर्य की अभ्यर्थना करने को कोई नहीं होता। यहाँ तक कि उसका पति भी नहीं। पति की ओर से वह उपेक्षित है इसका उसे गहरा दुख है।

सौन्दर्य प्रसाधनों के पीछे उसका जुनून तब खत्म हो जाता है जब तस्वीर की सरल कालरा अपनी हकीकत को प्रदर्शित करती है। चेहरे की झुर्रियों को देखकर वह अवाक् रह जाती है और "यह मैं हूँ" कह कर कुंठित हो जाती है। सौन्दर्य के सम्बन्ध में उसका जो 'ईगो' था वह टूटकर बिखरने लगता है। इस अहं का अन्त कहानी के मनोवैज्ञानिक परिवेश की ओर संकेत करता है।

सात्विक पात्रों के आदर्श एवं उनकी मानसिक स्थिति

'नशा' की आनन्दी उदात्त विचारों वाली नारी है। पति के अत्याचारों को सह कर भी पातिव्रत्य धर्म को निभानेवाली आनन्दी आदर्श भारतीय नारी का साक्षात स्वरूप है। परम्परागत आदर्श एवं मान्यता को प्रधानता देने वाली आनन्दी प्रतिकूल परिस्थितियों में भी अपने दायित्वों से च्युत नहीं होती। पति से दूर रहकर भी वह पति के प्रति सभी कर्तव्यों को निभाती है। यही आनन्दी के चरित्र की सबसे बड़ी विशेषता है।

आनन्दी जैसे त्याग एवं समर्पण का जीवन बिताना सिर्फ कुछ ही भारतीय नारियों के लिए स्वीकार्य है। लेखिका ने आनन्दी के माध्यम से आदर्श भारतीय नारी का उदाहरण प्रस्तुत किया है। चारित्रिक दृष्टि से आनन्दी में कई प्रकार की अस्वाभाविकताएँ हैं, परन्तु आदर्श के लिबास के अन्दर सब ठीक-ठाक बन जाता है।

'चन्दा की जोत' की भागवती भी परम्परागत आदर्शों को निभाने वाली नारी है।

शराबी पति के पाश्विक कृत्यों को सहकर भी उसी की बनी रहने को, वह अपनी नियति मानती है। श्रीकान्त बाबू की शाब्दिक सहानुभूति से वह अपने पातिव्रत्य धर्म को बचाये रखती है। अन्त में पति के अन्यायों से बाज आकर वह बेटी सहित आत्महत्या कर लेती है लेकिन श्रीकान्त बाबू के आश्रय में नहीं जाती। यहाँ भागवती के चरित्र की सात्विकता उभर आती है। पति के द्वारा किये जाने वाले अत्याचारों के बावजूद भी पति के साथ धोखेबाजी करना उसे कभी स्वीकार्य नहीं है।

'कायर' की उमा अन्तर्मुखी प्रकृति की है। उमा अपने वैवाहिक जीवन में सुखी नहीं है इसका एहसास तो हमें मिल जाता है। लेकिन अपनी कमियों को वह दूसरों के समक्ष प्रकट नहीं करती। पति की ओर से उपेक्षित होने का दुःख और पीड़ा उसके अन्तर्मन में है जिसको उसका पति तक नहीं जानता।

उमा आधुनिक एवं शिक्षित होने के बावजूद भी पातिव्रत्य धर्म को निभाने वाली आदर्श नारी है। पति की कायरता की आँच में सास के कठोर नियमों का उल्लंघन किये बगैर चुपचाप सादगी का जीवन व्यतीत करने वाली उमा में अहं और गर्व नहीं के बराबर है।

'टहनियों पर धूप' की जैतून की माँ उदात्त विचारों वाली नारी है। पति के लिए वह काम-वासना की भूख को मिटाने वाली माँस पिंड मात्र है। पति की ओर से होने वाले अन्यायों को चुपचाप सहना ही वह अपना धर्म मानती है। जैतून की माँ विसंयज व्यक्तित्व रखने वाली नारी है। पति के व्यवहारों से उसे दुःख अवश्य होता है लेकिन वह उसे दूसरों के समक्ष प्रकट नहीं करती और न ही पति के विरुद्ध आवाज बुलन्द कर के वातावरण को कलुषित करती है।

जैतून की माँ निम्न वर्ण की अशिक्षित नारी है लेकिन उसके विचार एवं मान्यताएँ बहुत ही उच्च कोटि की हैं।

पात्रों की रुग्ण मनोवृत्ति

'चाँद चलता रहा' कहानी में नायिका रोहिणी की रुग्ण मानसिकता का मूल कारण मंगेतर अरविन्द की कामनाओं की पूर्ति न कर पाने का गम है। यह एक कुंठा का रूप धारण कर लेता है। अपनी शारीरिक पवित्रता को विवाह से पूर्व नष्ट न करने के उद्देश्य से वह अरविन्द की कामनाओं को ठुकरा देती है और दो दिन बाद अरविन्द की अकाल मृत्यु हो जाती है तो उसे जबरदस्त सदमा पहुँचता है।

परम्परागत आदर्शों से युक्त होने के कारण वह अपने मंगेतर की इच्छाओं की पूर्ति नहीं कर पायी। यह धारणा उसके मन में घर कर लेती है। पश्चात्ताप और आत्मग्लानि की अग्नि में वह झुलसने लगती है। कई तरह की आधारहीन मान्यताएँ उसके मन में जन्म लेने लगती हैं। अरविन्द की मृत्यु का कारण स्वयं को मानकर अपने आप से बदला लेने को वह तैयार हो जाती है। नित नये लोगों के शयन कक्ष

की शोभा बनकर, दीर्घकाल से सुरक्षित अपने शरीर की पवित्रता को वह नष्ट कर देती है।

रोहिणी के चरित्र की उच्छृंखलता रुग्ण मानसिकता की ही बोधक है। उसके हर आचरण के पीछे कुंठाग्रस्त मनोवृत्ति विद्यमान है। अपने आप से बदला लेकर आत्मतुष्टि का अनुभव करने वाली रोहिणी की मानसिक स्थिति पूर्ण रूप से बिखर गयी है।

अत्यधिक आधुनिकता के जुनून में उच्छृंखल होकर मानसिक रूप से अस्वस्थता का अनुभव करने वाली नारी है 'प्रतिध्वनियाँ' की वसु। एक प्रकार से वह मिसफिट पात्र का उदाहरण प्रस्तुत करती है। जीवन के सब अरमानों की पूर्ति के बावजूद भी वसु सन्तुष्ट नहीं है। मानसिक कशमकश उसके सुख चैन को लूट लेते हैं। वैवाहिक एवं पारिवारिक जीवन के सब प्रकार के सम्बन्धों को तोड़ने के पश्चात् पुनः उनसे जुड़ जाने की आकांक्षा वसु के मन में जागृत होती है। लेकिन स्वयं वह जानती है कि ऐसा होना असम्भव है। वसु की मानसिक अस्थिरता ही उसे उच्छृंखल जीवन जीने को मजबूर करती है। कहीं एक जगह टिक न पाना वसु की विवशता है।

एक समय वैवाहिक जीवन की मान्यताएँ अंकुश जैसे लगते थे जिससे वह निकल भागने को तड़पती थी। लेकिन वसु के जीवन में ऐसी स्थिति आ जाती है जब वह अपने स्वतन्त्र जीवन से ऊब जाती है। सब प्रकार के अरमानों की पूर्ति के बावजूद भी वसु "Frustrated" लगती है। उसका यह "फ्रस्ट्रेशन" उसके चारित्रिक विकास का परिचायक है। वैसे उसके अन्दर द्वन्द्व भी दिखाई पड़ता है।

आधुनिकता के बाह्य सौन्दर्य से आकृष्ट होकर उसे अपनाने वाली वसु आन्तरिक रूप से भारतीय मान्यताओं से जुड़ी हुई है। इसी वजह से वह शीघ्र ही अपने उच्छृंखल जीवन से ऊब कर पारिवारिक जीवन से जुड़ना चाहती है। अनियन्त्रित आजादी की खोज वास्तव में एक मरीचिका के पीछे भागने के समान है। वसु इसका अनुभव स्वयं करती है।

'टूटे हुए' की तंत्री की मानसिक रुग्णता का मूल कारण उसकी 'एबनार्मल' संतान है। तंत्री एक माँ होते हुए भी सन्तान के सुखों से वंचित है। इस कारण वह मानसिक रूप से बिखर जाती है। मानसिक अस्थिरता के कारण तंत्री जो पागलपन दिखाती है उसे उसका पति अनदेखा कर देता है। तंत्री का पागलपन एवं "एबनार्मल" व्यवहार मनोवैज्ञानिक दृष्टि से स्वाभाविक एवं परिस्थितिजन्य है। बाह्य कारणों के प्रभाव से मानसिक रुग्णता का पैदा होना इस कहानी का प्रतिपाद्य है।

जीवन के लम्बे संघर्ष में अकेलेपन के कारण मानसिक रूप से रोग की शिकार बनती है 'नींद' की नायिका। नायिका के व्यवहार एवं विचारों से ऐसा लगता है कि उसका एक भरापूरा परिवार था, जो काल के कठोर प्रहार से बिखर गया था। तत्पश्चात नायिका अकेली हो गयी थी।

दीर्घकाल तक भरे पूरे परिवार में रहने के बाद अचानक एकान्तता को पा लेना एक जबरदस्त सदमा है और यह सदमा नायिका पर भी पड़ा है जिस कारण वह मानसिक रूप से रोगग्रस्त हो जाती है।

अन्त में नायिका का खण्डहरनुमा स्थान में जाकर गहरी नींद में खो जाने की कोशिश करना, उसके मन में विद्यमान जीवन के खण्डहर का बहुत ही प्रभावात्मक चित्र प्रस्तुत करता है। वैसे इस कहानी की नायिका का व्यवहार पागलपन की सीमा तक पहुँचता है।

'ठहरी हुई खरोंच' की दोनों बहनें अत्यधिक आधुनिकता की वजह से जीवन में पराजित हैं। बड़ी बहन को अपने स्वतन्त्र जीवन पर अहं है। अपने स्वतन्त्र जीवन में वह अस्तित्व की खोज करती है लेकिन निराशा ही हाथ लगती है। परिणामस्वरूप वह कुंठाग्रस्त हो जाती है। कुछ न पाने और कुछ न कर पाने की विवशता एक ग्रन्थि का रूप धारण कर लेती है जो बार-बार उसके व्यक्तित्व को कुरेदती रहती है।

सेक्स के प्रति अत्यधिक उदात्त विचार होने के कारण दोनों बहनों का जीवन दो दिशाओं में बिखर जाता है। असफल प्रेम के कारण बड़ी बहन Frustation का अनुभव करती है और छोटी बहन की मृत्यु गर्भपात कराते समय हो जाती है।

निष्कर्ष

कहानी लेखिकाओं ने नारी जीवन के विभिन्न पहलुओं को अपनी कहानियों में प्रस्तुत किया है। नये परिवेश में संघर्ष के पथ पर चलने वाली नारी के न जाने कितने चेहरे उन्होंने प्रस्तुत किये हैं। विविधात्मकता से भरपूर ये चेहरे इतने भिन्न लगने लगते हैं कि उनमें कहीं सन्त्रास है तो कहीं चीत्कार, कहीं खुशी है तो कहीं विद्रोह।

अन्तःप्रेरणाओं से युक्त ये नारी पात्र कहीं समस्या की शिकार बनी हैं, तो कहीं कुंठाग्रस्त मानसिक वृत्तियों से आहत हो गयी हैं। अकेलेपन के श्राप को ढोने वाली नारियाँ एक ओर हैं तो असीम आजादी की तलाश करने वाली आधुनिकाएँ दूसरी ओर। इस तरह परम्परा और परिवेश से जुड़ती हुई और कटती हुई नारी की इकाई को भिन्न कोणों से देखने का और उनकी आन्तरिक छटपटाहट को पकड़ने का प्रयास लेखिकाओं ने किया है।

समस्याग्रस्त नारी पात्रों में लेखिकाओं ने विशेष रूप से आर्थिक एवं वैयक्तिक समस्याओं को ही अभिव्यक्ति प्रदान की है। आर्थिक समस्याओं को उजागर कर लेखिकाओं ने यह स्पष्ट किया है कि अर्थ ही आधुनिक जीवन का आधार स्तम्भ है। सारे रिश्ते नाते अर्थ पर टिके हुए हैं और अर्थ के अभाव से सब क्षीण हो जाते हैं।

आधुनिक युग में पुरुषों की तरह स्त्रियाँ भी परिवार के दायित्वों को निभाती हैं और पुरुषों की तरह ही घर की समस्याओं के प्रति वे सचेत रहती हैं इस सत्य की ओर लेखिकाओं ने इशारा किया है। घर की समस्याओं को सुलझाने के लिए अपनी सुख-सुविधाओं की आहुति देने को भी आधुनिक शिक्षित स्त्रियाँ तैयार होती हैं। ऐसी

अनेक नारियों के जीवन पर लेखिकाओं ने लेखनी चलायी है। कुछ स्त्रियाँ ऐसी भी होती हैं जो समस्याओं को ढोते-ढोते, जब कोई शुभ परिणाम नहीं निकलता तो कुंठाग्रस्त हो जाती हैं। लेकिन इसके विपरीत कुछ स्त्रियाँ ऐसी भी होती हैं जो समस्याओं के पहाड़ टूटने पर भी अपने व्यक्तित्व की दृढ़ता नहीं छोड़तीं। ऐसी नारियाँ परिवेश एवं परिस्थितियों से मुकाबला कर नये सिरे से जीने का संकल्प लेती हैं।

उधर, अकेलेपन के शिकार पात्रों के माध्यम से लेखिकाओं ने आधुनिक जीवन की विसंगतियों को झेलने के लिए मजबूर नारी पात्रों के कुंठित एवं निराशाग्रस्त जीवन को उभारा है। आधुनिकता के जीवित तत्त्व कुंठा, निराशा, सन्त्रास आदि से ये नारी पात्र आच्छादित लगते हैं। कभी-कभी अत्यधिक स्वतन्त्रता भी नारी के जीवन को कुंठित कर देती है।

लेखिकाओं ने कुछ ऐसे पात्रों की एकान्तता को वाणी दी है जो उचित संगी साथी के अभाव में कुंठाग्रस्त हो गयी हैं। और कुछ ऐसे पात्र हैं जो योग्य साथी के होने के बावजूद भी अकेलेपन का अनुभव करती हैं क्योंकि उन पात्रों में परायेपन के भाव अधिक दिखाई देते हैं। इस प्रकार ऐसी स्त्रियाँ अपनों के होते हुए भी तन्हाई में जीवन बिताने को मजबूर हो गयी हैं।

आज के हमारे यान्त्रिक युग में परम्परागत मान्यताओं को आधार मानकर जीवनयापन करने वाले कुछ उच्च, मध्य एवं निम्न वर्ग की स्त्रियाँ भी हैं जो अपने आदर्शों से एक कदम भी पीछे हटने को तैयार नहीं होतीं। लेखिकाओं ने स्त्रियों के जीवन की ओर विशेष ध्यान दिया है। ऐसी स्त्रियाँ हालाँकि संख्या में तो कम ज़रूर हैं, लेकिन हम दावे के साथ कह सकते हैं कि आज भी हमारे समाज में वे विद्यमान हैं।

पात्रों की रोगग्रस्त मानसिकता को लेखिकाओं ने मनोवैज्ञानिक दृष्टि से आँकने का प्रयास किया है। मनोवैज्ञानिक सिद्धान्तों के आधार पर लेखिकाओं ने ऐसे पात्रों की मानसिक स्थिति का विवेचन किया है।

इस तरह लेखिकाओं ने अपनी रचनाओं में कई प्रकार के पात्रों के माध्यम से जीवन्तता का विधान किया है। स्थूल घटनाओं के बीच सूक्ष्म प्रतिक्रियाओं को आँकने की कोशिश में मन के आचरण की विचित्रता को भी लेखिकाओं ने भरपूर स्थान दिया है। समसामयिक बोध से प्रभावित होने के कारण इन लेखिकाओं ने कहानियों में आये पात्रों की मानसिकता को विभिन्न आयामों से जोड़कर देखने की कोशिश की है। पात्रों की मानसिकता और उनके मन का विश्लेषण आदि पर तथ्यपूर्ण और यथार्थपूर्ण दृष्टि डालना ही इनका लक्ष्य रहा है। इस कारण फ्रायड या पावलोक के सिद्धान्तों के अनुसार ही पात्रों का मनोविश्लेषण न कर लेखिकाओं ने सामाजिक परिबोधों से प्रभावित पात्रों की प्रतिक्रियाओं को अपने सही मायने में प्रस्तुत किया है। अतः कुंठा से युक्त और ग्रन्थियों से पीड़ित मनोविश्लेषण के सैद्धान्तिक पक्षों पर मात्र प्रकाश डालने वाले पात्र

यहाँ कम ही दिखाई देते हैं। इस वजह से पात्रों का मनोविश्लेषणात्मक स्वरूप अधिक स्वाभाविक और यथार्थपूर्ण लगता है। सैद्धान्तिक नहीं। फ्रायड, पावलोक और युंग इस कारण चर्चा के विषय हैं।

जहाँ तक आर्थिक समस्याओं से ग्रस्त पात्रों की मानसिक स्थिति का सवाल है लेखिकाओं ने ईमानदारी के साथ अपने दायित्व को निभाया है। बदलती सामाजिक एवं आर्थिक परिस्थितियों में जीवन का स्वरूप कितना बोझिल बन जाता है और जीवन की शत-शत परिस्थितियाँ आदमी को किस तरह गिरने को मजबूर करती हैं, यह एक विचारणीय समस्या है। टूटते-बिखरते परिस्थितियाँ की चपेटों से आहत, असहाय नारी की विवशता, रोटी के टुकड़ों के लिए जीवन की खुशियों को दफनाने के लिए विवश यौवन की चीत्कार, आदि के पीछे अर्थ का जो श्राप है उसे प्रभावात्मक ढंग से इन लेखिकाओं ने चित्रित किया है। इसलिए आर्थिक विवशता से ग्रस्त पात्रों की मानसिक स्थिति पूर्णतया स्वाभाविक एवं भारतीय परिस्थितियों में शत-प्रतिशत स्वीकार्य है।

अकेलेपन के शिकार पात्रों की मानसिक स्थिति का विश्लेषण करते समय कहीं-कहीं लेखिकाओं का मन भटकने लगा है। यहाँ का अकेलापन पाश्चात्य देशों के अलगाव (एलियनेशन) की भावना से ग्रस्त नहीं है। नयी आर्थिक एवं सामाजिक परिस्थितयों से प्रभावित होने के कारण समाज में उठने वाली समस्याएँ भी नवीनता को लिए हुए हैं। परिवार में रहकर जिस अकेलेपन का बोध स्त्री एवं पुरुष को होने लगता है उसका कारण भारतीय सामाजिक जीवन से आये हुए दृष्टिदोष का परिचायक ही नहीं अपितु आर्थिक दबावों से प्रभावित स्वार्थ एवं अपने में ही सिमट जाने की संकीर्णता से भी जन्म हुआ है। अकेलेपन को उभारने वाली कहानियों में इसी दृष्टि से सम्बन्ध और स्थितियों का चित्रण प्रस्तुत किया गया है। कहीं-कहीं सम्बन्धों की शिथिलता से भी व्यक्ति के मन में अकेलेपन का भाव जन्म लेने लगता है। इसलिये यह अकेलापन सौ फीसदी भारतीय है, आयातित नहीं।

रुग्ण मानसिकता वाले पात्रों की मानसिक स्थिति का विश्लेषण पूर्णरूप से वैसे मनोवैज्ञानिक तथ्यों के आधार पर नहीं हुआ है। आंशिक रूप से ये पात्र कुंठाग्रस्त एवं ग्रन्थियों से पीड़ित होने लगते हैं। अधिकतर उनकी रुग्णता किसी न किसी बाह्य प्रतिक्रिया से जन्मी हुई लगती है। जीवन में घटित होने वाली किसी न किसी घटना का धक्का या अचानक आने वाला सदमा इसके पीछे विद्यमान है। परिस्थिति एवं प्रतिक्रियाओं से जनित यह रुग्णता मनोविज्ञान की गहरी गुत्थियों का परिचय नहीं देती और न ही इनकी व्याख्या के लिए मनोविज्ञान के सिद्धान्तों की छान-बीन करनी पड़ती है। इस कारण रुग्णता से ग्रस्त पात्रों के कार्य स्वाभाविक लगते हैं। कहीं भी अतिरंजित और अति यथार्थपूर्ण नहीं लगते।

सात्विक स्वरूप को उभारनेवाले पात्रों में परम्परागत जीवन बोध को भरने की

कोशिश लेखिकाओं ने की है। संस्कार और आदर्श से युक्त इनकी मानसिक स्थिति एक सीमा तक ही विश्वसनीय लगती है, क्योंकि आधुनिक समाज में इस तरह के आदर्श पात्रों के दर्शन कम ही होते हैं। फिर भी समाज ऐसे पात्रों से पूर्ण रूप से वंचित नहीं है। इस कारण आदर्श एवं सात्विकता को उभार कर रखनेवाली कहानियों के पात्रों की मनोवृत्ति परम्परागत मान्यताओं के अनुरूप है उनमें कोई नवीन मनोवैज्ञानिक तथ्य की खोज करने की आवश्यकता नहीं है।

सन्दर्भ

1. सुशीला मित्तल–आधुनिक हिन्दी कहानी में नारी की भूमिकाएँ, पृ. 113
2. डॉ. बंसीधर, डॉ. राजेन्द्र मिश्र, मन्नू भंडारी का श्रेष्ठ सर्जनात्मक साहित्य, पृ. 69
3. मन्नू भंडारी, सजा, मन्नू भंडारी की श्रेष्ठ कहानियाँ, पृ. 158
4. डॉ. बंसीधर, डॉ. राजेन्द्र मिश्र, मन्नू भंडारी का श्रेष्ठ सर्जनात्मक साहित्य, पृ. 55
5. दीप्ति खंडेलवाल, कोई जमीन नहीं, वह तीसरा, पृ. 76-77
6. मन्नू भंडारी, एरवाने आकाश नाई, मेरी प्रिय कहानियाँ, पृ. 73
7. मन्नू भंडारी, एरवाने आकाश नाई, मेरी प्रिय कहानियाँ, पृ. 57
8. शिवानी, चीलगाड़ी, मेरी प्रिय कहानियाँ, पृ. 74
9. शिवानी, चीलगाड़ी, मेरी प्रिय कहानियाँ, पृ. 75
10. श्रीपतराय समकालीन कहानी में नयी संवेदना–विकल्प कथा साहित्य विशेषांक, नवम्बर 1968, पृ. 27-28
11. उषा प्रियम्वदा–पूर्ति, जिन्दगी और गुलाब के फूल–पृ. 83
12. दीप्ति खंडेलवाल, दो पल की छाँव, दो पल की छाँव, पृ. 9
13. मेहरुन्निसा परवेज–आरजू के फूल–टहनियों पर धूप, पृ. 122
14. मन्नू भंडारी, अकेली, मेरी प्रिय कहानियाँ, पृ. 13
15. वही, पृ. 13
16. मन्नू भंडारी, मेरी प्रिय कहानियों की भूमिका से, पृ. 6
17. वही, पृ. 29
18. मृदुला गर्ग–यह मैं हूँ–टुकड़ा-टुकड़ा आदमी, पृ. 103
19. वही, पृ. 103-104
20. सुशीला मित्तल, आधुनिक हिन्दी कहानी में नारी की भूमिकाएँ, पृ. 211
21. दीप्ति खंडेलवाल, चन्दा की जोत दो पल की छाँव, पृ. 52
22. दीप्ति खंडेलवाल, कायर, वह तीसरा, पृ. 80
23. मेहरुन्निसा परवेज, टहनियों पर धूप, टहनियों पर धूप, पृ. 135
24. उषा प्रियंवदा, चाँद चलता रहा, जिन्दगी और गुलाब के फूल, पृ. 125
25. उषा प्रियंवदा, प्रतिध्वनियाँ, कितना बड़ा झूठ, पृ. 36
26. उषा प्रियंवदा, नींद, कितना बड़ा झूठ, पृ. 69
27. निरूपमा सेवती, ठहरी हुई खरोंच, खामोशी को पीते हुए, पृ. 23
28. निरूपमा सेवती, ठहरी हुई खरोंच-खामोशी को पीते हुए, पृ. 34

पाँचवाँ अध्याय

और अन्त में कुछ मुद्दे...

नारी के बदलते स्वरूप और उसकी नयी अस्मिता जिस तरह लेखिकाओं की कहानियों में प्रतिम्बित हुई है वह अपने में एक महत्त्वपूर्ण विषय है। कहानियाँ एक ओर समसामयिक नारी के जज्बातों को, उसके अस्तित्व की समस्याओं को, सकारात्मक स्थितियों से जोड़कर देखने की कोशिश करती हैं तो दूसरी ओर नकारात्मक स्थितियों से नारी की अवचेतना को मुक्त करने में स्वयं असमर्थ भी साबित होती हैं। प्रायः सभी लेखिकाओं ने नारी के आधुनिक स्वरूप को उभार कर समाज में स्त्री-पुरुष की समानता पर बल दिया है और आधुनिक नारी ने भी पुरुषों के समान्तर चल कर अपनी जागरुकता और प्रबुद्धता का परिचय दिया है। नारी वर्ग में नवोन्मेष व नयी जागृति का सूत्रपात स्वातन्त्र्योत्तर काल से ही होने लगा था। स्वातन्त्र्य संग्राम ने युगों से सुषुप्त नारी को जागृत कर उसे अपने अधिकारों के प्रति सचेत कराया। परिणामस्वरूप परतन्त्रता की बेड़ियों को तोड़कर नारी आत्मनिर्भर बनने की आकांक्षा को सँजोने लगी। आत्मनिर्भर बनने के लिए शिक्षा की अनिवार्यता को उसने महसूस किया। नारी को शिक्षित कर उसकी स्थिति को सुधारने के लिए तत्कालीन कई राजनेताओं ने महत्त्वपूर्ण कार्य किये। कई जगहों में शिक्षा की नयी संस्थाओं की स्थापना हुई। सरकार ने भी इस क्षेत्र में अपना सम्पूर्ण योगदान दिया।

स्वातन्त्र्योत्तर कालीन परिस्थितियों में आये हुए परिवर्तनों के परिणामस्वरूप नारी का परम्परागत स्वरूप शनैः शनैः क्षीप होता गया। नयी पीढ़ी की मान्यताएँ एक ऐसी स्त्री समाज की परिकल्पना करती हैं, जहाँ स्त्री एक स्वतन्त्र इकाई के रूप में अपनी अस्मिता की खोज करती है। समसामयिक बोध से प्रभावित इस विचारधारा की गहरी छाप लेखिकाओं की लेखनी में देखी जा सकती है। बदलती हुई मान्यताओं के आधार पर नारी का जो स्वरूप रूपायित होने लगा है वह एक विवादास्पद है तो दूसरी ओर भारतीयता की सीमाओं से परे अन्तर्राष्ट्रीय भावधारा से प्रभावित भी है। इस कारण समसामयिक साहित्य में स्वातन्त्र्योत्तर नारी की जो झलक मिलती है वह पूर्णतया नयी है, विवादास्पद है, और नारी चरित्र के नये विकास की ओर संकेत करती है।

नारी का संघर्ष

नयी पीढ़ी की बदलती हुई आकांक्षाओं के अनुरूप लेखिकाओं ने नारी के संघर्षात्मक स्वरूप को, उसके आक्रोश के स्वर को और अधिकारों के प्रति उसकी सजगता को वाणी देने की कोशिश की है। समानान्तर साहित्य में आने वाले नारी पात्रों को देखने से पता चलता है कि भारतीय नारी आज नये तेवरों को ग्रहण कर चुकी है। जागरुक नारी की इस नयी भूमिका को भली-भाँति प्रतिबिम्बित करने वाली रचनाओं के माध्यम से लेखिकाओं ने नारी सम्बन्धी नयी दृष्टि को स्वर देने का प्रयास किया है।

जहाँ कहीं भी नारी के प्रति अन्याय हुआ है, उसके प्रति आक्रोश प्रकट करने में ये लेखिकाएँ नहीं चूकतीं। उच्च वर्ग, मध्य वर्ग व निम्न वर्ग की महिलाओं के जीवन की पीड़ा, कसक, ढोंग, कुंठा, सन्त्रास आदि को बड़े ही सशक्त ढंग से लेखिकाओं ने प्रस्तुत किया है। इसके माध्यम से लेखिकाओं ने यह सिद्ध करने की कोशिश की है कि मुक्ति के पथ पर संघर्ष करती हुई नारी को मंजिल की प्राप्ति के लिए कोसों दूर आगे बढ़ना है। इस संघर्ष में बनते बिगड़ते रिश्तों की अनेक कहानियाँ स्वयमेव रूपायित होने लगती हैं। इसके अतिरिक्त इन कहानियों में आर्थिक दबावों की चपेटों में आकर टूट कर बिखर जाने की व्यथा है। साथ-साथ प्राकृतिक एवं दैवी कारणों के विधान से ध्वस्त होने वाले जीवन की विडम्बना है और इसी कारण लेखिकाओं की लेखनी अधिक वैविध्यपूर्ण एवं प्रभावात्मक लगती है।

लेखिकाओं की लेखनी से जिन समस्याओं का प्रतिपादन हुआ है वे समस्याएँ बड़ी सीमा तक स्वतन्त्रता पूर्व की समस्याओं से भिन्न हैं। स्वतन्त्रता पूर्व की नारी अंधविश्वास, रूढ़िवादिता, अशिक्षा आदि समस्याओं की शिकार बनी हुई थी। लेकिन स्वातन्त्र्योत्तर काल की नारी स्वतन्त्रचेता बनकर अधिकारों की रक्षा के लिए तुली हुई लगती है और कहानी की केन्द्र बिन्दु बन जाती है। इस कारण अधिकारों की माँग और उसके प्राप्ति के लिए संघर्ष स्वातन्त्र्योत्तर नारी की अस्मिता की सबसे प्रमुख पहचान बन जाती है। लेखिकाओं ने पाश्चात्य महिलाओं के समान अधिकारों के लिए संघर्ष करने वाली इकाई के रूप में भारतीय नारी को भी देखने की कोशिश की है। लेकिन यह कोशिश पूर्ण रूप से यथार्थपरक है या नहीं यह विवादास्पद है। संघर्ष के पथ पर खड़ी होने वाली नारी की आवाज एक सीमा तक आम भारतीय नारी की आवाज न होने पर भी आने वाले कल की नयी पीढ़ी के स्वर की पूर्वध्वनि है। इस दृष्टि से लेखिकाएँ कल की समस्याओं के प्रति जागरुक नजर आती हैं।

अभिव्यक्ति के नये आयाम

जहाँ तक अभिव्यक्ति की समस्या है नवलेखन के आयाम भाषागत एवं शैलीगत प्रयोगों से जुड़ने लगते हैं। ये प्रयोग परम्परागत न होकर समसामयिक जीवन बोध से उभरी हुई स्थितियों की अभिव्यक्ति की तलाश करते हैं। इस कारण भाषा

के नये अर्थ और अर्थ की नयी भाषा, संकेत के अजनबी अर्थ, अजनबीयत से जुड़े संकेत आदि समूची कहानियों में उभर कर आने लगते हैं। कहीं-कहीं लगता है कि नयी परिस्थितियों का, और मानसिक संघर्ष का, सही स्वरूप अभिव्यक्त करने में भाषा अक्षम बन गयी है और इस अक्षमता से भाषा को उभारने की कोशिश में इतनी प्रयोगात्मक, विविधता का चयन होने लगता है कि कहानियों का बहुत सारा हिस्सा मानसिक संवेदनाओं से जुड़ कर ही सम्पूर्णता ग्रहण कर सकता है। इसलिए कही हुई कहानी से अनकही कहानी ज्यादा महत्त्वपूर्ण बन जाती है।

निष्कर्ष

समूचे शोधात्मक अध्ययन के आधार पर जो पहलू उभर कर आये हैं, उसमें निम्नांकित सवालों का जवाब निहित है। इसलिए शोध के अन्त में ये सवाल और जवाब महत्त्वपूर्ण बन जाते हैं। प्रश्नों को निम्नांकित रूप में प्रस्तुत किया जा सकता है।

1. समूची कहानियों में आयी स्थितियाँ कहाँ तक वास्तविक लगती हैं?
2. अगर स्थितियाँ कल्पित हैं तो इन स्थितियों की सृष्टि में लेखिकाओं को कहाँ से प्रेरणा मिली है?
3. कहानियों में आये पात्र कहाँ तक सच्चे लगते हैं?
4. क्या ये कहानियाँ भारतीय परिवेश का उल्लंघन कर अभारतीय जीवन को महत्त्व देती हैं? अगर हैं तो क्यों?
5. आत्यन्तिक रूप से लेखिकाओं ने नारी की अस्मिता की तलाश में किन-किन तथ्यों को महत्त्वपूर्ण माना है?
6. क्या ये कहानियाँ आगामी साहित्य सर्जन की दिशा निर्धारित कर सकती हैं?
7. प्रतिबद्धात्मक साहित्य सर्जना से ये कहानियाँ कहाँ तक जुड़ी हैं?
8. लेखिकाओं की कहानियों में प्रतिबिम्बित नारी के बदलते स्वरूप कहाँ तक सच्चे हैं और कहाँ तक काल्पनिक?

1. समूची कहानियों में आयी स्थितियों पर विचार करने से पता चलता है कि जीवन के अनुभूत क्षणों के बहुविधिय पक्षों पर सूक्ष्म अन्तर्दृष्टि डालकर लेखिकाओं के उन जीवनानुभवों को कहानी का रूप दिया है। इस कारण कहानियों में आयी अधिकांश स्थितियाँ जीवन्त लगती हैं। इन कहानियों की गहराई में संघर्षरत नारी की संचेतना का स्वर मुखरित होता है।

कहानियों में जिन ''सिचुवेशनों'' का विधान किया गया है वे इस बात को पुष्ट करने वाली हैं कि स्वातन्त्रयोत्तर कालीन नारी का स्वरूप परिवर्तित हो गया है। घर की चहारदीवारी के बाहर खुले आकाश के नीचे, बाहें फैलाई हुई गलियों के सायों

में, गगनचुम्बी अट्टालिकाओं की दफ्तरनुमा कमरों में जिन्दगी जीते-जीते वह कहाँ तक पुरानी रही और कहाँ तक नयी। यह विचारणीय है।

यहाँ कहानियों में प्रतिबिम्बित स्थितियाँ यह व्यक्त करती हैं कि शिक्षिता और स्वावलम्बिनी बनने के बाद नयी पीढ़ी की नारी यह मानकर नहीं चलती है कि उसकी जिन्दगी केवल एक पुरुष के लिए ही समर्पित है। कभी न आने वाले पुरुष के इन्तजार में अपने यौवन को लुटाने के बजाय पल दो पल का साथ देने वाले पुरुष की बाहों में समा जाना ही उसे स्वीकार्य है। दोस्तीनुमा यह सम्बन्ध कोई शाश्वत रिश्ता न रहकर शारीरिक सम्बन्धों के स्तर पर बनकर वही ''फुलफिल' हो जाती है। इस तरह का ''फुलफिलमेंट'' तात्कालिक होने पर भी, लेखिकाओं की आँखों में एक महज़ जरूरत है। सम्बन्धों के स्तर को निर्लिप्त भाव से देखने की यह क्षमता स्वातन्त्र्योत्तर लेखिकाओं की लेखनी की महत्त्वपूर्ण उपलब्धि है। कहानियों में उभर कर आयी ऐसी स्थितियाँ न वैयक्तिक हैं न सामाजिक, परन्तु सूक्ष्म प्रतिक्रियाओं से जनित मानसिक कशमकशों से जन्म लेती हुई नज़र आती हैं। इसलिए वैयक्तिकता के स्तर पर भी पूर्ण रूप से उन्हें कसा नहीं जा सकता। सामाजिक स्तर पर इसीलिए नहीं कसा जा सकता, कि स्थितियों से जनित परिणाम कहीं-कहीं सामाजिक प्रतिबद्धता के विरुद्ध खड़े हो जाते हैं। इस कारण आलोच्य कहानियों में आयी हुई स्थितियाँ सामाजिक जीवन की बेतुकी विवशताओं से रूपायित होकर नारी की संवेदनात्मक प्रतिक्रियाओं के बीच पनपती हुई दिखाई पड़ती है।

2. अगर स्थितियाँ कल्पित हैं तो इन स्थितियों की दृष्टि में लेखिकाओं को कहाँ से प्रेरणा मिली है?

कहानियों में दो प्रकार की स्थितियाँ उभर आयी हैं। एक वे स्थितियाँ हैं जो आज के भारतीय समाज में वैयक्तिक एवं पारिवारिक जीवन के हर मोड़ पर दिखायी पड़ती हैं। दूसरी वे स्थितियाँ हैं जो सामान्य परिस्थितियों में घटित न होकर असाधारण परिस्थितियों में वैयक्तिक सीमाओं में घटित होती हैं। प्रथम प्रकार की स्थितियाँ सामान्य जीवन से जुड़कर जीवन में आये परिवर्तनों की झलक प्रस्तुत करती हैं तो दूसरी प्रकार की स्थितियाँ वैयक्तिकता के पुट को लिए भोगे हुए यथार्थ को सूचित करती हैं।

वैयक्तिक यथार्थ सामाजिक यथार्थ नहीं बन सकता। इस कारण इन स्थितियों में काल्पनिकता और अतिरंजना का आरोप किया जाना स्वाभाविक है। फिर भी इन स्थितियों के माध्यम से परिवर्तित जीवन बोध की ओर नये वर्ग की चिन्तन प्रणाली की ओर, आने वाली नयी पीढ़ी की ओर मूल्यवान संकेत मिलता है। इन कल्पित परिस्थितियों में मिलने वाली जीवन की झाँकी यथार्थ से दूर होने पर भी यथार्थ से जुड़ी हुई लगती है।

वैसे यथार्थपूर्ण स्थितियाँ तो समाज के सत्य को उभार कर रखती हैं और

प्रतिबद्ध लेखन को जन्म देती हैं। परन्तु मात्र समाज में घटित होने वाली स्थितियों के आधार पर, सत्य का पूरा स्वरूप आँका नहीं जा सकता। कहीं-कहीं इसलिए पूरक स्थितियों की भी कल्पना करनी पड़ती है। इस तरह सम्भावित स्थितियाँ जन्म लेती हैं। इन सम्भावित स्थितियों के चित्रण के माध्यम से लेखिकाओं ने पाठक के मन में, आने वाले कल की परिस्थितियों के प्रति अभी से जागरुकता उत्पन्न करने की कोशिश की है। अतः कल्पित स्थितियों के चित्रण में भी कल की पीढ़ी के प्रति प्रतिबद्धता ही नजर आती है। वास्तव में यह एक ऐसा महत्त्वपूर्ण पक्ष है जो लेखिकाओं की प्रतिबद्धता को बहुत ऊँचा उठा देता है। कहानियों में आयी हुई कल्पित स्थितियाँ इसलिए उतनी ही महत्त्वपूर्ण हैं जितनी जीवन की यथार्थपूर्ण स्थितियाँ।

3. कहानियों में आये पात्र कहाँ तक सच्चे लगते हैं?

जिस तरह कहानियों में कल्पित एवं अतिरंजित स्थितियों का चयन हुआ है वैसे ही पात्र भी इन कल्पित एवं अतिरंजित स्थितियों के तेज रफ्तार से उत्पन्न हुए लगते हैं। विभिन्न वर्गों के पात्रों के जरिये लेखिकाओं ने जीवन की हकीकतों पर प्रकाश डाला है।

नारी पात्रों के माध्यम से लेखिकाओं ने नारी जीवन में उभर कर आने वाली व्यक्तिगत एवं पारिवारिक समस्याओं को चित्रित किया है। आलोच्य कहानियों में आने वाले पात्र समसामयिक जीवन बोध से इतने प्रभावित हैं कि कहीं वे दोहरी जिन्दगी जीने को मजबूर हो गये हैं। आदर्शों के खण्डहरों पर दम तोड़ने की बजाय जीवन की यथार्थता को सही मायनों में समझते हुए संघर्षरत होना उन्हें स्वीकार्य है। इस कारण लेखिकाओं ने आदर्श, सत्य, साहस, उदारता जैसे परम्परागत गुणों की कहानी न कह कर स्वार्थ, झूठ और फरेब के शिकन्जों में फँसे हुए बौने मनुष्यों की कहानी कही है। शायद इसी वजह से उनका जीवन बोध और संवेदनाएँ अधिक स्वाभाविक एवं यथार्थ परक लगती हैं।

जहाँ तक नारी पात्रों का सम्बन्ध है, उन पर भी आधुनिक जालसाजी का नकाब गिरा हुआ है। शहरों में जीने वाली आधुनिकाओं की जिन्दगी में इस तरह का फरेबी व्यक्तित्व अधिक झलकता है। विदेशी सभ्यता से जुड़ी हुई ऐसी भी नारी पात्र कहानियों में उभर आयी हैं जो पुरुष के समकक्ष खड़े होने में सक्षम हैं। वे ऐसे कार्य करती हैं जो एक स्त्री होने के नाते उन्हें नहीं करने चाहिए। इस तरह अधिकांश पात्र बीसवीं सदी के उत्तरार्द्ध की विसंगतियों से जुड़े हुए लगते हैं।

परन्तु भारतीय परम्परा को मान्यता देने वाले आदर्श पात्रों की झलक मिल जाती है, लेकिन बहुत कम। अधिकतर ऐसे पात्र निम्न व मध्य वर्ग में ही पाये जाते हैं। शायद अशिक्षा और अन्धविश्वास ही इसकी वजह हो सकती है।

जहाँ तक पात्रों की स्वाभाविकता और यथार्थता का सवाल है यह कहना पड़ता

है कि यथार्थ के धरातल से जुड़े होने पर भी उनका चारित्रिक विधान कहीं-कहीं कल्पित और अतिरंजित-सा लगता है। खास कर आधुनिकाओं के कारनामों को पारिवारिक एवं वैयक्तिक पृष्ठभूमि में आकलन करते समय लेखिकाएँ कभी-कभी अतिरंजित होती दिखाई पड़ती हैं। काल्पनिक घटनाओं के माध्यम से पात्रों का चरित्र विधान करना, अभारतीय परिवेश में सेक्स के सम्बन्धों की व्याख्या करना, रिश्ते नातों को केवल भौतिक साधनों के माध्यम से आँकना आदि इसके उदाहरण हैं। वैसे भारतीय समाज भौतिकता की ओर उन्मुख हो रहा है परन्तु सौ फीसदी पाश्चात्यों के समान वह भौतिकान्ध हो गया है, यह नहीं कहा जा सकता है। कुछ कहानियों को पढ़ने के बाद यह आभास होने लगता है कि हमारे समाज में रिश्ते नाते सब टूट गये हैं। केवल भौतिक अन्धता ही हर बात का संचालन कर रही है। वास्तव में पात्र चित्रण की स्वाभाविकता पर प्रश्न चिह्न लगाने वाले ये सवाल लेखिकाओं के चरित्र-चित्रण सम्बन्धी दृष्टिकोण पर आँच लगाने वाले हैं। लेकिन यह मानकर इन सब बातों को मान्यता दी जाती है कि अतिरंजना और काल्पनिक उड़ान एक सीमा तक कलात्मक सृष्टि में आ ही जाते हैं और उनको उसी दृष्टि से देखना उचित होगा।

4. क्या ये कहानियाँ भारतीय परिवेश का उल्लंघन कर अभारतीय जीवन को महत्त्व देती हैं? अगर हाँ तो क्यों?

कहानियों में भारतीय परिवेश और अभारतीय परिवेश दोनों का समिश्रित रूप स्पष्ट हुआ है। क्योंकि आज के भारतीय समाज में पूरब और पश्चिम की मिली-जुली सभ्यता का नया रूप देखा जा सकता है। हमारी यह विवशता है कि न तो हम पूर्ण रूप से पाश्चात्य सभ्यता को अपना पाते हैं, न ही भारतीय सभ्यता को। अतः कहानियों में लेखिकाओं ने ऐसी स्थितियों का वर्णन किया है जिसे न हम भारतीय कह सकते हैं न अभारतीय। सेक्स का उन्मुक्त प्रदर्शन, गैर स्त्री-पुरुष सम्बन्ध, वैवाहिक जीवन की क्षणभंगुरता, अवैध सम्बन्धों की संकीर्णता आदि अपने देश के बड़े-बड़े शहरों में, बड़े-बड़े लोगों के बीच सामान्य रूप से देखा जा सकता है। लेकिन आज के ''आधुनिक लोग'' इसे ''आधुनिकता'' के अन्तर्गत मानकर चलते हैं और उच्छृंखल जीवन बिताते हैं। इसके फलस्वरूप उनका वैवाहिक एवं पारिवारिक जीवन तितर-बितर हो जाता है। पहले तो उन्हें घर टूटने का अथवा जीवन के बिखरने का गम नहीं होता, लेकिन कुछ समय बाद वे हताशग्रस्त होकर मानसिक सन्तुलन खो बैठते हैं। लेख़िकाओं ने मिली-जुली सभ्यता के रंग में रंगे आधुनिक मानव के टूटते-बिखरते जीवन का जीवन्त चित्रण प्रस्तुत किया है।

उषा प्रियम्वदा की कई कहानियाँ विदेशी परिवेश में लिखी हुई हैं, जिस कारण कहानी की घटनाएँ, पात्र एवं परिस्थितियाँ भारतीय परिवेश के अनुकूल नहीं लगतीं। कहानियों में ऐसी कई प्रवासिनी भारतीय महिलाएँ जो पाश्चात्य जीवन की रंगीनियों और महत्त्वाकांक्षा की खातिर अपने देश और देश की मान्यताओं को ठुकरा कर

विदेशी माहौल में इतनी घुल-मिल जाती हैं कि उनका व्यक्तित्व न विदेशी का होता है और न भारतीय का। परन्तु उनके जीवन में ऐसा भी समय आता है जब उन्हें अपने उच्छृंखल जीवन से घुटन होने लगती है। तब वे पुनः अपनी परम्परा से जुड़ने की कोशिश करती हैं। ऐसे पात्रों के माध्यम से लेखिका ने यह स्पष्ट करने का प्रयास किया है कि भारतीय चाहे कितना भी पाश्चात्य सभ्यता का अनुकरण करें उनके मन के किसी कोने में भारतीय आदर्श के प्रति श्रद्धा एवं आकर्षण के भाव विद्यमान रहते हैं।

पाश्चात्य सभ्यता से प्रभावित पात्रों के कार्यकलापों के माध्यम से उषा प्रियम्वदा जैसी कुछ लेखिकाओं ने यह सिद्ध करने का प्रयास किया है कि ऐसे लोग अन्तर्राष्ट्रीय मानव समुदाय के अंग हैं। कहानी का यह अन्तर्राष्ट्रीय दृष्टि से समस्याओं का आकलन वैसे भारतीय दृष्टि से अस्वाभाविक लगता है, परन्तु उसका परिणाम यह होता है कि हिन्दी कहानी अन्तर्राष्ट्रीय स्थितिबोधों से जुड़ने लगती है। अस्तित्ववादी विचार फ्री-सेक्स (('Free Sex') की समस्याएँ, रिश्ते-नातों का यान्त्रिकीकरण आदि से प्रभावित अन्तर्राष्ट्रीय समाज के पात्रों को इसी दृष्टि से ही कहानी में प्रतिष्ठित किया जा सकता है। इसलिए उषा प्रियम्वदा जैसी लेखिकाओं का प्रयास हिन्दी कहानी को अत्यन्त पाश्चात्य चिन्तन प्रणाली एवं जीवन्त परिस्थितियों से जोड़ने की दिशा में रहा है। हिन्दी कहानी को एक नया आयाम प्रदान करना इस प्रयास का सराहनीय पक्ष है। आत्यन्तिक रूप से लेखिकाओं ने नारी की अस्मिता की तलाश में किन-किन तथ्यों को महत्त्वपूर्ण माना है।

नवलेखन के विविध आयामों पर विचार करते समय पता चलता है कि आलोच्य कहानियों की गहराई में कुछ ऐसे तत्त्व विद्यमान हैं जो सामाजिक परिवर्तन की सूचना देते हुए नारी की बदलती हुई भूमिका के सही सन्दर्भों को वाणी देते हैं। अधिकतर लेखिकाओं ने स्वातन्त्र्योत्तर नारी की अनगिनत समस्याओं को उभारने के साथ-साथ उसके अस्तित्व को विभिन्न कोणों से देखने का प्रयास किया है। बदलते हुए नारी चरित्र की रूप-रेखा प्रस्तुत करते हुए नारी की उस स्वतन्त्र आत्मवत्ता की तलाश भी लेखिकाओं ने की है जो समाज सापेक्ष और समाज निरपेक्ष दोनों परिस्थितियों से जुड़ती और बिगड़ती है।

वैसे आलोच्य कहानियों के माध्यम से लेखिकाओं ने नारी की उस अस्मिता की खोज की है जो समसामयिक बोधों से जुड़ते हुए भी एक स्वतन्त्र इकाई के रूप में अपना स्थान बनाये रखना चाहती है। लेखिकाओं ने नारी को उस भाव-भूमि पर खड़ा कर दिया है जहाँ से वह समूचे समाज को पूर्व आग्रहों से रहित होकर देखने में सक्षम बन गयी है। आधुनिक भारतीय नारी का यह प्रतीकात्मक रूप है और यही प्रतीकात्मक नारी कल के लिए यथार्थ बन सकती है। खोई हुई शक्ति को समेटती हुई, पुरुष के बराबर खड़े होने के आत्मविश्वास को सहेजती हुई, अपनी क्षमता का

विकास करने वाली यह नारी वास्तव में यह घोषित करती है कि वह पुरुष की दासी नहीं सहभागिनी है। समाज के लिए भार नहीं है परन्तु समाज के ताने-बानों को जोड़नेवाली प्रमुख कड़ी है।

कहानियाँ इस सत्य को उजागर करती हैं कि नारी को अपनी अस्मिता को बचाये रखने में पुरुष समाज से संघर्ष अवश्य करना है। यह संघर्ष शारीरिक और भौतिक सीमाओं को नकारता हुआ शैक्षिक एवं मानसिक धरातलों की ओर नारी के प्रस्थान को आवश्यक समझता है। स्वतन्त्र चेतना का विकास कर शिक्षा की प्राप्ति के माध्यम से अगर इन सोपानों को पार करने में वह सफल हो जाती है तो नारी पुरुष शक्ति को भी पराजित करने वाली महाशक्ति के रूप में अपनी अस्मिता को कायम कर सकती है। क्योंकि उसमें वे सारी क्षमताएँ विद्यमान हैं जो पुरुष में नहीं हैं।

5. क्या ये कहानियाँ आगामी साहित्य सर्जन की दिशा निर्धारित कर सकती हैं?

वैसे हर काल का साहित्य भविष्य के लेखन की दिशा को निर्धारित करने में अपना योगदान देता ही रहता है। इस दृष्टि से किसी भी कालखंड के साहित्य को आगामी लेखन का पूर्वगामी कहा जा सकता है। यहाँ सवाल नारियों के लेखन का है और नारी लेखिकाओं ने महिलाओं की समस्याओं को, परेशानियों को समझने और समझाने का भरसक प्रयत्न किया है। इस कारण उनका कथ्य विषयगत सीमाओं से मुक्त नहीं है। स्वातन्त्र्योत्तर कालीन नारी के जीवन की विडम्बनात्मक स्थितियों का वर्णन कहाँ तक पुरुष समाज के लिए रोचक बन सकता है, यह एक सवाल है। लेकिन यहाँ यह भी याद रखना है कि स्त्री समाज का अस्तित्व पुरुष समाज से अलग होकर नहीं होता। इस कारण महिलाओं की समस्याएँ परोक्ष रूप से पुरुषों की भी समस्याएँ हैं। अतः इन पर विचार करते समय नयी दिशाओं का निर्धारण करना समूचे साहित्यकार का धर्म हो जाता है।

उधर कहानियाँ राष्ट्रीय स्तर से ऊपर उठकर कभी-कभी अन्तर्राष्ट्रीय स्थितियों से अपना सम्बन्ध जोड़ बैठती हैं। ऐसे सन्दर्भ में कहानियों में आने वाले पात्र सार्वलौकिक परिवेश से जुड़ने लगते हैं। इस अवसर पर ऐसा आभासित होता है कि लेखिकाओं ने विश्व नारी के स्वर को उभारा है। विषय की सीमाओं को इतना व्यापक बनाने की कोशिश वास्तव में मानवतावादी दृष्टि की ही परिचायक है। पाश्चात्य परिस्थितियों में जो भी पात्र दिखाई पड़ते हैं वे अपने परिवेशों से जुड़कर पूर्णतया मानवतावादी बन जाते हैं।

लेखिकाओं ने संघर्षरत महिलाओं के जीवन की झाँकियाँ प्रस्तुत कर आगे की दिशा को तय करने का प्रयास किया है। इस कारण महिलाओं की लेखनी समकालीन पाश्चात्य साहित्य से अवश्य कदम मिला सकती है। हीन ग्रन्थियों से,

अस्तित्व के अभिशाप से एवं विसंगतियों से मुक्त होने की प्रवृत्ति वास्तव में साहित्य की सर्जनात्मक प्रेरणा को प्रतिबद्धात्मकता के धरातल से जोड़कर सकारात्मक बना देती है। इस दृष्टि से ये कहानियाँ आगामी लेखन के लिए दिशा निर्धारित करती हुई स्वस्थ परम्परा की ओर बढ़ने की आवश्यकता पर जोर देती हैं। इसलिए हम अवश्य यह कह सकते हैं कि लेखिकाओं ने अपने लेखन के माध्यम से हिन्दी कहानी के सामने स्वस्थ एवं प्रतिबद्ध लेखन परम्परा का दिशा-निर्देशन किया है।

7. प्रतिबद्धात्मक साहित्य सर्जना से ये कहानियाँ कहाँ तक जुड़ी हैं।

सर्जनात्मक क्षेत्र में "प्रतिबद्धता" एक ऐसा शब्द है जो हमेशा विवादों को खड़ा कर देता है। साहित्य सर्जना में लेखक कहाँ तक प्रतिबद्ध हो सकता है और कहाँ तक नहीं, इस पर अन्तिम रूप से कोई निर्णय नहीं लिया जा सकता। आलोच्य कहानियाँ विविध लेखिकाओं द्वारा लिखी गयी हैं और इस कारण प्रतिबद्धता की दृष्टि से सर्वमान्य निष्कर्ष लेना कठिन बन जाता है। फिर भी लेखिकाओं ने अधिकतर कहानियों में समाज सापेक्ष दृष्टिकोण को अपनाने का प्रयास किया है। सामाजिक संवेदना को लेखकीय प्रतिबद्धता की सीमाओं से जोड़कर देखते समय पता चलता है कि प्रतिबद्ध लेखन को इन कहानियों में प्रमुखता प्राप्त हुई है।

वैसे कहानियों में आयी हुई स्थितियों के आधार पर प्रतिबद्धता की मात्रा में असमानता हो सकती है। इसका कारण यह है कि पात्रों या चरित्रों को रूपायित करते समय लेखिकाओं की दृष्टि कहीं काल्पनिक स्थितियों से जुड़ गयी थी तो कहीं अतियथार्थ से। परन्तु जो भी हो, दोनों स्थितियों में, आधुनिक नारियों के प्रति लेखिकाओं की जो समर्पण भावना है उसको नकारा नहीं जा सकता। नारी की पीड़ा और उसकी आह, कराह को वाणी देते समय चाहे काल्पनिक स्थितियाँ ही क्यों न हों, लेखिकाओं की अन्तर्दृष्टि सम्पूर्ण रूप से नारी के प्रति प्रतिबद्ध हो जाती है। जहाँ परम्परावादी नारी का स्वरूप उभारा गया है वहाँ भी शोषणग्रस्त नारी सहानुभूति का पात्र बन जाती है। विद्रोह करने वाली नारियों का चरित्र जहाँ दिखाई देता है, वहाँ एक ऐसा स्वर मुखरित होता है जो समाज में छाये हुए रंगीन असत्य को चुनौती देता हुआ नजर आता है। नारी के सम्बन्ध में जो भ्रमपूर्ण कल्पनाएँ समाज में विद्यमान हैं उसका अन्त करके पुरुष के समान नारी का भी स्थान निर्धारित करना इस प्रतिबद्ध लेखन का एक और लक्ष्य है।

विवाहेतर सम्बन्ध, पर पुरुष से प्रेम आदि समाज की नकारात्मक प्रवृत्तियाँ, प्रतिबद्धता के सवालों को यद्यपि चुनौती देने वाली लगती हैं फिर भी समसामयिक बोध के प्रकाश में सुधारात्मक प्रवृत्तियों को जन्म देने के लक्ष्य में लेखिकाओं ने इन सब को घटित दिखलाया है। इन्हीं कारणों से उच्छृंखलता के लिबास के अन्दर भी

नारी के अति आक्रोश का ही स्वर मुखरित होता है। समाज के लिए लेखिकाएँ इस तरह से चेतावनी देती हैं कि नारी के प्रति पुरुष समाज यदि अपनी दृष्टि नहीं बदलेगा तो नारियों के उच्छृंखल होने की और परिवार के टूट कर बिखर जाने की सम्भावना अधिक है। इस दृष्टि से ये कहानियाँ जनहित और प्रतिबद्धता की सीमाओं के अन्दर आ जाती हैं।

8. लेखिकाओं की कहानियों में प्रतिबिम्बित नारी के बदलते स्वरूप कहाँ तक सच हैं और कहाँ तक काल्पनिक?

प्रतिबद्धात्मक साहित्य सर्जना, साहित्यकार की उस सर्गात्मक क्षमता पर आधारित होती है जिससे वह व्यक्ति और परिवेश को अपने अन्दर समा सकता है और पुनर्सजनों के माध्यम से उनके विविध आयामों में जोड़कर प्रस्तुत करने लगता है। इस प्रयास में व्यक्ति ही नहीं परिवेश भी परिवर्तित परिस्थितियों के थपेड़ों में आकर अपना पूर्व निर्धारित स्वरूप खो बैठता है। परन्तु सर्जना के क्षणों में पुनः रूपायित होने वाली स्थितियाँ परिवर्तनोन्मुखता की सूचना तो अवश्य देती हैं लेकिन पूर्ण रूप से समाज की यथार्थता से तादात्म्य नहीं स्थापित कर पाती हैं। क्योंकि नवलेखन के क्षितिज इतने विशाल हैं कि उनमें फेंका जाने वाला रंग कभी गहरा होता है तो कभी फीका। इस कारण आलोच्य कहानियों में प्रतिबिम्बित नारी का बदलता स्वरूप कहीं इतना सार्थक है कि वह नयी पीढ़ी का स्वर बन जाता है तो कहीं इतना उथला है कि कोई भी प्रभाव पाठक पर नहीं छोड़ पाता। रंगों की यह गहराई और फीकापन विविधात्मक परिस्थितियों से जुड़कर आये हैं। इसलिए उनको पूर्ण रूप से स्वीकारना और पूर्ण रूप से नकारना कठिन बात लगती है।

फिर भी आलोच्य कहानियों में नारी को जो बदलता स्वरूप प्रतिबिम्बित होता है वह वास्तव में बहुत ही आकर्षक एवं वैविध्यपूर्ण है। परम्परा की सीमाओं को तोड़कर स्वतन्त्र अस्मिता की खोज करने वाली नारी का नया स्वरूप यद्यपि समूची भारतीय नारी चेतना का प्रतिनिधित्व नहीं करता। फिर भी आंशिक रूप से यह सिद्ध करता है कि एक ऐसी पीढ़ी का अभी उदय हो रहा है जो पूर्व धारणाओं को उखाड़ फेंकने के लिए कटिबद्ध है। इस प्रयास में संघर्षरत नारी कहीं दायित्वों से लद कर पुरुष की दमन नीति से जूझ कर स्वतन्त्र व्यक्तित्व की स्थापना करती है तो कहीं अपनी नारीगत सीमाओं में आबद्ध होकर घुटन की जिन्दगी बिताने को मजबूर हो जाती है। नारी का एक और स्वरूप उसकी उच्छृंखलता को द्योतक बन कर आता है जो नयी पीढ़ी की विशेषता के रूप में स्वीकारा जा सकता है।

नगरीय परिवेश में जीने वाली नारियों के, परम्परा से भिन्न स्वरूप को कहानियों के माध्यम से उभार कर लेखिकाओं ने यह सिद्ध किया है कि आज की नारियों की युवा पीढ़ी पूर्वाग्रहों से मुक्त होकर पुरुष से समानता स्थापित कर अपनी नयी

अस्मिता की तलाश में लगी हुई है। ऐसी महिलाओं का वर्ग संख्या में शायद बहुत ही कम हो। फिर भी यह वर्ग नगरों में तो अवश्य दिखाई पड़ने लगा है।

वैसे नगर की समूची स्त्रियों की भावनाओं को ये कहानियाँ प्रतिबिम्बित नहीं करतीं। इसका अर्थ यह नहीं है कि समाज में परम्परावादी नारियों का अस्तित्व नहीं रहा। उनकी कहानी इसलिए नहीं कही गयी है कि उसमें कोई नयापन नहीं है। परम्परा की नारी एक ढलती सभ्यता की अन्तिम कड़ी के रूप में लेखिकाओं के सामने उभरती है।

उधर लेखिकाओं ने भारतीयेतर परिस्थितियों में जीने वाली महिलाओं के रूप को भी दिखाया है जो पाश्चात्य संस्कृति से अत्यधिक प्रभावित हों। सेक्स की सीमाओं को लाँघती हुई, सम्बन्धों को भौतिक मानती हुई, पाप और पुण्य की परवाह किये बगैर आगे बढ़ने वाली इन नारियों की कहानी अजीब तो लगती है। परन्तु सत्य से दूर नहीं लगती। इसलिए नारी का उपर्युक्त स्वरूप स्वाभाविक ही जान पड़ता है।

लेखिकाओं ने एक ओर पाश्चात्य सभ्यता से प्रभावित नारी के स्वरूप को उभारा है तो दूसरी ओर भारतीय नारी के त्याग, प्रेम और बलिदान को भी अनदेखा नहीं किया है। इन सभी तथ्यों को इकट्ठा करने पर भारतीय नारी का एक नया स्वरूप उभरता हुआ नजर आता है। परम्परा की महान विशेषताओं से आसक्त नारी को बदलते हुए परिवेश ने किस तरह आक्रोश और घुटन की जिन्दगी की ओर अग्रसर किया है, यह सबसे महत्त्वपूर्ण तथ्य लगता है। लेखकीय प्रतिबद्धता यहाँ यह दिखाने की कोशिश करती है कि नारी के स्वरूप को अगर सुरक्षित नहीं रखा गया तो आगामी पीढ़ी में आने वाली नारी प्रेम और बलिदान की मूर्ति न बनकर स्पर्धा, प्रतिहिंसा और उच्छृंखलता को प्रश्रय देने वाली चंडी ही बन सकती है। समाज को चेतावनी देकर नारी की परिस्थितियों को सुधारने का आह्वान कहानियों के अन्तर्कोणों में मुखरित होता है।

इस अध्ययन के अन्त में, निष्कर्ष के रूप में हम कह सकते हैं कि लेखिकाओं ने बड़े ही साहस और आत्मविश्वास के साथ स्वातन्त्र्योत्तर कालीन नारी के बदलते स्वरूप को भली-भाँति चित्रित किया है। गाँव, कस्बे, शहरों और विदेशों से चुनकर उन्होंने जिन नारियों की कहानी प्रस्तुत की है उसके माध्यम से नारी का वैविधात्मक एवं आकर्षक स्वरूप हमारे सामने उभरने लगता है। वैसे इन कहानियों में आने वाले पात्र समूचे नारी पात्र का प्रतिनिधित्व तो नहीं करते (फिर भी समूची भारतीयता को प्रकट करने वाली कल्पना भी तो खोखली और आधारहीन लगती है। क्योंकि वर्गगत भेदों में आबद्ध होकर आर्थिक सीमाओं में बंधित होकर रहने वाली भारतीय नारी का आखिर कौन-सा आदर्शात्मक रूप हो सकता है) इसलिए एक ''रेनडम सलेक्शन'' के रूप में लेखिकाओं ने विभिन्न वर्गों से नारियों को चुना है और उनकी संवेदनाओं को

स्वरबद्ध किया है। इन समूची संवेदनाओं की गहराई में नारी का वह स्वरूप झलकता है जो परम्परागत होते हुए भी परम्परागत नहीं रहा, जो प्रेम से सिंचित होने पर प्रेम पूर्ण नहीं रहा, जो त्याग और बलिदान की लहर से ओतप्रोत होने पर भी आत्मसमर्पण के लिए संयत नहीं रहा। क्योंकि अस्तित्व की विडम्बना आज की नारी को नारी रहने नहीं देती। यह एक महान सत्य है जिसको प्रायः सभी कहानियाँ उभार कर सामने रखती हैं। नारी के बदलते रूपों का आरम्भ और अन्त इसी बिन्दु पर होने लगता है।

सन्दर्भ ग्रन्थ-सूची

1. अज्ञेय — *आत्मनेपद* : भारतीय वाराणसी, 1960
2. अज्ञेय — *स्रोत और सेतु* : राजकमल प्रकाशन, दिल्ली
3. आशा रानी व्होरा — *नारी शोषण आईने और आयाम* : नेशनल पब्लिशिंग हाउस, दिल्ली
4. आशा रानी व्होरा — *भारतीयं नारी दिशा : दशा* : नेशनल पब्लिशिंग हाउस, 1983
5. इन्द्रनाथ मदान हिन्दी कहानी — *अपनी जबानी* : राजकमल प्रकाशन, दिल्ली 1968
6. इन्द्रनाथ मदान — *हिन्दी कहानी पहचान और परख* : लिपि प्रकाशन, दिल्ली, 1973
7. उपेन्द्रनाथ अश्क — *हिन्दी कहानी : एक अंतरंग परिचय* : नीलाभ प्रकाशन, इलाहाबाद, 1967
8. उर्मिला गुप्ता — *स्वातन्त्र्योत्तर कथा लेखिकाएँ* : राधाकृष्ण प्रकाशन, दिल्ली
9. उषा प्रियंवदा — *मेरी प्रिय कहानियाँ* : राजपाल एण्ड सन्स, दिल्ली, 1974
10. उषा प्रियंवदा — *जिन्दगी गुलाब के फूल* : भारतीय वाराणसी, 1961
11. उषा प्रियंवदा — *कितना बड़ा झूठ* : राजकमल प्रकाशन, दिल्ली, 1972
12. ओंकार शरद — *महादेवी साहित्य* : सेतु प्रकाशन, झाँसी
13. कमलेश्वर — *नयी कहानी की भूमिका* : अक्षर प्रकाशन, दिल्ली, 1966
14. कुमार विमल — *सौन्दर्य शास्त्र के तत्त्व* : राजकमल प्रकाशन, नयी दिल्ली-2, 1981

15. कृष्णा सोबती — *बादलों के घेरे* : राजकमल प्रकाशन, नयी दिल्ली

16. कृष्ण बिहारी मिश्र — *आधुनिक सामाजिक आन्दोलन और आधुनिक हिन्दी साहित्य* : आर्य बुक डिपो, नयी दिल्ली, 1980

17. गंगा प्रसाद विमल — *समकालीन कहानी का रचना-विधान* : सुषमा पुस्तकालय, दिल्ली, 1967

18. गजानन माधव मुक्तिबोध — *नये साहित्य का सौन्दर्य शास्त्र* : राधाकृष्ण प्रकाशन, दिल्ली, 1971

19. चन्द्रबली पाण्डे — *भारतीय समाज में नारी आदर्शों का विकास* : राधाकृष्ण प्रकाशन, नयी दिल्ली

20. चिरंजीलाल पराशर — *नारी और समाज* : राधाकृष्ण प्रकाशन, दिल्ली

21. जगदीश नारायण श्रीवास्तव — *समकालीन कहानी दिशा और दृष्टि* : राधाकृष्ण प्रकाशन, नयी दिल्ली

22. जैनेन्द्र कुमार — *समय, समस्या और सिद्धान्त* : पूर्वोदय प्रकाशन, दिल्ली, 1971

23. *देवेश ठाकुर* — *प्रसाद के नारी चरित्र* : नवयुग प्रकाशन, दिल्ली

24. देवीशंकर अवस्थी — *नयी कहानी सन्दर्भ और प्रकृति* : राजकमल प्रकाशन, दिल्ली, 1973

25. दीप्ति खंडेलवाल — *वह तीसरा* : राजपाल एण्ड सन्स, दिल्ली, 1976

26. दीप्ति खंडेलवाल — *सलीब पर* : राजपाल एण्ड संस, दिल्ली, 1976

27. दीप्ति खंडेलवाल — *दो पल की छाँव* : राजपाल एण्ड सन्स, दिल्ली, 1976

28. डॉ. धनंजय (संपादक) — *समकालीन कहानी दिशा और दृष्टि* : अभिव्यक्ति प्रकाशन, इलाहाबाद, 1970

29. डॉ. धनंजय — *आज की हिन्दी कहानी* : अभिव्यक्ति प्रकाशन, इलाहाबाद, 1969

30. नगेन्द्र — *समस्या और समाधान* : नेशनल पब्लिशिंग हाउस, दिल्ली, 1971

31. नगेन्द्र — *काव्य बिम्ब* : नेशनल पब्लिशिंग हाउस, दिल्ली, 1967
32. नवल किशोर — *मानववाद और साहित्य* : राधाकृष्ण प्रकाशन, दिल्ली, 1972
33. नामवर सिंह — *कहानी : नयी कहानी* : लोकभारती, इलाहाबाद, 1966
34. नित्यानंद शर्मा — *आधुनिक हिन्दी काव्य में प्रतीक विधान* : साहित्य सदन, देहरादून, 1966
35. निरूपमा सेवती — *खामोशी को पीते हुए* : नेशनल पब्लिशिंग हाउस, दिल्ली
36. पद्मा अग्रवाल — प्रतीकवाद नेशनल पब्लिशिंग हाउस, दिल्ली
37. परमानंद श्रीवास्तव — *हिन्दी कहानी की रचना प्रक्रिया* : ग्रन्थम, कानपुर, 1965
38. पाण्डेय शशिभूषण शीतांशु — *नयी कहानी के विविध प्रयोग* : लोकभारती प्रकाशन, इलाहाबाद, 1972
39. प्रह्लाद अग्रवाल — *हिन्दी कहानी सातवाँ दशक* : मैकमिलन, 1975
40. प्रमिला कपूर — *भारत में विवाह और कामकाजी महिलाएँ* : राजकमल प्रकाशन, दिल्ली, 1976
41. प्रेमचंद नारायण सिन्हा — *आधुनिक कहानी साहित्य में समसामयिक जीवन की अभिव्यक्ति* : अनुपम प्रकाशन, पटना
42. बटरोह — *कहानी रचना प्रक्रिया और स्वरूप* : अक्षर प्रकाशन, दिल्ली, 1973
43. डॉ. बंसधर, डॉ. राजेन्द्र मिश्र — *मन्नू भंडारी का श्रेष्ठ सर्जनात्मक साहित्य* : नटराज पब्लिशिंग हाउस, हरियाणा, 1983
44. डॉ. बालकृष्ण गुप्त — *हिन्दी उपन्यास सामाजिक सन्दर्भ* : अभिलाषा प्रकाशन, कानपुर, 1978
45. बिन्दु अग्रवाल — *हिन्दी उपन्यास में नारी चित्रण* : राधाकृष्ण प्रकाशन, दिल्ली, 1968
46. भगवानदास शर्मा — *कहानी की संवेदनशीलता सिद्धान्त और प्रयोग* : ग्रन्थम, रामबाग, कानपुर, 1972
47. मन्नू भंडारी — *मैं हार गयी* : अक्षर प्रकाशन, नयी दिल्ली, 1957

48.	मन्नू भंडारी	*यही सच है और अन्य कहानियाँ* : अक्षर प्रकाशन, नयी दिल्ली, 1972
49.	मन्नू भंडारी	*श्रेष्ठ कहानियाँ* : अक्षर प्रकाशन, नयी दिल्ली, 1969
50.	मन्नू भंडारी	*त्रिशंकु* : अक्षर प्रकाशन, नयी दिल्ली, 1981
51.	मधुरेश	*आज की हिन्दी कहानी : विचार और प्रक्रिया* : ग्रन्थ निकेतन, रानीधार, पटना, 1971
52.	मेहरुन्निसा परवेज	*टहनियों पर धूप* : नेशनल पब्लिशिंग हाउस, नयी दिल्ली, 1977
53.	मोहनलाल ''जिज्ञासु''	*कहानी और कहानीकार* : आत्माराम एंड सन्स, दिल्ली, 1963
54.	मृदुला गर्ग	*कितनी कैदें* : इन्द्रप्रस्थ प्रकाशन, 1975
55.	मृदुला गर्ग	*टुकड़ा-टुकड़ा आदमी* : नेशनल पब्लिशिंग हाउस, नयी दिल्ली, 1977
56.	रघुवीर सिन्हा	*आधुनिक हिन्दी कहानी समाजशास्त्रीय दृष्टि* : अक्षर प्रकाशन, दिल्ली, 1977
57.	रघुवर दयाल वार्ष्णेय	*हिन्दी कहानी के बदलते प्रतिमान* : पांडुलिपि प्रकाशन, दिल्ली, 1975
58.	रमेशकुन्तल मेघ	*क्योंकि समय एक शब्द है* : लोकभारती प्रकाशन, इलाहाबाद
59.	रमेश चन्द्र लवानिया	*हिन्दी कहानी में जीवन मूल्य* : अमित प्रकाशन, गाजियाबाद, 1973
60.	रामधारी सिंह दिनकर	*धर्म, नैतिकता और विज्ञान* : उदयांचल, पटना, 1969
61.	रामधारी सिंह दिनकर	*संस्कृति के चार अध्याय* : राजकमल प्रकाशन, दिल्ली, 1956
62.	रामचन्द्र वर्मा (अनु॰)	*नारी का मूल्य* : हिन्दी ग्रन्थ रत्नाकर, बम्बई, 1955
63.	रामस्वरूप चतुर्वेदी	*भाषा और संवेदना* : ज्ञानपीठ, वाराणसी
64.	रामस्वरूप चतुर्वेदी	*सर्जन और भाषिक संरचना* : लोकभारती प्रकाशन, इलाहाबाद

65. राजेन्द्र यादव — *कहानी स्वरूप और संवेदना* : नेशनल पब्लिशिंग हाउस, दिल्ली, 1968

66. राजेन्द्र यादव — *एक दुनिया समानान्तर* : अक्षर प्रकाशन, दिल्ली, 1970

67. लक्ष्मी कांत वर्मा — *नये प्रतिमान पुराने निकष* : भारतीय वाराणसी, 1966

68. लक्ष्मीदत्त गौतम — *आधुनिक हिन्दी कहानी में प्रगति चेतना* : कोणार्क प्रकाशन, दिल्ली 1972

69. डॉ. लक्ष्मीनारायण लाल — *हिन्दी कहानियों में शिल्प विधान का विकास* : साहित्य भवन, इलाहाबाद, 1965

70. डॉ. लालचन्द गुप्त मंगल — *अस्तित्ववाद और हिन्दी कहानी* : शोध प्रबन्ध प्रकाशक, दिल्ली, 1975

71. प्रोफेसर वासुदेव — *हिन्दी कहानी और कहानीकार* : वाणी-बिहार, वाराणसी, 1961

72. विमल सहस्र बुद्धे — *हिन्दी उपन्यासों में नारी का मनोवैज्ञानिक* : पुस्तक संस्थान, कानपुर, 1974

73. डॉ. विनय — *समकालीन कहानी समांतर कहानी* : मैकमिलन कंपनी ऑफ इण्डिया लिमिटेड, 1977

74. विद्याधर शुक्ल सं. — *हिन्दी आलोचना और आज की कहानी* : चित्रलेखा प्रकाशन, इलाहाबाद, 1978

75. विश्वेश्वर प्रसाद वर्मा — *नैतिकता का अन्वेषण* : एल.एस. प्रकाशन, पटना, 1955

76. वीरेन्द्र सक्सेना — *काम सम्बन्धों का यथार्थ और समकालीन हिन्दी कहानी* : साहित्य भारती, दिल्ली, 1975

77. डॉ. शिवप्रसाद सिंह — *आधुनिक परिवेश और नवलेखन* : लोभारती प्रकाशन, दिल्ली, 1977

78. डॉ. शंकर प्रसाद — *सामाजिक उपन्यास और नारी मनोविज्ञान* : अनुपम प्रकाशन, पटना, 1978

79. शिवशंकर पाण्डेय — *स्वातन्त्रोत्तर हिन्दी कहानी कथ्य और शिल्प* : आलोक प्रकाशन, 1978

80. शिवानी — *मेरी प्रिय कहानियाँ* : राजपाल एण्ड सन्स, दिल्ली, 1978

81. शैल कुमारी — *आधुनिक हिन्दी काव्य में नारी भावना* : हिन्दुस्तानी अकादमी, इलाहाबाद, 1951
82. सत्यपाल रुहेला — *सामाजिक सर्वेक्षण और अनुसन्धान* : विकास पब्लिकेशन्स, दिल्ली, 1970
83. डॉ. सत्येन्द्र त्रिपाठी — *सामाजिक विघटन* : उत्तर प्रदेश हिन्दी ग्रन्थ अकादमी, 1973
84. सन्त बख्श सिंह — *नयी कहानी कथ्य और शिल्प* : आर्य बुक डिपो
85. सरनाथ सिंह शर्मा ''अरुण'' — *कृति और कृतिकार* : विजय बुक डिपो, जयपुर, 1968
86. सरला दुआ — *आधुनिक हिन्दी साहित्य में नारी* : साहित्य निकेतन, कानपुर, 1965
87. सावित्री डागा — *आधुनिक हिन्दी मुक्तक काव्य में नारी* : देवनगर प्रकाशन, जयपुर, 1965
88. सीता राम ''झा'' — *भारतीय समाज का स्वरूप* : बिहार हिन्दी अकादमी, 1974
89. सुरेन्द्र तिवारी — *प्रेमचंद और शरतचन्द्र के उपन्यास में मनुष्य के बिम्ब* : सुषमा पुस्तकालय, दिल्ली-51, 1969
90. सुरेश सिन्हा — *हिन्दी उपन्यासों में नायिका की परिकल्पना* : अशोक प्रकाशन, दिल्ली, 1964
91. सुरेश सिन्हा — *हिन्दी कहानी उद्भव और विकास* : अशोक प्रकाशन, दिल्ली
92. सुरेश धीगंडा — *हिन्दी कहानी दो दशक* : अभिनव प्रकाशन, नयी दिल्ली, 1978
93. सुशील मित्तल — *आधुनिक हिन्दी कहानी में नारी की भूमिकाएँ* : अनुपमा प्रकाशन, बम्बई, 1975
94. श्री सुरेन्द्र सं॰ — *नयी कहानी दशा : दिशा संभावना* : अपोलो प्रकाशन, दिल्ली, 1966
95. श्री सुरेन्द्र सं॰ — *नयी कहानी प्रकृति और पाठ* : परिवेश प्रकाशन, जयपुर, 1968
96. हेमेन्द्र कुमार पनेरी — *स्वातन्त्रोत्तर हिन्दी कहानी : कथ्य और शिल्प* : आलेख प्रकाशन, दिल्ली, 1978

97.	**Akhileswar Jha**	*Modernization and the Hindu Socio-culture* : B.R. Publishing Corporation, Delhi, 1978
98.	**Attakar A.S.**	*The posision of Women in Hindu civilization*
99.	**Doranme Jacabson** **Susan Swadley**	*Women in India Two perspective* Manhar Book Service, New Delhi, 1979
100.	**Halc, C.A.**	*Changing status of Women* : Allied publishers, Bombay, 1969
101.	**Hav clock Ellis**	*Studies in the psychology of Sex Vol. II* : William Heinemann Medical Books Ltd., London, 1937
102.	**Jessie Bernard**	*Women, Mothers, Volumes and Opinion* : Allied publishing company, Chicago
103.	**Kala Rani**	*Role Conflict in working Women* : Chetan Publications, New Delhi, 1976
104.	**Kupuswamy, B.**	*A Study of opinion regarding marriage and Divorce* : Asia Publishing House, Bombay, 1957
105.	**Lucas, F.L.**	*Style* : Cassel & Co., London
106.	**Mahendra Kulasresta** **Maheep Singh** **Devendra issar**	*Modern Hindi short story* : Arnold Heinemann Publishers, 1974
107.	**Maty Frances Billington**	*Women in India* : Amarko Book Agency, New Delhi, 1973
108.	**Mill, J.S.**	*The Subjective of Women* : The M.I.I. Press Manachusens, 1976
109.	**Patel, M.S.**	*The Educational Phylosophy of Mahatma Gandhi* : Navajivan Publishing House, Ahmedabad, 1953
110.	**Pramila Kapur**	*Love Maooiage and Sex* : Vikas Publications, Delhi, 1973
111.	**Pramila Kapur**	*Marriage and working Woman in India* : Vikas Publications, Delhi

112. **Pratima Asthana** *Women's Movement in India* : Vikas Publishing House Private Ltd. Delhi

113. **Raj Mohini Sethi** *Modernization of working women* : National Publishing House, New Delhi, 1976

114. **Sir, A.K.** *Sex Marriage in India* : Allied Publishers, Calcutta, 1973

115. **Tara Ali, Baig** *India's Women Power* : S. Chand and Co. (Pvt.) Ltd.

116. **Wadia, A.R.** *The Ethics of Feminism* : Asian Publications Services

117. **Bertrand Russel** *Human Society in Ethics and politics* : George Allen Anduwin Ltd., London, 1953

118. **Pushpendra Kumar Sharma (Editor)** *Hindu Religion and Ethics* Asian Publication Service, New Delhi

119. **Radhakrishnan, S.** *Religion and Society* : George Allen Andunwin Ltd., London, 1956

120. **Sushil Kumar Maitra** *The Ethics of Hindu* : Asian Publications Services, New Delhi

(क) हिन्दी कोश तथा अन्य सहायक ग्रन्थ

धीरेन्द्र वर्मा — हिन्दी साहित्य कोश, ज्ञानमंडल लिमिटेड, वाराणसी।

(ख) अंग्रेजी

Henry Vidoff — The Pocket Book of Quotations Pocket Books, INC, New York

Inc. E.B. — Encyclopaedia Britanica Willaim Bothman Publisher

पत्र-पत्रिकाएँ

1. आजकल, 2. कल्पना, 3. ज्योत्स्ना, 4. प्रकर, 5. भाषा (त्रैमासिक), 6. लहर, 7. वातायन, 8.विकल्प कथा साहित्य विशेषांक, 9.संचार माध्यम, 10. संचेतना, 11. समीक्षा, 12. सारिका, 13. हिन्दुस्तानी।

□□